十四五
冶金工业出版社

普通高等教育“十四五”规划教材

# 建设工程法规与案例分析

主　编　曾　晖
副主编　胡　俊　唐亚智　孙祚祺

北　京
冶　金　工　业　出　版　社
2022

## 内 容 提 要

本书系统地介绍了工程建设领域相关法规的理论和应用，全面反映了《中华人民共和国民法典》等新的法律法规变化，主要内容包括建设法规概论、建设工程行政许可法律制度、建筑法律制度、城乡规划法律制度、建设工程招标与投标法律制度、建设工程标准及勘察设计法律制度、建设工程合同法律制度、工程建设其他相关法律制度、建设工程纠纷的解决方式及法律责任。本书内容全面、重点突出，为方便教学，在书中重要知识点中加入典型例题及案例，融入了工程建设类执业资格考试的内容，学练同步，便于读者理解、掌握相关知识。

本书既可作为土木工程、工程管理、工程造价及土建类其他相关专业的本科和高职高专教材，也可作为工程建设相关人员的参考书。

**图书在版编目(CIP)数据**

建设工程法规与案例分析/曾晖主编. —北京：冶金工业出版社，2022.2

普通高等教育“十四五”规划教材

ISBN 978-7-5024-9066-9

Ⅰ.①建… Ⅱ.①曾… Ⅲ.①建筑法—中国—高等学校—教材 Ⅳ.①D922.297

中国版本图书馆CIP数据核字（2022）第029914号

**建设工程法规与案例分析**

**出版发行** 冶金工业出版社　　**电　　话** (010)64027926

**地　　址** 北京市东城区嵩祝院北巷39号　　**邮　　编** 100009

**网　　址** www.mip1953.com　　**电子信箱** service@mip1953.com

责任编辑 俞跃春 杜婷婷 美术编辑 彭子赫 版式设计 郑小利

责任校对 梅雨晴 责任印制 李玉山

北京印刷集团有限责任公司印刷

2022年2月第1版，2022年2月第1次印刷

787mm×1092mm 1/16；15印张；361千字；228页

**定价 49.00 元**

**投稿电话 (010)64027932 投稿信箱 tougao@cnmip.com.cn**

**营销中心电话 (010)64044283**

**冶金工业出版社天猫旗舰店 yjgycbs.tmall.com**

(本书如有印装质量问题，本社营销中心负责退换)

# 前　言

随着我国经济的发展，建筑业参与国际建筑市场竞争的需要日渐增长，工程建设行为逐渐纳入法制化的轨道，高等院校工程管理、土木工程、建筑学、城市规划等专业的学生，不仅要掌握自然科学知识和专业知识，还需要掌握与建设工程相关的法律知识，因此，多所院校开设了“建设法规”课程作为工程管理及其相关专业的专业基础课程。为了培养符合时代要求的工程管理专业人才，满足当前高等院校的教学需求，我们组织编写了本书。

近年来，我国对建设工程领域相关的部分法律、法规进行了修订，本书及时、准确、全面地介绍了这些修订的内容，帮助广大读者能够及时掌握我国建设工程领域现行的相关法律、法规知识。

本书从应用型人才培养的职业需求出发，把与建设活动密切相关的行政法规、经济法规和技术法规作为编写的脉络体系，体现了“体系的科学性特色”；本书的编者和审稿者由高校学者、律师、施工单位的高级管理人员组成，使该书更具有可操作性和工程实践性，同时编入了大量翔实的工程建设案例，并根据国家现行的法律、法规对这些案例进行了深入分析，通过这些案例可以清楚地了解我国建设工程领域的立法轨迹和现状；结合注册建造师等执业资格考试大纲要求，每章附有大量典型例题及课后习题，便于学生理解、消化和巩固课堂所学知识，增强了教材的实用性和指导性，着重体现对学生知法、懂法、用法基本能力的培养。

本书由五邑大学土木建筑学院曾晖担任主编，海南大学土木建设工程学院胡俊、广东金匠律师事务所唐亚智、中建八局第一建设有限公司孙祚祺担任副主编。编写组分工如下：第三章～五章、第七章由曾晖编写；第一和九章由唐亚智编写并对全书案例进行审核；第六和八章由胡俊编写；第二章由孙祚祺编写。五邑大学土木建筑学院工程管理系贺奇峰、姚帆、谢昌亮、莫焱皓参与本书的资料收集。全书由曾晖负责策划、整理和统稿，东南大学土木工程学院教授、博士生导师邓小鹏对全书进行审核。

本书在编写过程中参考了有关文献资料，在此向相关作者表示感谢。

由于编者水平所限，书中不妥之处，恳请广大读者批评指正。

编　者

2021 年 10 月

# 目　　录

# 1 建设法规概论

## 第一节 概 述

### 一、建设法规内涵

（一）概念

建设法规是指国家立法机关或其授权的行政机关制定的，旨在调整国家及其有关机构、企事业单位、社会团体、公民之间在建设活动中或建设行政管理活动中发生的各种社会关系的法律、法规。建设法规体现了国家对城市建设、乡村建设、市政及社会公用事业等各项建设活动进行组织、管理、协调的方针、政策和基本原则。建筑业是我国国民经济的支柱产业，建设活动与国民经济、人民生活和社会的可持续发展关系密切，国家必须对之进行全面的规范管理，通过完善的法律、行政法规和部门规章规范和调整建设活动中的各种社会关系。

（二）调整对象

我国建设法规的调整对象，即建设关系，是指由建设法规所规范的，在建设活动中发生的各种社会关系。它包括建设活动中所发生的行政关系、经济协作关系及其相关的民事关系，建设法规调整的社会关系就是建设法律关系。

1. 建设活动中的行政管理关系

建设活动中的行政管理关系是指国家及其建设行政主管部门与建设单位、设计单位、施工单位、建筑材料和设备的生产供应单位及建设监理等中介服务单位之间发生的规划、指导、协调、服务、监督、调解与控制等关系。

建设活动与人们的生命财产安全、社会的文明进步息息相关，国家对此必须进行全面的严格管理。因此，国家及其建设行政主管部门通过制定建设法规对建设活动进行行政监督和管理。

2. 建设活动中的经济协作关系

工程建设是非常复杂的活动，是多方主体参与的系统工程。在建设活动中，各主体有各自的利益，为了实现利益最大化，必然要寻求协作伙伴，进而就产生了相互之间的建设经济协作关系，主要有以合同法为依据的建设经济协作关系，有建设单位与勘察、设计、施工、监理的关系，以及材料、设备采购、联合体承包、总包和分包关系等。如建设单位委托监理单位完成工程监理任务，从而产生委托与被委托关系。为了避免纠纷和矛盾的发生，在协作过程中所产生的关系需要借助建设法规来加以规范与调整。

3. 建设活动中的民事关系

建设活动中的民事关系是建设活动中由民事法律规范所调整的社会关系，具体是指国家、单位法人、公民之间因从事建设活动而产生的民事权利和义务关系，主要包括财产关系和人身关系。如在工程建设质量事故中民工身体伤害的赔偿关系，房地产交易中的买卖、租赁、房屋产权关系等，都属于建设活动中的民事关系。建设活动中的民事关系既涉及国家社会利益，又关系着个人利益，因此，必须纳入法律调整的范围，由民法和建设法规中的民事法律规范予以调整。

以上三种社会关系是在从事建设活动时所形成的，它们与其他活动中所形成的社会关系既有相同点，又有其自身的特点。因此，规范建设活动不能完全用一般的法律规范来调整，而必须由建设法规来调整。

（三）主要特征

1. 行政隶属性

行政隶属性是建设法规的主要特征，这一特征决定了建设法规必然要采取直接体现行政权力活动的调整方法，即以行政指令为主的方法调整建设法律关系。

调整方式包括以下几种。

（1）授权。国家通过建设法律规范，授予国家建设管理机关某种管理权限或具体的权力，对建设业进行监督管理。

（2）命令。国家通过建设法律规范，赋予建设法律关系主体某种作为的义务，如限期拆迁房屋，控制楼堂馆所建设，进行建设企业资质等级鉴定，房屋产权登记等。

（3）禁止。国家通过建设法律规范，赋予建设法律关系主体某种不作为的义务，即禁止主体某种行为。如严禁利用建设工程发包权索贿受贿，严禁无证设计、无证施工等。

（4）许可。国家通过建设法律规范，允许特别的主体在法律允许范围内有某种作为的权利。如不同的企业等级有不同的承包范围。

（5）免除。国家通过建设法律规范，对主体依法应履行的义务在特定情况下予以免除。如用炉渣、粉煤灰等废渣作为主要原料生产建筑材料的可享有减、免的优惠等。

（6）确认。国家通过建设法律规范，授权建设管理机关依法对争议的法律事实和法律关系进行认定，并确定其是否存在，是否有效。

（7）撤销。国家通过建设法律规范，授予建设行政管理机关运用行政权力对某些权利能力或法律资格予以撤销或消灭。如没有落实建设投资计划的项目必须停建、缓建，无证设计、无证施工坚决取缔等。

2. 经济性

建设法规是经济法的重要组成部分。建设法规的经济性既包含财产性，也包括其与生产、分配、交换、消费的联系性。

3. 技术性

为保证建设产品的质量和人民生命财产的安全，大量的建设法规是以技术规范形式出现的，如各种设计规范、施工规范、验收规范等。

## 二、建设法规构成体系

建设法规可以分为法律、行政法规、地方性法规、部门规章、地方政府规章等层次。

1. 法律

法律是指由全国人民代表大会及其常务委员会制定的规范工程建设活动的法律规范，

由国家主席签署主席令予以公布。如《中华人民共和国建筑法》（以下简称《建筑法》）、《中华人民共和国招标投标法》（以下简称《招标投标法》）、《中华人民共和国城乡规划法》（以下简称《城乡规划法》）、《中华人民共和国城市房地产管理法》、《中华人民共和国民法典》（以下简称《民法典》）等。

2. 行政法规

行政法规是国家最高行政机关国务院根据宪法和法律就有关执行法律和履行行政管理职权的问题制定的规范性文件的总称。现行的建设行政法规主要有《建设工程安全生产管理条例》《建设工程质量管理条例》《建筑项目环境保护管理条例》《建设工程勘察设计管理条例》《中华人民共和国招标投标法实施条例》（以下简称《招标投标法实施条例》）等。行政法规在全国范围内有效。

3. 地方性法规

地方性法规是省、自治区、直辖市的人民代表大会及其常务委员会根据本行政区域的具体情况和实际需要，在不与宪法、法律、行政法规相抵触的前提下，制定的地方性法规。设区的市的人民代表大会及其常务委员会根据本市的具体情况和实际需要，在不与宪法、法律、行政法规和本省、自治区的地方性法规相抵触的前提下，可以制定地方性法规，报省、自治区的人民代表大会常务委员会批准后施行。我国各地方都制定了大量的规范建设活动的地方性法规、自治条例和单行条例，如《北京市建筑市场管理条例》《山西省工程建设项目招标投标条例》等。地方性法规只在本辖区内有效。

4. 行政规章

行政规章是指由国家行政机关制定的规范性文件，包括部门规章和地方政府规章。

（1）部门规章。部门规章是国务院各部委制定的规范性文件，部门规章规定的事项属于执行法律或者国务院的行政法规、决定、命令的事项，名称可以是“规定”“办法”和“实施细则”等。大量的建设法规是以部门规章的方式发布的，如《工程建设项目施工招标投标办法》《房屋建筑和市政基础设施工程施工分包管理办法》《建设工程施工许可管理办法》《房屋建设工程质量保修办法》《招标公告和公示信息发布管理办法》等。

（2）地方政府规章。地方政府规章是省、自治区、直辖市和较大的市的人民政府，根据法律、行政法规和本省、自治区、直辖市的地方性法规制定的地方规章。如《重庆市建设工程造价管理规定》《江苏省建设工程造价管理办法》等。

**【例题 1-1】** 下列法规中，属于部门规章的是（ ）。

A.《建设工程质量管理条例》 B.《北京市建筑市场管理条例》

C.《重庆市建设工程造价管理规定》 D.《招标公告发布暂行办法》

[答案] D

**【例题 1-2】** 《建筑企业资质管理规定》所属法的形式是（ ）。

A. 法律 B. 行政法规 C. 部门规章 D. 地方性法规

[答案] C

# 第二节 工程建设法律关系

## 一、工程建设法律关系的概念

法律关系是受法律规范调整一定社会关系形成的权利与义务关系。法律关系是以法律规范为前提，是法律规范调整社会关系的结果。工程建设法律关系是指由建设法律规范所确认的，在建设管理和建设活动中所产生的权利义务关系。

## 二、工程建设法律关系的构成要素

任何法律关系都是由法律关系主体、法律关系客体和法律关系内容三个要素构成的。

工程建设法律关系是由工程建设法律关系主体、工程建设法律关系客体和工程建设法律关系内容构成的。

### （一）工程建设法律关系主体

工程建设法律关系主体是指管理和参加建设活动，受建设法律规范调整，在法律上享有权利、承担义务的当事人，也就是建设活动的管理者和参与者。工程建设法律关系主体包括如下类型。

1. 国家机关

（1）国家发展和改革委员会以及各级地方人民政府发展和改革委员会。其职权是负责编制长、中期和年度建设计划，组织计划的实施，督促各部门严格执行工程建设程序等。

（2）国家建设行政主管部门。主要指住房和城乡建设部以及各级地方建设行政主管部门。其职权是制定建设法规，对城市建设、村镇建设、工程建设、建筑业、房地产业、市政公用事业进行组织管理和监督。

（3）国家建设监督部门。主要包括国家财政机关、中国人民银行、国家审计机关、国家统计机关等。

（4）国家建设各业务主管部门。如住房和城乡建设部、交通运输部、水利部等部门，负责本部门、本行业的建设管理工作。

2. 社会组织

建设单位，勘察、设计单位，施工单位，建设工程监理单位，房地产开发企业，中介、咨询服务单位。

3. 公民个人

自然人也可以成为工程建设法律关系的主体。如建筑工人、专业技术人员、注册执业人员等同单位签订劳动合同时，即成为劳动法律关系主体。

### （二）工程建设法律关系客体

工程建设法律关系客体是指参加建设法律关系的主体享有权利和承担义务所共同指向的对象。合同法律关系中的客体习惯上也称之为标的。工程建设法律关系客体分为以下四种类型。

(1) 物，如钢材、水泥、建筑物、设备等。

(2) 财，指资金及各种有价证券。

(3) 行为，指人的有意识的活动，包括作为和不作为。在工程建设法律关系中，行为多表现为完成一定的工作，如勘察、设计、施工安装、检查验收等活动。

(4) 非物质财富，指脑力方面的成果或智力方面的创作，也称为智力成果，通常属于知识产权的客体。如设计单位对设计成果享有著作权，软件公司对自己开发的项目管理软件拥有版权（著作权）等。

(三) 工程建设法律关系的内容

工程建设法律关系的内容即工程建设法律关系主体享有的权利和应当承担的义务。

### 三、工程建设法律关系的产生、变更和终止

(一) 工程建设法律关系产生、变更和终止的概念

工程建设法律关系的产生是指工程建设法律关系主体之间形成了一定的权利义务关系。工程建设法律关系的变更是指工程建设法律关系的三个要素发生变化。工程建设法律关系的终止是指主体之间的权利义务关系不复存在，彼此丧失了约束力，包括自然终止、协议终止和违约终止。

(二) 工程建设法律关系产生、变更和终止的原因

法律事实是工程建设法律关系产生、变更和终止的原因。所谓法律事实是指能够引起法律关系产生、变更和终止的客观现象和事实。

法律事实按是否包含当事人的意志分为以下两类。

(1) 事件。事件是指不以当事人意志为转移而产生的法律事实，包括自然事件、社会事件、意外事件。自然事件如地震、台风等，社会事件如战争、暴乱等。

(2) 行为。行为是指人的有意识的活动。行为包括民事法律行为、违法行为、行政行为、立法行为。

所谓民事法律行为，是指公民或者法人设立、变更、终止民事权利和民事义务的合法行为，如签约行为、投标行为等。违法行为包括违约行为和侵权行为。

## 第三节　与工程建设相关的基本民事制度

### 一、债权

(一) 债的基本法律关系

1. 债的概述

债是按照合同的约定或者按照法律规定，在当事人之间产生的特定权利和义务关系，享有权利的人是债权人，负有义务的人是债务人。债是特定当事人之间的法律关系。债权人只能向特定的人主张自己的权利，债务人只需向享有该项权利的特定人履行义务，即债的相对性。

2. 债的内容

债的内容，是指债的主体双方间的权利与义务，即债权人享有的权利和债务人负担的

义务，即债权与债务。债权是请求他人为一定行为（作为或不作为）的民法权利。债务是指根据当事人的约定或者法律规定，债务人所负担的应为特定行为的义务。

（二）建设工程债

1. 建设工程债的发生依据

（1）合同。当事人之间产生合同法律关系，也就产生了权利义务关系，便设立了债的关系。任何合同关系的设立，都会在当事人之间产生债权和债务的关系。合同引起债的关系，是债发生的最主要、最普遍的依据。合同产生的债被称为合同之债。

（2）侵权。侵权是指公民或法人没有法律依据而侵害他人的财产权利或人身权利的行为。侵权行为一旦发生，即在侵权行为人和被侵权人之间形成债的关系。侵权行为产生的债权称为侵权之债。建筑物、构筑物或者其他设施及其搁置物、悬挂物发生脱落、坠落造成他人损害，所有人、管理人或者使用人不能证明自己没有过错的，应当承担侵权责任。所有人、管理人或者使用人赔偿后，有其他责任人的，有权向其他责任人追偿。建筑物、构筑物或者其他设施及其搁置物、悬挂物发生脱落、坠落造成他人损害，由建设单位和施工单位承担连带责任。

（3）无因管理。无因管理是指管理人员和服务人员没有法律上的特定义务，也没有受到他人委托，自觉为他人管理事务或提供服务。无因管理指管理人员或者服务人员与受益人之间形成了债的关系。

（4）不当得利。不当得利是指没有法律上或者和合同上的依据，有损于他人利益而自身取得利益的行为。由于不当得利造成他人利益的损害，因此在得利者与受害者之间形成债的关系。得利者应当将所得的不当利益返还给受损失的人。

2. 建设工程债的常见种类

（1）施工合同债。发生在建设单位和施工单位之间的债。施工合同的义务主要是施工人完成施工任务和发包人支付工程款。

（2）买卖合同债。在建设工程活动中，主要是材料设备买卖合同。

（3）侵权之债。最常见的是施工单位的施工活动产生的侵权。如施工噪声或者废水废弃物排放等，可能对工地附近的居民构成侵权。

**【例题 1-3】** 下列关于债权案例的说法中，正确的是（　　）。

A. 施工单位误将本应支付给 A 供应商的材料款转账给 B 供应商，A 供应商可以请求 B 供应商返还

B. 侵权是产生债的最主要、最普遍的原因

C. 某项目在施工过程中发生火灾，邻近的甲单位主动组织人员灭火，这一行为减少了施工单位的损失 10 万元，但甲单位因此产生了 1 万元的费用。甲有权向施工单位主张 1 万元的补偿

D. 施工现场围墙倒塌造成行人身体受伤的，由施工单位和监理单位负连带责任

[答案] C

**【例题 1-4】** 下列关于无因管理之债的说法，正确的是（　　）。

A. 工地的建筑物倒塌造成行人黄某被砸伤属于无因管理之债

B. 施工单位收到了材料商多发送的10吨水泥属于无因管理之债

C. 王某丢失的钱被李某拾取不还，则王某和李某分别构成不当得利关系中的债务人和债权人

D. 无因管理是指没有法律上的特别义务，也没有受到当事人的委托，自觉为他人管理事务或提供服务

[答案] D

**【例题1-5】** 下列关于建筑活动中发生的债的说法，正确的是（　　）。

A. 对于建设工程施工任务，建设单位是债权人，施工企业是债务人

B. 对于建筑材料买卖合同中建筑材料的交付，材料供应商是债权人

C. 在施工中产生噪声，扰乱居民，不会有债发生

D. 材料供应商为施工企业自愿保管财物不会发生债

[答案] A

[解析] D选项，“自愿保管财物”的原因是双方有材料买卖合同，即发生合同之债。

## 二、代理

### （一）代理的法律特征和种类

代理是指代理人在代理权限范围内，以被代理人的名义与第三人（又称为相对人）实施法律行为，行为后果由被代理人承担的法律制度。代理涉及三方当事人，即被代理人、代理人和代理关系所涉及的第三人（相对人）。民事主体可以通过代理人实施民事法律行为。

1. 代理的法律特征

（1）代理人必须在代理权限范围内实施代理行为。代理人实施代理活动的直接依据是代理权。

（2）代理人应该以被代理人的名义实施代理行为。

（3）代理行为必须是具有法律意义的行为。代理人为被代理人实施的是能够产生法律上的权利义务关系，产生法律后果的行为。

（4）代理行为的法律后果归属于被代理人。

2. 代理的种类

（1）委托代理。委托代理是指代理人按照被代理人的委托行使代理权。委托代理，可以用书面形式，也可以用口头形式，法律规定用书面形式的，应当用书面形式。

（2）法定代理。法定代理是指根据法律的规定而发生的代理。无民事行为能力人、限制民事行为能力人的监护人是他的法定代理人。

### （二）代理行为的设立和终止

1. 建设工程代理行为的设立

建设工程活动不同于一般的经济活动，其代理行为不仅要依法实施，有些还要受到法律的限制。

（1）不得委托代理的建设工程活动。

《民法典》总则编规定，依照法律规定、当事人约定或者民事法律行为的性质，应当由本人实施的民事法律行为，不得代理。

建设工程承包活动不得委托代理。禁止承包单位将其承包的全部建设工程转包给他人，禁止承包单位将其承包的全部建设工程肢解以后以分包的名义转包给他人。施工总承包的，建设工程主体结构的施工必须由总承包单位自行完成。

（2）须取得法定资格方可从事的建设工程代理行为。

一般的代理行为可以由自然人、法人担任代理人，对其资格并无法定的严格要求。即使是诉讼代理人，也不要求必须由具有律师资格的人担任。2012 年 8 月经修改后颁布的《中华人民共和国民事诉讼法》（以下简称《民事诉讼法》）第五十八条规定：下列人员可以被委托为诉讼代理人：1）律师、基层法律服务工作者；2）当事人的近亲属或者工作人员；3）当事人所在社区、单位以及有关社会团体推荐的公民。

但是，某些建设工程代理行为必须由具有法定资格的组织方可实施。《招标投标法》第十三条规定：招标代理机构是依法设立、从事招标代理业务并提供相关服务的社会中介组织。招标代理机构应当具备下列条件：1）有从事招标代理业务的营业场所和相应资金；2）有能够编制招标文件和组织评标的相应专业力量；3）有符合本法第三十七条第三款规定条件、可以作为评标委员会成员人选的技术、经济等方面的专家库。《招标投标法》第十四条还规定，从事建设工程项目招标代理业务的招标机构，其资格由国务院或者省、自治区、直辖市人民政府的建设主管部门认定。

（3）民事法律行为的委托代理。

建设工程代理行为多为民事法律行为的委托代理。民事法律行为的委托代理，可以用书面形式，也可以用口头形式。但是法律规定用书面形式的，应当用书面形式。

书面委托代理的授权委托书应当载明代理人的姓名或者名称、代理事项、权限和期限，并由委托人签名或者盖章。委托人授权不明的，被代理人应当向第三人承担民事责任，代理人负连带责任。

2. 建设工程代理行为的终止

有下列情形之一的，委托代理终止：（1）代理期间届满或者代理事务完成；（2）被代理人取消委托或者代理人辞去委托；（3）代理人死亡；（4）代理人丧失民事行为能力；（5）作为被代理人或者代理人的法人终止。

建设工程代理行为的终止，主要是上述（1）、（2）、（5）三种情况。

（1）代理期间届满或代理事项完成。

被代理人通常是授予代理人某一特定期间内的代理权，或者是某一项也可能是某几项特定事务的代理权，那么在这一期间届满或者被指定的代理事项全部完成，代理关系即告终止，代理行为也随之终止。

（2）被代理人取消委托或者代理人辞去委托。

委托代理是被代理人基于对代理人的信任而授权其进行代理事务的。如果被代理人由于某种原因失去了对代理人的信任，法律就不应当强制被代理人仍须以其为代理人；反之，如果代理人由于某种原因不愿再行代理，法律也不能强制要求代理人继续从事代理。因此，法律规定被代理人有权根据自己的意愿单方取消委托，也允许代理人单方辞去委托，均不必以对方同意为前提，且以通知到对方时，代理权即行消灭。

但是，单方取消或辞去委托可能会承担相应的民事责任。《民法典合同编》规定，委托人或者受托人可以随时解除委托合同。因解除合同给对方造成损失的，除不可归责于该当事人的事由以外，应当赔偿损失。

（3）作为被代理人或者代理人的法人终止。

在建设活动中，不管是被代理人还是代理人，任何一方的法人终止，代理关系均随之终止。因为对方的主体资格已消灭，代理行为将无法继续，其法律后果也将无从承担。

（三）代理人和被代理人的权利义务

建设工程代理法律关系与其他代理关系一样，存在着两种法律关系：一种是代理人与被代理人之间的委托关系；另一种是被代理人与第三人之间的合同关系。

1. 代理人在代理权限内以被代理人的名义实施代理行为

代理人在代理权限内，以被代理人的名义实施民事法律行为，被代理人对代理人的代理行为承担民事责任，这是代理人与被代理人基本权利和义务的规定。代理人必须取得代理权，并根据代理权限，以被代理人的名义实施民事法律行为。被代理人要对代理人的代理行为承担民事责任。

2. 转托他人代理应当事先取得代理人的同意

委托代理人为被代理人的利益需要转托他人代理的，应当事先取得被代理人的同意。事先没有取得被代理人同意的，应当在事后及时告诉被代理人，如果被代理人不同意，由代理人对自己所转托的人的行为负民事责任，但在紧急情况下，为了保护被代理人的利益而转托他人的除外。代理人为处理代理事物，为被代理人选任其他人进行代理被称为复代理。复代理所基于的代理称为本代理，由本代理中的代理人转托的代理人称为复代理人。

（四）代理的特殊情形

1. 无权代理

无权代理是指行为人不具有代理权，以被代理人的名义与相对人实施法律行为。无权代理一般有三种表现形式。

（1）没有代理权。行为人自始至终没有被授予代理权，就以被代理人的名义进行民事行为，属于无权代理。

（2）超越代理权。代理权限是有范围的，超越代理权限与相对人实施法律行为，属于无权代理。

（3）代理权已终止。这是指行为人与被代理人之间原有代理关系，但是由于代理期限届满、代理事务完成或者被代理人取消委托关系等原因，被代理人与代理人之间的代理关系已不复存在，但原代理人仍以被代理人名义与他人实施法律行为。

关于无权代理，被代理人有权根据自己的利益决定是否予以追认。被代理人对无权代理人实施的行为如果予以追认，则无权代理可转化为有权代理，产生与有权代理相同的法律效力。被代理人不予追认的，对被代理人不发生效力。

《民法典》第一百七十一条规定，行为人没有代理权、超越代理权或者代理权终止后，仍然实施代理行为，未经被代理人追认的，对被代理人不发生效力，相对人可以催告被代理人自收到通知之日起30日内予以追认。被代理人未做表示的，视为拒绝追认。行为人实施的行为被追认前，善意相对人有撤销的权利。撤销应当以通知的方式做出。

行为人实施的行为未被追认的，善意相对人有权请求行为人履行债务或者就其受到的损害请求行为人赔偿。

相对人知道或者应当知道行为人无权代理的，相对人和行为人按照各自的过错承担责任。

《民法典》第五百零三条规定，无权代理人以被代理人的名义订立合同，被代理人已经开始履行合同义务或者接受相对人履行的，视为对合同的追认。

2. 表见代理

表见代理是指行为人虽然是无权代理，但由于行为人的某些行为，造成足以使善意相对人相信其有代理权的表象，而与善意相对人进行的、由被代理人承担法律后果的代理行为。《民法典》第一百七十二条规定，行为人没有代理权、超越代理权或者代理权终止后，仍然实施代理行为，相对人有理由相信行为人有代理权的，该代理行为有效。

表见代理需具备以下特别构成要件。

（1）必须存在足以使相对人相信行为人具有代理权的事实或理由。它要求行为人与被代理人之间存在某些事实上或法律上的联系，如行为人持有已加盖公章的空白合同书等证明类文件。

（2）相对人必须为善意。如果相对人明知行为人无代理权而仍与之实施民事行为，相对人具有主观恶意，则不构成表见代理。表见代理是善意相对人通过“被代理人”的行为足以相信无权代理人具有代理权的“代理”。基于此信赖，该代理行为有效。善意第三人与无权代理人订立合同，其后果由被代理人承担。例如，采购员拿着盖有甲公司单位公章的空白合同文本，超越授权范围与乙公司订立合同。乙公司并无过错，属于善意第三人；甲公司与乙公司订立的合同有效，其后果由被代理人甲公司承担。

**【例题 1-6】** 甲单位委托自然人乙采购特种水泥，乙持着授权委托书向丙供应商进行采购，由于缺货，丙供应商向乙说明无法供货，乙表示愿意购买普通水泥代替，向丙供应商出示加盖甲公章的空白合同。经查，丙供应商不知乙授权不足的情况。下列关于甲单位、乙的行为的说法中，正确的是（　　）。

A. 乙的行为属于法定代理

B. 甲单位有权拒绝接受这批普通水泥

C. 如果甲单位拒绝接受，应由乙承担付款义务

D. 甲单位承担付款义务

[答案] D

[解析] 乙的行为属于表见代理，此代理行为有效，所以甲单位应承担收货付款义务。

**【案例 1-1】**

2018 年 7 月，甲建筑公司（以下简称甲公司）中标某大厦工程，负责施工总承包。2019 年 5 月，甲公司将该大厦装饰工程施工分包给乙装饰公司（以下简称乙公司）。甲

公司驻该项目的项目经理为李某，乙公司驻该项目的项目经理为王某。李某与王某是多年的老朋友。

2019年6月，甲公司在该项目上需租赁部分架管、扣件，但资金紧张。李某听说王某与丙材料租赁公司（以下简称丙租赁公司）关系密切，便找到王某帮忙赊租架管、扣件。王某答应了李某的请求。随后，李某将盖有甲公司合同专用章的空白合同书及该单位的空白介绍信交给王某，同年7月10日，王某找到丙租赁公司，出具了甲公司的介绍信（没有注明租赁的财产）和空白合同书，要求租赁脚手架。

丙租赁公司经过审查，认为王某出具的介绍信与空白合同书均盖有公章，真实无误，确信其有授权，于是签订了租赁合同，丙租赁公司依约将脚手架交给王某，但王某将脚手架用到了由他负责的其他工程上，后丙租赁公司多次向甲公司催要租赁费无果后，将甲公司诉至人民法院。

[问题]

王某的行为属无权代理还是表见代理，本案应如何处理？

[分析]

王某的行为构成表见代理。王某是乙公司的项目经理，向丙租赁公司租赁脚手架超出了甲公司对其的授权范围，但他向丙租赁公司出具了甲公司的介绍信及空白合同书，使丙租赁公司相信其有权代表甲公司租赁脚手架。

表见代理的后果应由被代理人承担。因此，甲公司对丙租赁公司请求的租赁费用应承担给付义务。对于甲公司自己的损失，甲公司可以向王某追究责任。

3. 不当或违法代理行为

（1）损害被代理人利益应承担的法律责任。

《民法典》第一百六十四条规定：“代理人不履行或者不完全履行职责，造成被代理人损害的，应当承担民事责任。代理人和相对人恶意串通，损害被代理人合法权益的，代理人和相对人应当承担连带责任。”

委托代理时，被代理人对于代理事项、权限和期间等一般都有明确授权，代理人首先应当根据被代理人的授权行使代理权，在授权范围内认真维护被代理人的合法权益，完成代理事项。代理人行使代理权是为了被代理人的利益，应当在代理权限内忠实履行代理职责，如果不履行或者不完全履行代理职责，造成被代理人损害的，应当承担民事责任。

（2）违法代理行为应承担的法律责任。

《民法典》第一百六十七条规定：代理人知道或者应当知道被委托代理的事项违法仍然实施代理行为的，或者被代理人知道或者应当知道代理人的代理行为违法未作反对表示的，由被代理人和代理人承担连带责任。

代理行为是代理民事法律行为，合法性是民事法律行为的重要属性，违法行为均不得代理。违法代理行为包括两种情况：一种是被委托代理的事项违法，另一种是委托代理的事项本身不违法，而是代理人的代理行为违法。第一种情况，代理人应当拒绝代理，如果代理人知道被委托代理的事项违法仍然进行代理活动，由被代理人与代理人负连带责任。第二种情况，被代理人应予以制止或者取消委托，终止他们之间的代理关系，如果被代理人知道代理人的代理行为违法而不表示反对的，应该由被代理人与代理人负连带责任。

（3）委托书授权不明应承担的法律责任。

授权委托书不明的，被代理人应当向第三人承担民事责任，代理人负连带责任。

（4）第三人故意行为应承担的法律责任。

第三人知道行为人没有代理权、超越代理权或者代理权已终止还与行为人实施民事行为给他人造成损害的，由第三人和行为人负连带责任。

4. 不得委托代理的建设工程活动

《民法典》第一百六十一条规定，依照法律规定、当事人约定或者民事法律行为的性质，应当由本人亲自实施的民事法律行为，不得代理。

建设工程的承包活动不得委托代理。《建筑法》规定，禁止承包单位将其承包的全部建设工程转包给他人，禁止承包单位将其承包的全部建设工程肢解以后以分包的名义分别转包给他人。施工总承包的，建设工程主体结构的施工必须由总承包单位自行完成。

## 三、诉讼时效

### （一）诉讼时效的概念

诉讼时效，是指权利人请求人民法院保护其合法权益的有效期限。当事人在法定提起诉讼的期限内依法提起诉讼，人民法院对权利人的请求予以保护。《民法典》第一百九十二条规定：诉讼时效期间届满的，义务人可以提出不履行义务的抗辩。诉讼时效期间届满后，义务人同意履行的，不得以诉讼时效期间届满为由抗辩；义务人已经自愿履行的，不得请求返还。

《民法典》第一百九十八条规定：法律对仲裁时效有规定的，依照其规定；法律对仲裁时效没有规定的，适用诉讼时效的规定。

《民法典》第一百八十八条规定：向人民法院请求保护民事权利的诉讼时效期间为3年。法律另有规定的，依照其规定。诉讼时效期间自权利人知道或者应当知道权利受到损害以及义务人之日起计算。法律另有规定的，依照其规定。但是，自权利受到损害之日起超过20年的，人民法院不予保护。

### （二）诉讼时效的中止和中断

1. 诉讼时效中止

诉讼时效中止是指在诉讼时效进行中，因为一定的法定事由产生使权利人无法行使请求权，暂停计算诉讼时效期间。

《民法典》第一百九十四条规定，在诉讼时效期间的最后6个月内，因下列障碍，不能行使请求权的，诉讼时效中止：（1）不可抗力；（2）无民事行为能力人或者限制民事行为能力人没有法定代理人，或者法定代理人死亡、丧失民事行为能力、丧失代理权；（3）继承开始后未确定继承人或者遗产管理人；（4）权利人被义务人或者其他人控制；（5）其他导致权利人不能行使请求权的障碍。

自中止时效的原因消除之日起满6个月，诉讼时效期间届满。

中止诉讼时效的事由消除后无论中止事由发生时原诉讼时效期间剩余多少，剩余的诉讼时效期间均自中止事由消除之日起再计算6个月。

例如某开发商拖欠工程材料款，诉讼时效为3年，当诉讼时效进行到2年10个月，发生中止诉讼时效的法定事由，该事由延续 2 个月，则该事由消除后，该开发商还有 6 个月的诉讼时效期间。

2. 诉讼时效中断

《民法典》第一百九十五条规定，有下列情形之一的，诉讼时效中断，从中断、有关程序终结时起，诉讼时效期间重新计算：(1) 权利人向义务人提出履行请求；(2) 义务人同意履行义务；(3) 权利人提起诉讼或者申请仲裁；(4) 与提起诉讼或者申请仲裁具有同等效力的其他情形。

诉讼时效期间可因为权利人多次主张权利或债务人多次同意履行债务而多次中断，且中断的次数没有限制。

3. 诉讼时效中止与中断的区别

(1) 诉讼时效中止的事由是由于当事人主观意志以外的情况；诉讼时效中断的事由取决于当事人的主观意志，即当事人行使权利或履行义务的意思表示或行为。

(2) 诉讼时效中止只能发生在诉讼时效期间的最后 6 个月内；诉讼时效中断可以发生在时效进行的整个期间。

(3) 诉讼时效中止是时效完成的暂时障碍，中止前已进行的时效期间仍然有效，待中止事由消除后时效继续进行；而诉讼时效中断则是时效完成的根本性障碍，中断以前已进行的时效期间归于无效，中断以后重新起算，故中断前后实际上是两个诉讼时效。

## 习　题

**1-1 单选题**

1. 下列说法正确的是（　　）。

A. 行政规章是由国家最高行政机关制定的法律规范性文件

B. 部门规章是由地方人民政府各行政部门制定的法律规范性文件

C. 地方政府规章的效力低于法律、行政法规，高于同级地方性法规

D. 地方性法规只在本辖区内有效，其效力低于法律和行政法规

2. 下列规范性文件中，属于行政法规的是（　　）。

A.《北京市招标投标管理条例》

B.《建筑法》

C.《建设工程质量管理条例》

D.《房屋建筑和市政基础设施工程施工图设计文件审查管理办法》

3. 下列与工程建设有关的规范性文件中，由国务院制定的是（　　）。

A.《安全生产许可证条例》　　B.《建筑业企业资质管理规定》

C.《安全生产法》　　D.《工程建设项目施工招标投标办法》

4. 下列关于代理的说法中，正确的是（　　）。

A. 代理人在授权范围内实施代理行为的法律后果由被代理人承担

B. 代理人可以超越代理权实施代理行为

C. 被代理人对代理人的一切行为承担民事责任

D. 代理是代理人以自己的名义实施民事法律行为

5. 关于无权代理人签订的合同的说法中，错误的是（　　）。

A. 无权代理人签订的合同，被代理人追认有效，不追认对被代理人无效

B. 善意相对人可以催告被代理人在一个月内予以追认

C. 被代理人在相对人催告其追认后未做表示的，视为拒绝追认

D. 合同被追认之前，相对人有撤销的权利

6. 某施工合同约定 2018 年 1 月 1 日发包人应该向承包人支付工程款，但发包人没有支付。2018 年 7 月 1 日至 8 月 1 日之间，当地发生了特大洪水，导致承包人不能行使请求权。2018 年 12 月 3 日，承包人向法院提起诉讼，请求发包人支付拖欠的工程款，2018 年 12 月 31 日法院做出判决。下列说法正确的是（　　）。

A. 2018 年 7 月 1 日至 8 月 1 日之间诉讼时效中止

B. 2018 年 12 月 31 日起诉讼时效中止

C. 2018 年 12 月 3 日诉讼时效中断，诉讼时效期间重新计算

D. 2018 年 7 月 1 日至 8 月 1 日之间诉讼时效中断

7. 某建设单位支付工程最终结算款的时间为 2018 年 4 月 1 日。由于建设单位逾期未支付，施工单位于 2018 年 8 月 1 日致函建设单位要求付款，但未得到任何答复。施工单位请求人民法院保护其权利的诉讼时效期间届满的时间为（　　）。

A. 2018 年 4 月 1 日　　B. 2018 年 7 月 31 日

C. 2021 年 3 月 31 日　　D. 2021 年 7 月 31 日

**1-2 多选题**

1. 建设法规主要表现形式有（　　）。

A. 宪法　　B. 法律　　C. 行政法规　　D. 部门规章

E. 地方性法规

2. 下列属于行政法规的是（　　）。

A.《安全生产法》　　B.《仲裁法》

C.《建设工程质量管理条例》　　D.《安全生产许可证条例》

E.《北京市招标投标条例》

3. 工程施工过程中，属于侵权责任的情形有（　　）。

A. 工地的塔式起重机倒塌造成行人被砸伤

B. 施工单位将施工废料倒入临近鱼塘造成鱼苗大量死亡

C. 分包商在施工时操作不当造成公用供电设施损坏

D. 施工单位违约造成供货商的重大损失

E. 施工单位未按合同约定支付项目经理的奖金

4. 诉讼时效因（　　）而中断，从中断时起，诉讼时效期间重新计算。

A. 一方提起诉讼　　B. 诉讼时效期间届满

C. 不可抗力　　D. 权利人向义务人提出履行请求

E. 义务人同意履行义务

**1-3 典型案例及分析**

【案例 1】

1. 案例背景

原告：刘某

被告：贾某（包工头）、程某（私建房主）

2020 年 10 月底，被告程某委托被告贾某完成两层新建私房的模板安装工程，被告贾某在承揽该工程后，于 2020 年 11 月 7 日雇请了原告刘某安装模板，双方约定每天工资为 162 元。当天上午，原告在施工现场二楼安装模板时不慎摔至一楼，导致左侧大腿多处骨折。原告受伤后即由被告送至镇中心卫生

医院进行治疗，后转至省人民医院住院治疗。原告住院期间，被告贾某和程某支付了部分医疗费之后就一直拒付相关费用。2020 年 12 月 27 日，原告刘某向陕西省西安市长安区人民法院起诉，请求判令被告赔偿医疗费、误工费、护理费、住院伙食补助费等费用，合计人民币 74896.95 元。

被告贾某辩称，自己与被告程某之间的行为应当受《建筑法》的调整，被告程某委托工程时，没有审查贾某的资质，因此，程某也存在一定的过错，应当承担法律责任。另外，原告刘某自己在施工的过程中存在不当，导致损害结果的发生，也应承担一定的责任。

被告程某辩称，自己与原告之间不存在雇佣关系，只是将安装模板工程发包给被告贾某，而且作为私有房主没有义务审查工人是否有施工资质。农村私有住房建筑也不适用《建筑法》的调整，自己与原告刘某之间根本不存在发包与承包的关系，故请求驳回原告的诉讼请求。

2. 审裁结果

法院判决：被告贾某赔偿原告刘某医疗费、误工费、护理费、住院伙食补助费等费用，合计人民币 74896.95 万元；驳回原告刘某对被告程某的诉讼请求。

3. 案例分析

本案判决中要解决三个问题。

(1) 被告贾某与被告程某之间的民事法律行为受何种法律关系调整。

农民将自建住宅工程承包给个体工匠施工，其建设行为受《村庄和集镇规划建设管理条例》调整。在本案中，被告程某将新建私房模板安装工程交给贾某，由贾某负责施工，其形式是包工包料，而且程某只向其支付报酬，两人之间形成的是加工承揽合同关系，而非建设工程合同关系，其行为应受《村庄和集镇规划建设管理条例》和《民法典合同编》的调整，而不受《建筑法》的调整。

(2) 被告费某是否具有建筑资质及被告程某是否存在审查失当的过错。

一般情况下，具有农村工匠资格的人员具有承揽资质。农民自建的二层以下低层住宅，由已经领取工匠资格的人员承建，即可以认定具有资质。对于未实行工匠资格证书的地区，如果该工匠具有当地一般的工匠水平，是群众普遍认可的，也可以认定其具有承建资质。定做人在选任承揽人时，必须严格审查其承建资质，如选任无资质的企业或工匠建房导致发生人身损害，应承担选人不当的责任。本案中，被告贾某是一个有着 30 多年工龄的瓦工，他也经常在当地承揽建筑业务，可以认定其具有承揽资质，程某并无审查失当的过错，故无须担责。

(3) 原告刘某是否存在过错。

原告刘某在未熟悉施工条件的情况下，私自上楼进行施工导致踏空坠地而导致骨折，其也存在一定的过错。但根据最高人民法院《关于审理人身损害赔偿案件适用法律若干问题的解释》的有关规定，雇员必须存在故意或者重大过失才承担民事责任。在本案中，原告刘某并无故意或者重大过失的情形，故无须承担责任，相应责任应由雇主贾某来承担。

【案例 2】

1. 案例背景

甲施工企业在某办公楼工程项目的施工过程中，需要购买一批水泥。甲施工企业的采购人员张某持介绍信到乙建材公司要求购买一批 B 强度等级的水泥。由于双方有长期的业务关系，未签订书面的水泥买卖合同，乙建材公司很快就发货了。但在乙建材公司发货后，甲施工企业拒绝支付贷款。甲施工企业提出的理由是：公司让其采购人员张某购买的水泥是 A 强度等级而非 B 强度等级。双方由此发生纠纷。

2. 思考问题

(1) 甲施工企业和乙建材公司之间的水泥购买合同是否有效？

(2) 甲施工企业和乙建材公司之间的合同纠纷应当如何处理？

3. 案例分析

(1) 本案中的纠纷处理，首先要判明水泥买卖合同是否有效，而对合同效力判断的重要依据是甲施工企业的介绍信是如何写的。《民法典总则编》第一百六十五条规定：“委托代理授权采用书面形式的，授权委托书应当载明代理人的姓名或者名称、代理事项、权限和期间，并由委托人签名或者盖章。”据此，甲施工企业的介绍信可以视为授权委托书，张某则是甲施工企业的代理人。如果甲施工企业开出的介绍信是“介绍张某购买水泥”，则张某的行为是合法代理行为，其购买B强度等级水泥行为在代理权限范围内：双方的口头合同也是有效的，应当继续履行，即甲施工企业应当付款。如果甲施工企业开出的介绍信是“介绍张某购买A强度等级水泥”，则张某购买B强度等级水泥的行为就超越了代理权限，双方的口头合同是无效的。

（2）如果合同被确认无效后，其首要的法律后果是返还财产，即甲施工企业可以退货、拒付货款。乙建材公司的损失，按照《民法典总则编》第一百七十一条关于“行为人没有代理权、超越代理权或者代理权终止后，仍然实施代理行为，未经被代理人追认的，对被代理人不发生效力”的规定，应当向张某主张。但在司法实践中，乙建材公司的难点是如何证明张某要求购买的是B强度等级的水泥。

# 2 建设工程行政许可法律制度

## 第一节 建设工程施工许可法律制度

建设工程施工许可法律制度是指由国家授权国家建设主管机关在建设工程施工开始前，对该项建设工程是否符合法定的开工必备条件进行审查，对符合条件的建设工程颁发施工许可证，准予该项建设工程开工建设的法律制度。

### 一、申请施工许可的条件

《建筑法》规定：建设工程开工前，建设单位应当按照国家有关规定向工程所在地县级以上人民政府建设行政主管部门（住房城乡建设部门）申请领取施工许可证。申请领取施工许可证，应当具备下列条件：（1）已经办理该建设工程用地批准手续；（2）依法应当办理建设工程规划许可证的，已经取得建设工程规划许可证；（3）需要拆迁的，其拆迁进度符合施工要求；（4）已经确定建筑施工企业；（5）有满足施工需要的资金安排、施工图纸及技术资料；（6）有保证工程质量和安全的具体措施。

住房和城乡建设部发布的《建设工程施工许可管理办法》（2021 年修改）进一步规定了施工许可证的申请条件。

（1）依法应当办理用地批准手续的，已经办理该建设工程用地批准手续。

（2）在城市、镇规划区的建设工程，已经取得建设工程规划许可证。

（3）施工场地已经基本具备施工条件，需要征收房屋的，其进度符合施工要求。

（4）已经确定施工企业。按照规定应当招标的工程没有招标，应当公开招标的工程没有公开招标，或者肢解发包工程，以及将工程发包给不具备相应资质条件的企业的，所确定的施工企业无效。

（5）有满足施工需要的资金安排、施工图纸及技术资料，建设单位应当提供建设资金已经落实承诺书，施工图设计文件已按规定审查合格。

（6）有保证工程质量和安全的具体措施。

建设行政主管部门应当自收到申请之日起 7 日内，对符合条件的是申请颁发施工许可证；对于证明文件不齐全或者失效的，应当当场或者 5 日内一次告知建设单位需要补正的全部内容，审批时间可以自证明文件补正齐全后作相应顺延；对于不符合条件的，应当自收到申请之日起 7 日内书面通知建设单位，并说明理由。

**【例题 2-1】** 下列关于申请领取施工许可证的说法，正确的有（　　）。

A. 应当委托监理的工程已委托监理后才能申请领取施工许可证

B. 领取施工许可证是确定建筑施工企业的前提条件

C. 法律、行政法规和省、自治区、直辖市人民政府规章可以规定申请施工许可证的其他条件

D. 在申请领取施工许可证之前需要落实建设资金

E. 在城市、镇规划区的建设工程，需要同时取得建设用地规划许可证和建设工程规划许可证后，才能申请办理施工许可

［答案］D、E

**【例题 2-2】** 建设单位办理工程项目质量监督手续应在（　　）。

A. 领取建设工程规划许可证之前　　B. 领取建设用地规划许可证之前

C. 中标通知书发出后签订施工合同之前　　D. 领取施工许可证之前

［答案］D

## 二、未取得施工许可证擅自开工的法律后果

《建筑法》规定：违反本法规定，未取得施工许可证或者开工报告未经批准擅自施工的，责令改正，对不符合开工条件的责令停止施工，可以处以罚款。

《建设工程施工许可管理办法》规定，对于未取得施工许可证或者为规避办理施工许可证将工程项目分解后擅自施工的，由有管辖权的发证机关责令停止施工，限期改正，对建设单位处工程合同价款1%以上2%以下罚款；对施工单位处3万元以下罚款。

## 三、不需要申请施工许可证的工程类型

（1）国务院建设行政主管部门确定的限额以下的小型工程，工程投资额在30万元以下或者建筑面积在300$m^2$以下的建设工程。

（2）作为文物保护的建设工程。

（3）抢险救灾工程。

（4）临时性建筑。

（5）军用房屋建筑。

（6）按照国务院规定的权限和程序批准开工报告的建设工程。

此类工程开工的前提是已经有经批准的开工报告，而不是施工许可证，因此，此类工程是不需要申请施工许可证的。

## 四、施工许可证的管理

### （一）施工许可证废止的条件

建设单位应当自领取施工许可证之日起3个月内开工。因故不能按期开工的，应当在期满前向发证机关申请延期，并说明理由；延期以两次为限，每次不超过3个月。既不开工又不申请延期或者超过延期次数、时限的，施工许可证自行废止。

### （二）重新核验施工许可证的条件

在建的建设工程因故中止施工的，建设单位应当自中止施工之日起1个月内向发证机关报告，并按照规定做好建设工程的维护管理工作。

建设工程恢复施工时，应当向发证机关报告；中止施工满1年的工程恢复施工前，建设单位应当报发证机关核验施工许可证。

（三）重新办理开工报告的条件

按照国务院有关规定批准开工报告的建设工程，因故不能按期开工或者中止施工的，应当及时向批准机关报告情况。因故不能按期开工超过 6 个月的，应当重新办理开工报告的批准手续。

## 第二节　建设工程从业资格许可法律制度

### 一、建设工程从业资格法律制度概述

工程建设从业资格制度就是国家通过法定条件和立法程序对建设活动主体资格进行认定和批准，赋予其在法律规定的范围内从事一定的建设活动的制度。

建设工程的质量直接关系到人身及财产的安全，对于从事建设活动，包括从事建设工程的新建、扩建、改建和拆除等活动的单位，必须在资金、技术、装备等方面具备相应的资质条件。世界绝大多数国家都对从事建设活动必须具备的主体做出了严格限定。我国 1997 年颁布的《建筑法》（2019 年 4 月 23 日修正）对建筑主体要进入市场必须同时符合法定要件和法定审批程序两方面的要求。

（一）建设从业资格的法定要件

建设从业资格的法定要件，是指建设活动主体必须具备法律规定的条件才能从事建设活动。《建筑法》规定，从事建筑活动的建筑施工企业、勘察单位和工程监理单位，应当具备下列条件：（1）有符合国家规定的注册资本；（2）有与从事的建筑活动相适应的具有法定执业资格的专业技术人员；（3）有从事相关建筑活动应有的技术装备；（4）法律规定的其他条件。

（二）建设从业资格审批程序

建设从业资格审批程序，是指建设活动主体除了具备从业资格的法定要件，还必须经过国家法定审批程序。《建筑法》规定，从事建筑活动的建筑施工企业、勘察单位、设计单位和工程监理单位，按照其拥有的注册资本、专业技术人员、技术装备和已经完成的建设工程业绩等资质条件，划分不同的等级，经资质审查合格，取得相应的资质证书后，方可在其资质等级许可的范围内从事建筑活动；从事建筑活动的专业技术人员，应当依法取得相应的执业资格证书，并在执业资格证书许可的范围内从事建筑活动。

### 二、工程建设企业从业资质管理

（一）工程勘察企业

《建设工程勘察设计资质管理规定》规定：建设工程勘察企业应当按照其拥有的注册资本、专业技术人员、技术装备和勘察设计业绩等条件申请资质，经审查合格，取得建设工程勘察资质证书后，方可在资质等级许可的范围内从事建设工程勘察活动。

建设工程勘察包括建设工程项目的岩土工程、水文地质、工程测量、海洋工程勘察等。

工程勘察资质范围包括建设项目的岩土工程、水文地质勘察和工程测量等专业。

工程勘察资质分综合类、专业类和劳务类3类。综合类包括工程勘察所有专业；专业类是指岩土工程、水文地质、工程测量等专业中的某一项，其中岩土工程专业类可以是岩土工程勘察、设计、测试、检测、咨询、监理中的一项或全部；劳务类是指岩土工程治理、工程钻探、凿井等。

（二）工程设计企业

《建设工程勘察设计资质管理规定》和《工程设计资质标准》对工程设计单位的资质等级与标准、申请与审批、业务范围等做出了明确规定。

《建设工程勘察设计资质管理规定》规定，建设工程设计企业应当按照其拥有的注册资本、专业技术人员、技术装备和勘察设计业绩等条件申请资质，经审查合格，取得建设工程设计资质证书后，方可在资质等级许可的范围内从事建设工程设计活动。

工程设计资质分为工程设计综合资质、工程设计行业资质、工程设计专业资质和工程设计专项资质。工程设计综合资质只设甲级；工程设计行业资质、工程设计专业资质、工程设计专项资质设甲级、乙级。根据工程性质和技术特点，个别行业、专业和专项资质可以设丙级，建设工程专业资质可以设丁级。

取得工程设计综合资质的企业，可以承接各行业、各等级的建设工程设计业务；取得工程设计行业资质的企业，可以承接相应行业相应等级的工程设计业务及本行业范围内同级别的相应专业、专项（设计施工一体化资质除外）工程设计业务；取得工程设计专业资质的企业，可以承接本专业相应等级的专业工程设计业务及同级别的相应专项工程设计业务（设计施工一体化资质除外）；取得工程设计专项资质的企业，可以承接本专项相应等级的专项工程设计业务。

（三）建筑施工企业

《建筑业企业资质管理规定》（2018年修改）规定，建筑业企业资质分为施工总承包资质、专业承包资质、施工劳务资质三个序列。施工总承包资质、专业承包资质按照工程性质和技术特点分别划分为若干资质类别，各资质类别按照规定的条件划分为若干资质等级。施工劳务资质不分类别与等级。企业可以申请一项或多项建筑业企业资质。企业首次申请或增项申请资质，应当申请最低等级资质。

建筑业企业资质证书有效期届满，企业继续从事建筑施工活动的，应当于资质证书有效期届满3个月前，向原资质许可机关提出延续申请。资质许可机关应当在建筑业企业资质证书有效期届满前做出是否准予延续的决定；逾期未做出决定的，视为准予延续。

施工总承包资质的企业可以承接施工总承包工程。施工总承包企业可以对所承接的施工总承包工程内各专业工程全部自行施工，也可以将专业工程或劳务作业依法分包给具有相应资质的专业承包企业或劳务分包企业。

专业承包资质的企业可以承接施工总承包企业分包的专业工程和建设单位依法发包的专业工程。专业承包企业可以对所承接的专业工程全部自行施工，也可以将劳务作业依法分包给具有相应资质的劳务分包企业。

劳务分包资质的企业可以承接施工总承包企业或专业承包企业分包的劳务作业。

施工企业的资质序列、业务范围和资质等级对比见表2-1。

**表 2-1 施工企业的资质序列、业务范围和资质等级对比**

| 资质序列 | 业务范围 | 资质等级 |
|---|---|---|
| 施工总承包 | 可承包施工总承包工程，可委托专业分包或劳务分包 | 划分为特级、一级、二级、三级 |
| 专业承包 | 可承包施工总承包企业分包的专业工程和建设单位发包的专业工程，可委托劳务分包 | 一般分为一级、二级、三级 |
| 施工劳务 | 劳务作业 | 不分类别和等级 |

### （四）工程监理企业

《工程监理企业资质管理规定》对工程监理单位的资质等级与标准、申请与审批、业务范围等做出了明确规定。

工程监理企业资质分为综合资质、专业资质和事务所资质。其中，专业资质按照工程性质和技术特点划分为若干工程类别，综合资质、事务所资质不分类别。专业资质分为甲级、乙级；专业资质中，房屋建筑、水利水电、公路和市政公用专业资质可设立丙级。

(1) 综合资质可以承担所有专业工程类别建设工程项目的工程监理业务。

(2) 专业甲级资质可承担相应专业工程类别建设工程项目的工程监理业务；专业乙级资质可承担相应专业工程类别二级以下（含二级）建设工程项目的工程监理业务；专业丙级资质可承担相应专业工程类别三级建设工程项目的工程监理业务。

(3) 事务所资质可承担三级建设工程项目的工程监理业务。

工程监理企业可以开展相应类别建设工程的项目管理、技术咨询等业务。申请综合资质、专业甲级资质的，可以向企业工商注册所在地的省、自治区、直辖市人民政府住房城乡建设主管部门提交申请材料。省、自治区、直辖市人民政府住房城乡建设主管部门收到申请材料后，应当在 5 日内将全部申请材料报审批部门。

国务院住房城乡建设主管部门在收到申请材料后，应当依法做出是否受理的决定，并出具凭证；申请材料不齐全或者不符合法定形式的，应当在 5 日内一次性告知申请人需要补正的全部内容。逾期不告知的，自收到申请材料之日起即为受理。

国务院住房城乡建设主管部门应当自受理之日起 20 日内做出审批决定。自做出决定之日起 10 日内公告审批结果。其中涉及铁路、交通、水利、通信、民航等专业工程监理资质的，由国务院住房城乡建设主管部门送国务院有关部门审核。国务院有关部门应当在 15 日内审核完毕，并将审核意见报国务院住房城乡建设主管部门。

专业乙级、丙级资质和事务所资质由企业所在地省、自治区、直辖市人民政府住房城乡建设主管部门审批。

专业乙级、丙级资质和事务所资质许可、延续的实施程序由省、自治区、直辖市人民政府住房城乡建设主管部门依法确定。省、自治区、直辖市人民政府住房城乡建设主管部门应当自做出决定起 10 日内，将准予资质许可的决定报国务院住房城乡建设主管部门备案。

### （五）法律责任

#### 1. 企业申请办理资质违法行为

《建筑法》规定，以欺骗手段取得资质证书的，吊销资质证书，处以罚款；构成犯罪的，依法追究刑事责任。未取得资质证书承揽工程的，予以取缔，并处罚款：有违法所得的，予以没收。建筑施工企业转让、出借资质证书或者以其他方式允许他人以本企业的名义承揽工程的，责令改正，没收违法所得，并处罚款，可以责令停业整顿，降低资质等级；情节严重的，吊销资质证书。对因该项承揽工程不符合规定的质量标准造成的损失，建筑施工企业与使用本企业名义的单位或者个人承担连带赔偿责任。《建筑业企业资质管理规定》中规定，申请企业隐瞒有关情况或者提供虚假材料申请建筑业企业资质的，资质许可机关不予许可，并给予警告，申请企业在 1 年内不得再次申请建筑业企业资质。企业以欺骗、贿赂等不正当手段取得建筑业企业资质证书的，由县级以上地方人民政府住房城乡建设主管部门或者其他有关部门给予警告，并依法处以罚款，申请人 3 年内不得再次申请建筑业企业资质。

2.《建设工程质量管理条例》违法行为规定

未取得资质证书承揽工程的，予以取缔，对勘察、设计单位或者工程监理单位处合同约定的勘察费、设计费或者监理酬金 1 倍以上 2 倍以下的罚款；对施工单位处工程合同价款 2%以上 4%以下的罚款；有违法所得的，予以没收。以欺骗手段取得资质证书承揽工程的，吊销资质证书，依照规定处以罚款；有违法所得的，予以没收。违反规定，勘察、设计、施工、工程监理单位允许其他单位或者个人以本单位名义承揽工程的，责令改正，没收违法所得，对勘察、设计单位和工程监理单位处以合同约定的勘察费、设计费和监理酬金 1 倍以上 2 倍以下的罚款；对施工单位处工程合同价款 2%以上 4%以下的罚款；可以责令停业整顿，降低资质等级；情节严重的，吊销资质证书。

### 三、建设工程从业人员职业法规

我国工程建设领域实施执业（职业）资格制度，执业资格制度是指具备一定专业学历、资历的从事建筑活动的专业技术人员，通过考试和注册，获得执业技术资格的一种制度。执业资格制度是国家在建设行业对重要的关键的专业技术岗位实施的一种准入控制，从事建筑活动的专业技术人员，应当依法取得相应的执业资格证书，并在执业资格证书许可的范围内从事建筑活动。

（一）从事建筑活动的专业（技术）人员的注册执业许可的种类

目前，我国对从事建筑活动的专业技术人员已建立的执业资格制度，包括注册建筑师、注册结构工程师、勘察设计注册工程师、注册监理工程师、注册造价工程师、注册建造师等。

1. 注册建筑师

注册建筑师是指经考试、特许、考核认定取得中华人民共和国注册建筑师执业资格证书，或者经资格互认方式取得建筑师互认资格证书，并按照《中华人民共和国注册建筑师条例实施细则》，取得中华人民共和国注册建筑师注册证书和中华人民共和国注册建筑师执业印章，从事建筑设计及相关业务活动的专业技术人员。注册建筑师的执业范围包括：建筑设计、建筑设计技术咨询（建设工程技术咨询，建设工程招标、采购咨询，建设工程项目管理，建设工程设计文件及施工图审查，工程质量评估，以及国务院建设主管部门规定的其他建筑技术咨询业务）、建筑物调查与鉴定、对本人主持设计的项目进行施工指导和监督、国务院建设主管部门规定的其他业务等。注册建筑师分为一级注册建筑师和二级注册建筑师。

2. 勘察设计注册工程师

勘察设计注册工程师是指经考试取得中华人民共和国勘察设计注册工程师资格证书，并依法注册，取得中华人民共和国勘察设计工程师注册执业证书和执业印章，从事各类房屋建设工程及其他专业建设工程勘察、设计及相关业务活动的专业技术人员。

勘察设计注册工程师专业包括土木、结构、公用设备、电气等专业，并采用专业分类命名执业注册名称，如中华人民共和国注册结构工程师、中华人民共和国注册土木工程师等。其中，一级注册结构工程师、注册土木工程师（岩土）、注册公用设备工程师、注册电气工程师和注册化工工程师等勘察设计注册工程师的执业资格注册由住房和城乡建设部审批；二级注册结构工程师的执业资格注册由省、自治区、直辖市住房和城乡建设主管部门审批。

勘察设计注册工程师的执业范围包括：专业工程勘察、设计，专业工程技术咨询，专业工程招标、采购咨询，专业工程的项目管理，对专业勘察、设计项目的施工进行指导和监督，国务院有关部门规定的其他业务。各专业勘察设计注册工程师的具体执业范围由国家相关行业主管机关（部门）颁布的相关部门规章具体规定。

3. 注册监理工程师

注册监理工程师是指经考试取得中华人民共和国监理工程师资格证书，并按照《注册监理工程师管理规定》注册，取得中华人民共和国注册监理工程师注册执业证书和执业印章，从事工程监理及相关业务活动的专业技术人员。

注册监理工程师的执业范围包括工程监理、工程经济与技术咨询、工程招标与采购咨询、工程项目管理服务以及国务院有关部门规定的其他业务。

4. 注册造价工程师

注册造价工程师是指通过全国造价工程师执业资格统一考试或者资格认定、资格互认，取得中华人民共和国造价工程师执业资格，并按照《注册造价工程师管理办法》注册，取得中华人民共和国注册造价工程师注册执业证书和执业印章，从事工程造价活动的专业人员。

注册造价工程师的执业范围包括：建设项目建议书、可行性研究投资估算的编制和审核，项目经济评价，工程概算、预算、结算、竣工结（决）算的编制和审核；工程量清单、标底（或者控制价）、投标报价的编制和审核，工程合同价款的签订及变更、调整，工程款支付与工程索赔费用的计算；建设项目管理过程中设计方案的优化、限额设计等工程造价分析与控制，工程保险理赔的核查；工程经济纠纷的鉴定。注册造价工程师分为一级注册造价工程师和二级注册造价工程师。

5. 注册建造师

注册建造师是指通过考核认定或考试合格，取得中华人民共和国建造师资格证书，并按照《注册建造师管理规定》注册，取得中华人民共和国建造师注册证书和执业印章，担任施工单位项目负责人及从事相关活动的专业技术人员。

注册建造师实行注册执业管理制度，注册建造师分为一级注册建造师和二级注册建造师。

注册建造师的执业范围包括：大、中型工程项目负责人必须由本专业注册建造师担任；一级注册建造师可担任大、中、小型工程项目负责人，二级注册建造师可担任中、小型工程项目负责人。涉及注册建造师的执业范围的各类别建设工程的规模划分标准按照原建设部颁布的《注册建造师执业工程规模标准》的规定执行。

（二）从事建筑活动的专业（技术）人员的注册执业许可制度的基本内容

1. 资格考核制度

资格考核制度包括特许、考核认定、考试、资格互认几种考核方式及相关制度。

（1）特许和考核认定。在专业（技术）人员的注册执业资格考试实施前，一般通过特许和考核认定的办法，使少数具有一定资历和较高技术水平的专业技术人员取得注册执业资格。考核认定程序一般是：本人填报考核认定材料，单位核实并按隶属关系由各级建设、人事主管部门进行审核后，报省、自治区、直辖市注册执业许可管理机构和国务院有关主管部门进行初审，初审合格后报全国注册执业许可管理机构审定，并参加由全国注册执业许可机构举办的考核认定培训班，经考核培训合格后，颁发注册执业资格证书。特许的程序与考核认定的程序类似，特许人员不需要参加考核培训。

（2）考试。从事建筑活动的专业（技术）人员均需要参加国家组织的相关专业（注册）执业资格全国统一考试和地方考试（仅限于有二级注册执业资格的专业（技术）人员的注册执业许可种类），考试合格后方可取得相关专业（注册）执业资格证书。满足一定学历和时间要求的人员均可报考。

（3）资格互认。资格互认制度是针对国外或我国港、澳、台地区从事建筑活动的专业（技术）人员的一种注册执业资格互认的制度安排。目前开展资格互认的对象主要是我国香港、台湾地区的从事建筑活动的专业（技术）人员，涉及的注册执业许可种类有一级注册建筑师、一级注册结构工程师、注册城市规划师、注册建造师和注册房地产估价师。

2. 注册制度

从事建筑活动的专业（技术）人员取得相关专业的（注册）执业资格证书后，还必须依法注册（向注册机关申请注册并经过审批），才能取得相关专业的注册执业证书和注册印章（即取得相关专业注册执业许可），才能在相关专业（注册）执业资格证书和注册执业证书许可的范围内按照国家相关规定从事相关的专业性建筑活动。

目前，我国注册建筑师、勘察设计注册工程师部分专业（注册结构工程师、注册岩土工程师、注册公用设备工程师、注册电气工程师、注册化工工程师 5 个专业）、注册房地产估价师、注册建造工程师、注册城市规划师、注册监理工程师、注册建造师等从事建筑活动的专业（技术）人员的注册执业许可种类实施了注册制度。注册作为行政许可项目，属于行政审批环节。除注册建筑师明确审批机关（许可机关）为全国注册建筑师管理委员会负责外，其他从事建筑活动的专业（技术）人员的注册执业许可种类的注册审批机关（许可机关）为住房和城乡建设部（或会同有关行业主管机关（部门））。

3. 执业范围和执业制度

国家对依法取得相关专业注册执业许可的从事建筑活动的专业（技术）人员的执业范围均有明确规定，并建立了相关专业执业制度。依法取得相关专业注册执业许可的从事建筑活动的专业（技术）人员不得超越相关专业注册执业许可规定的专业范围执业，并必须执行相关专业执业制度的相关规定。

4. 继续教育制度

由于知识与技术在不断更新，依法取得相关专业注册执业许可的从事建筑活动的专业（技术）人员都必须及时更新知识和掌握新技术，因此都必须接受相应专业的继续教育。依法取得相关专业注册执业许可的从事建筑活动的专业（技术）人员接受相应专业继续教育的频率和形式由相应的行政法规或者部门规章规定。

5. 监督管理制度

国家对依法取得相关专业注册执业许可的从事建筑活动的专业（技术）人员的执业行为过程建立了相关的监督管理制度。依法取得相关专业注册执业许可的从事建筑活动的专业（技术）人员在执业过程中都必须依法接受相关专业注册执业许可机关的监督管理。

6. 法律责任制度

国家对依法取得相关专业注册执业许可的从事建筑活动的专业（技术）人员的执业行为建立了相应的法律责任制度。依法取得相关专业注册执业许可的从事建筑活动的专业（技术）人员在执业过程中只要违反相关的执业行为规范与标准，都必须依法承担相应的法律责任。

7. 信用档案管理

根据规范和整顿建筑市场的需要，从 2002 年起，住房和城乡建设领域开始研究建立获得从事建筑活动的注册执业许可的专业（技术）人员信用档案并实施信用档案制度，目前已对多项建设领域内的注册执业资格完成了信用档案的建立与管理。

我国涉及从事建筑活动的专业（技术）人员的注册执业许可制度的法律、行政法规、部门规章、规范性文件种类繁多、复杂，包括《建筑法》《注册建筑师条例》《注册建筑师实施条例细则》《注册结构工程师执业资格制度暂行规定》《注册监理工程师管理规定》《注册造价工程师管理办法》《注册建造师管理规定》《建设工程质量监督工程师资格管理暂行规定》《勘察设计注册工程师管理规定》以及涉及各专业勘察、设计注册工程师的注册执业许可制度的管理规定、暂行规定等。上述法律、行政法规、部门规章、规范性文件的相关规定共同确立了我国从事建筑活动的专业（技术）人员的注册执业许可制度。

## 习　题

**2-1 单选题**

1. 下列关于建设工程施工许可证管理的说法中，错误的是（　　）。

A. 申请施工许可证是取得建设用地规划许可证的前置条件

B. 保证工程质量和安全的施工措施须在申请施工许可证前编制完成

C. 只有法律和行政法规才有权设定施工许可证的申领条件

D. 消防设计审核不合格的，不予颁发施工许可证

2. 根据《建筑业企业资质管理规定》，下列属于建筑业企业资质序列的是（　　）。

A. 工程总承包　　B. 专业分包　　C. 专业承包　　D. 劳务承包

3. 根据《建筑企业资质管理规定》，关于我国建筑业企业资质的说法，错误的是（　　）。

A. 建筑企业资质分为施工总承包、专业承包和劳务分包三个序列
B. 建筑企业按照各自工程性质和技术特点，分别划分为若干资质类别
C. 各资质类别按照各自规定的条件划分为若干等级
D. 房屋建筑施工总承包企业资质分为特级、一级、二级共三个等级

4. 某写字楼项目于2020年3月1日领取了施工许可证，则该工程应在（　　）前开工。
A. 2020年4月1日　　B. 2020年6月1日
C. 2020年9月1日　　D. 2020年12月1日

5. 某医院欲新建办公大楼，该办公大楼由某城建集团承包建造，施工许可证应由（　　）申领。
A. 医院　　B. 城建集团
C. 城建集团分包商　　D. 医院或城建集团

6. 某房地产开发公司在某市老城区拟开发的住宅小区项目涉及征收，按照《建设工程施工许可管理办法》的规定，该房地产公司申请领取施工许可证前，应当（　　）。
A. 征收工作必须全部完成　　B. 征收补偿安置资金全部到位
C. 征收工程量已完成50%　　D. 征收进度满足施工的要求

7. 根据施工许可管理的要求，建设项目因故停工，（　　）应当自中止施工之日起1个月内向发证机关报告。
A. 项目部　　B. 施工企业　　C. 监理单位　　D. 建设单位

8. 有关部门在对某在建住宅小区工地的联合行政执法检查中发现，该工程虽符合开工条件，但尚未取得施工许可证。根据《建筑法》规定，应（　　）。
A. 责令改正　　B. 责令停止施工
C. 对建设单位处以罚款　　D. 降低施工单位资质等级

9. 某建设单位欲新建一座大型综合超市，于2020年3月20日领取工程施工许可证。开工后因故于2020年10月15日中止施工。根据《建筑法》施工许可制度的规定，该建设单位向施工许可证发证机关报告的最迟期限是2020年（　　）。
A. 10月15日　　B. 10月22日　　C. 11月14日　　D. 12月14日

10. 根据《建筑法》，中止施工满1年的工程恢复施工时，施工许可证应由（　　）。
A. 施工单位报发证机关核验　　B. 监理单位向发证机关提出核验
C. 建设单位报发证机关核验　　D. 建设单位向发证机关提出核验

**2-2 多选题**

1. 我国建筑施工企业的资质序列包括（　　）。
A. 工程总承包　　B. 专业分包　　C. 专业承包
D. 施工总承包　　E. 劳务分包

2. 根据《建筑法》规定，从事建筑活动的建筑施工企业应当具备下列条件（　　）。
A. 有符合国家规定的注册资本
B. 有符合国家规定的工作场所
C. 有与其从事的建筑活动相适应的具有法定执业资格的专业技术人员
D. 有符合规定的已完成工程业绩
E. 有足够的技术装备

3. 建设工程许可制度主要包括（　　）。
A. 从业单位资格管理制度　　B. 从业人员执业资格管理制度
C. 施工许可制度　　D. 注册工程师制度
E. 质量认证制度

4. 某建设单位于2020年9月1日领取了施工许可证，后由于特殊原因不能按期开工，故向发证机关申请延期。根据《建筑法》的规定，下列关于延期的说法中，不正确的是（　　）。
A. 领取施工许可证后不能延期
B. 可以延期，但只能延期一次
C. 延期以两次为限，每次不超过2个月
D. 既不开工又超过延期时限的，施工许可证自行废止
E. 超过延期时限的，只要发证机关不提出，施工许可证继续有效
5. 根据《建设工程施工许可管理办法》的规定，下列选项中属于施工许可证法定批准条件的有（　　）。
A. 在城市、镇规划区的建设工程已取得规划许可证
B. 需要征收用地范围内房屋的，其征收进度满足施工要求
C. 有满足开工需要的施工图并通过审查
D. 依法确定了施工企业和监理单位
E. 已经确定施工企业
6. 甲建设单位新建办公大楼，由乙建筑公司承建。下列有关施工许可证的说法中，正确的有（　　）。
A. 该新建工程无须领取施工许可证
B. 应由甲向建设行政主管部门申领施工许可证
C. 应由乙向建设行政主管部门申领施工许可证
D. 申请施工许可证时，应当提供安全施工措施的资料
E. 申请施工许可证时，该工程应当有满足施工需要的施工图纸

**2-3 典型案例及分析**

【案例1】

1. 案例背景

2012年10月2日，某市帆布厂（简称发包人）与某市区修建工程队（简称承包人）订立了建设工程承包工程。合同规定：承包人建一框架厂房，跨度为12m，总造价为198.9万元；承包方式为包工包料；开、竣工日期为2012年11月2日至2014年3月10日。自开工至2013年底，发包人付给承包人工程款、材料垫付款共101.6万元。到合同发包人规定的竣工期限，未能完工，而且已完工程质量部分不合格。为此，双方发生纠纷。

经查明：承包人在工商行政管理机关登记的经营范围为维修和承建小型非生产性建设工程。经有关部门鉴定：该项工程造价应为198.9万元，未完工程折价为97.3万元，已完工程的厂房屋面质量不合格，返工费为15.6万元。

2. 案例分析

建筑企业在进行承建活动时，必须严格遵守核准登记的建设工程资质等级范围，禁止超资质等级承建工程。本案被告的经营范围仅能承建小型非生产性建设工程和维修项目，其资质等级不能承建与原告所订合同规定的生产性厂房。因此被告对合同无效及工程质量问题应负全部责任，承担工程质量的返工费。

【案例2】

1. 案例背景

甲建筑施工单位资质等级为三级，欲取得南方某市一高层商业楼工程施工项目（按规定施工承包单位应具有一级资质），在资质达不到规定标准的情况下，与具有相应资质的乙建筑公司商定，挂靠在乙建筑公司名下借用乙建筑公司的资质证书参加竞标，甲建筑施工单位中标后向乙建筑公司交纳一定的管理费。经过招标投标程序，甲获得了该工程的施工权，工程竣工后，因质量问题导致巨大损失，建设方自己承担工程损失后对乙建筑公司向法院提出诉讼。

法院受理该案件后，对工程施工现场进行实地调查，调查发现该工程存在较为严重的质量问题，同时确认施工单位确为甲建筑施工单位挂靠乙建筑公司，根据《建筑法》《建设工程质量管理条例》和《建筑业企业资质管理规定》等法律法规，依法对甲建筑公司和乙建筑公司处以一定的罚款，造成的损失双方按过错大小共同承担责任。

2. 案例分析

对于建设工程的承包单位，我国实行严格的市场准入制度。根据《建筑法》第二十六条规定，承包建设工程的单位应当持有依法取得的资质证书，并在其资质等级许可的业务范围内承揽工程，同时规定禁止建筑施工企业超越本企业资质等级许可的业务范围或者以任何形式用其他建筑施工企业的名义承揽工程，如果承包人不具有合法资格，必将导致所订合同无效。《建设工程质量管理条例》第二十五条规定，施工单位应当依法取得相应的资质证书。并在其资质等级许可范围内承揽工程。

在实际工程中，有些无资质或资质较低的承包单位采用资质挂靠的方式承揽工程，同时也存在转让资质证书、以其他方式允许他人以本企业的名义承揽工程的情形。不具有相应资质条件的企业借用具有资质条件的企业名义与建设单位签订的建设工程施工合同无效，因此造成的质量缺陷和其他损失由挂靠公司与被挂靠公司承担连带责任，被挂靠公司将收取的管理费及其他费用全部或部分退还给挂靠公司；同时根据《建筑业企业资质管理规定》第三十四条规定，建筑业企业存在下列行为的，由县级以上地方人民政府建设主管部门或者其他有关部门给予警告，责令改正，并处 1 万元以上 3 万元以下的罚款。

(1) 超越本企业资质等级或以其他企业的名义承揽工程，或允许其他企业或个人以本企业的名义承揽工程的。

(2) 违反国家工程建设强制性标准的。

(3) 涂改、倒卖、出租、出借或者以其他形式非法转让建筑业企业资质证书。

(4) 其他违反法律、法规的行为。

依据《建筑法》《建设工程质量管理条例》和其他有关法律法规，对其给建设方造成的损失，由甲、乙双方共同承担，并根据责任大小承担责任。

【案例 3】

1. 案例背景

某工程总建筑面积约 10000$m^2$，共有 19 个单体，地下室为一层，工程分为两个标段，工程合同总造价约 20000 万元，工程于 2007 年 12 月下旬开工。2015 年 3 月中旬，当地地方建设行政主管部门对该工程进行检查，检查时桩基工程已全部施工完毕。通过检查发现。

(1) 该工程建设单位将工程桩基部分肢解发包给 A、B 两家桩基施工单位：A 桩基施工单位承接部分桩基工程，合同造价约 800 万元；B 桩基施工单位承接部分桩基工程，合同造价约 1000 万元。

(2) 2007 年工程开工时未取得工程质量监督手续和建设工程施工许可证，2015 年 1 月中旬才取得工程质量监督手续和建筑施工许可证。

(3) A 桩基施工单位只具有地基基础专业承包三级资质，不具有承接该工程的相应资质等级。

调查结论：

A 桩基施工单位超越本单位资质等级允许范围承接工程，且无建设工程施工许可证违法施工，B 桩基施工单位无建筑施工许可证违法施工。

2. 案例分析

建设单位在工程建设过程中将桩基工程肢解发包给两家桩基施工单位（其中一家不具有相应资质等级），且开工时未取得工程质量监督手续和建设工程施工许可证，已经违反了《建筑法》第七条第一款（建设工程开工前，建设单位应当按照国家有关规定向工程所在地县级以上人民政府建设行政主管部门申请领取施工许可证）、第二十四条第一款（提倡对建设工程实行总承包，禁止将建设工程肢解发包），以及《建设工程质量管理条例》第七条（建设单位应当将工程发包给具有相应资质等级的单位；建设单位不得将建设工程肢解发包）、第十三条（建设单位在领取施工许可证或者开工报告前，应当按照国家有关规定办理工程质量监督手续）的规定。应根据《建设工程质量管理条当按照国家有关规定办理工程质量监督手续》的规定。应根据《建设工程质量管理条例》第五十五条（建设单位将建设工程肢解发包的，责令改正，处工程合同价款0.5%以上1%以下的罚款）的规定对建设单位进行处罚。

A桩基施工单位超越本单位资质等级许可的业务范围（三级资质可承担工程造价300万元及以下）承接工程，且无建设工程施工许可证违法施工，违反了《建筑法》第二十六条（承包建设工程的企业应当持有依法取得的资质证书，并在其资质等级许可的业务范围内承揽工程）、《建设工程质量管理条例》第二十五条第二款（禁止施工单位超越本资质等级许可的业务范围或者以其他施工单位的名义承揽工程）、《建设工程施工许可管理办法》第三条第一款（本办法规定必须申请领取施工许可证的建设工程未取得施工许可证的，一律不得开工）的规定，应根据《建设工程质量管理条例》第六十条（勘察、设计、施工、工程监理单位超越本单位资质等级承揽工程的，责令停止违法行为，对施工单位处工程合同价款2%以上4%以下的罚款）的规定，对A桩基施工单位进行处罚。

B桩基施工单位无建设工程施工许可证违法施工，违反了《建设工程施工许可管理办法》第三条第一款（本办法规定必须申请领取施工许可证的建设工程未取得施工许可证的，一律不得开工）的规定，应根据《建设工程施工许可管理办法》第十条（对未取得施工许可证或者规避办理施工许可证将工程分解后擅自施工的，由有管辖权的发证机关责令改正，对于不符合开工条件的责令停止施工，并对建设单位和施工单位分别处以罚款）、第十三条（本办法中的罚款、法律、法规有幅度规定的从其规定，有违法所得的处5000元以上30000元以下的罚款）的规定，对B桩基施工单位进行处罚。

# 3 建筑法律制度

## 第一节 建 筑 法

建筑业是国民经济的支柱产业，在促进国民经济和社会发展的过程中具有不可替代的作用。建筑业的发展水平与质量在很大程度上直接影响着我国国民经济和社会的总体发展水平和质量。同时，建筑业的核心生产活动——建筑活动，具有显著区别于国民经济其他行业的特点，对社会公共利益、环境、生态、资源（特别是土地资源）、经济与社会可持续发展等具有广泛、深入、难以逆转甚至不可逆转的重大作用。为此，国家设立了专门法律制度对我国境内的建筑活动实施统一规范、调整、监督与管理，以确保建筑活动依法进行与实施。

### 一、建筑法的概念

建筑法的概念有广义与狭义之分。

广义的建筑法是指调整广义建筑活动的法律规范的总称。此处所谓广义建筑活动，是指各种土木工程的建造活动及其有关设施、设备的安装活动和建筑装修装饰活动的总体，既包括各类房屋建筑的建造活动及其有关设施、设备的安装活动及建筑装修装饰活动，也包括铁路、公路、桥梁、机场、港口、水电站（水库）、矿井、通信线路与设施、电力设施等专业工程的建造及其有关设施、设备安装活动及必要的建筑装修装饰活动；此处所谓法律规范，是指与调整广义建筑活动相关的法律、行政法规、部门规章、建设工程技术标准与规范等的总体。

狭义的建筑法是指调整狭义建筑活动的法律，仅指《中华人民共和国建筑法》（以下简称《建筑法》，1997 年 11 月 1 日第八届全国人民代表大会常务委员会第二十八次会议通过，自 1998 年 3 月 1 日起施行；2019 年 4 月 23 日第十三届全国人民代表大会常务委员会第十次会议对该法做出修改）。

我国现行的建筑法律制度，是以《建筑法》为核心并与其他相关法律、法规一起构成的法律制度体系，《建筑法》的效力范围和适用范围受到一定程度限制。

### 二、《建筑法》的调整对象与适用范围

#### （一）《建筑法》的调整对象

《建筑法》调整的是在我国境内实施的狭义建筑活动中的行政管理关系、市场交易关系、经济与技术协作关系和其他相关民事关系。此处所谓狭义建筑活动，是指各类房屋建筑及其附属设施的建造和与其配套的线路、管道、设备的安装活动，其内涵与边界是被严格界定的。其中，各类房屋建筑是指具有顶盖、梁、柱、墙，供人们生产、生活使用的建

筑物，包括民用房屋建筑、工业房屋建筑、公共房屋建筑，具体包括民用住宅、工业生产用厂房、仓库、动力站、水塔、烟囱等工业建筑，酒（旅）店、银行、公路客运站、学校、医院、影剧院、体育场馆、展览馆、办公楼、会议厅、火车站等公共建筑；而各类房屋建筑的附属设施和与其配套的线路、管道、设备是指进入上述各类房屋建筑或者与其紧密联系在一起的，并且能够表明是以上述各类房屋建筑为主体的，与其配套建造的诸如围墙、水塔等附属设施和电气、通信、燃气、给水、排水、空气调节、电梯、消防等线路、管道和设备。省、自治区、直辖市人民政府确定的小型房屋建设工程的建筑活动中的行政管理关系、市场交易关系、经济与技术协作关系和其他相关民事关系，不完全属于《建筑法》的调整对象范围，可由省、自治区、直辖市人民政府根据其建筑活动的特殊性参照《建筑法》执行。

依法核定作为文物保护的纪念建筑物和古建筑等修缮的建筑活动中的行政管理关系、市场交易关系、经济与技术协作关系和其他相关民事关系。不属于《建筑法》的调整对象。

抢险救灾及其他临时性房屋建筑和农民自建低层住宅的建筑活动中的行政管理关系、市场交易关系、经济与技术协作关系和其他相关民事关系，由于抢险救灾及其他临时性房屋建筑的时效性、临时性、简易性等特点和农民自建低层住宅由于量大面广、相关情况差异巨大等特点，不作为《建筑法》的调整对象。

军用房屋建设工程的建筑活动与《建筑法》中的狭义建筑活动具有共性，但同时也有其自身的特殊性，因此，军用房屋建设工程建筑活动中的行政管理关系、市场交易关系、经济与技术协作关系和其他相关民事关系，由国务院、中央军事委员会依据《建筑法》制定相应具体的管理办法予以调整。

同时，应当特别注意的是，铁路、公路、桥梁、机场、港口、水电站（水库）、矿井、通信线路与设施、电力设施等专业建设工程的建筑活动，由于其技术、自身特点、质量标准与要求等方面的特殊性以及国内现行行政管理体制所造成的对上述专业建设工程的建筑活动监督管理权限的分割，难以完全适用《建筑法》。但上述专业建设工程的建筑活动与《建筑法》中规定的各类房屋建设工程的建筑活动也具有共性，例如，对从事上述专业建设工程的建筑活动的企业的从业资质和个人的从业资格均有要求，专业建设工程的建筑活动均是通过各专业建筑市场中的各种相关交易的实施才得以完成，等等。因此，《建筑法》中关于上述狭义建筑活动的施工许可，建筑施工企业资质审查，建设工程发包、承包、禁止转包，以及建设工程监理、建设工程安全和质量管理的规定，同样适用于其他专业建设工程的建筑活动。也就是说，其他专业建设工程的建筑活动中的行政管理关系、市场交易关系、经济与技术协作关系和其他相关民事关系，除受制于专业建设工程的建筑活动的技术、自身特点、质量标准与要求等方面的特殊性和行政监督管理权限限制的部分外，均属于《建筑法》的调整对象。这是我国建筑法律制度的特殊性。

(二)《建筑法》的适用范围

根据《建筑法》的相关规定，《建筑法》的适用范围包括空间效力范围、适用主体范围和特殊适用范围。

1.《建筑法》的空间效力范围

《建筑法》作为我国最高权力机关的常设机构全国人民代表大会常务委员会制定的法律，

其空间效力范围（或称适用的地域范围）是中华人民共和国境内，即中华人民共和国主权所及的全部地域范围内。按照中国香港、中国澳门两个特别行政区基本法的规定，只有列入这两个特别行政区基本法附件三的全国性法律，才能在这两个特别行政区全部地域内适用。

《建筑法》没有列入这两个特别行政区基本法的附件三中，因此，《建筑法》不适用于中国香港特别行政区和中国澳门特别行政区。中国香港和中国澳门这两个特别行政区的建筑立法，应由这两个特别行政区的立法机关自行制定。另外，由于历史原因，中国台湾地区的建筑立法，目前由中国台湾地区制定。

2.《建筑法》适用的主体范围

法律适用的主体范围是指其行为受该法律规范、约束、调整的法律关系主体的范围。《建筑法》适用的主体范围包括一切在中华人民共和国境内从事建筑活动的主体和各级依法负有对建筑活动实施监督管理责任的国家行政机关。

（1）一切从事建筑活动的主体，包括从事建设工程的勘察、设计、施工、监理、咨询服务等活动的国有企业事业单位、集体所有制的企业事业单位、中外合资经营企业、中外合作经营企业、外资企业、合伙企业、私营企业以及依法可以从事建筑活动的个人，例如，具有国家注册执业资格的注册建筑师、注册城市规划师、注册结构工程师、勘察设计注册工程师、注册建造师、注册监理工程师、注册造价工程师等，不论其经济性质如何、规模大小，只要从事《建筑法》规定的建筑活动，都应当遵守《建筑法》的各项规定，依法享有规定的权利、履行规定的义务、承担规定的法律责任。

（2）各级依法负有对建筑活动实施监督管理责任的国家行政机关，包括各级建设主管部门和其他有关主管部门，都应当依照《建筑法》的规定，对建筑活动实施监督管理。监督管理的内容包括：依照《建筑法》的规定，对从事建筑活动的施工企业、勘察单位、设计单位和工程监理单位进行资质审查，依法颁发资质等级证书；对建设工程的招标投标活动是否符合公开、公正、公平的原则以及是否遵守法定程序进行监督；对建设工程的质量和建设工程安全生产依法进行监督管理以及对违反《建筑法》的行为实施行政处罚等。对建筑活动负有监督管理职责的政府行政机关及其工作人员不依法履行职责，玩忽职守或者滥用职权的，必须承担相应的法律责任。

## 第二节 建设工程发包承包制度

### 一、建设工程发包制度

#### （一）建设工程发包的概念

建设工程发包是指建设工程的建设单位（或总承包单位）将建设工程任务（勘察、设计、施工等）的全部或一部分通过招标或其他方式，交付给具有从事建筑活动的法定从业资格的单位完成，并按建设工程合同约定支付报酬的行为。

#### （二）建设工程的发包方式

建设工程的发包方式主要有招标发包和直接发包。建设工程实行招标发包的，发包单位应当将建设工程发包给依法中标的承包单位。建设工程实行直接发包的，发包单位应当将建设工程发包给具有相应资质条件的承包单位。

（三）提倡实行工程总承包

建设工程的总承包方式按承包内容的不同，分为施工（或勘察、设计）总承包和工程总承包。其中，施工（或勘察、设计）总承包是我国常见且较为传统的工程承包方式。工程总承包的具体方式、工作内容和责任等，由发包单位（业主）与工程总承包企业在合同中约定。我国目前提倡的工程总承包主要有如下方式：

（1）设计采购施工。EPC/交钥匙总承包是指工程总承包企业按照合同约定，承担工程项目的设计、采购、施工、试运行服务等工作，并对承包工程的质量、安全、工期、造价全面负责。

（2）设计-施工总承包（D-B）。是指工程总承包企业按照合同约定，承担工程项目设计和施工，并对承包工程的质量、安全、工期、造价全面负责。

根据工程项目的不同规模、类型和业主要求，工程总承包还可采用设计-采购总承包（E-P）、采购-施工总承包（P-C）等方式。

（四）禁止肢解发包

肢解发包指的是建设单位将应当由一个承包单位完成的建设工程分解成若干部分发包给不同的承包单位的行为。

肢解发包的弊端在于：

（1）肢解发包可能导致发包人变相规避招标。发包人可能将大的工程项目肢解成若干个小的工程项目，使得每一个小的工程项目都不满足关于招标规模和标准的规定，从而达到变相规避招标的效果。

（2）肢解发包会不利于投资和进度目标的控制。肢解发包意味着本来应该由一家承包商完成的项目，现在由两家或者两家以上的承包商完成了。这些弊端的结果就是不利于投资和进度目标的控制。

（3）肢解发包也会增加发包的成本和发包人管理的成本。肢解发包必然会使得发包的次数增加，这就必然会导致发包的费用增加。合同数增加，这就必然会导致发包人在管理上增加难度，进一步导致发包人在合同管理上增加成本。

## 二、建设工程承包制度

（一）建设工程承包的概念

建设工程承包是指具有从事建筑活动的法定从业资格的单位，通过投标或其他承揽方式，承揽建设工程任务，并按建设工程合同约定取得报酬的行为。

建设工程承包单位，即承揽建设工程的勘察、设计、施工等业务的单位，包括对建设工程实行总承包的单位和承包分包建设工程的单位。根据我国现行的从事建筑活动的企业的资质等级许可制度的规定，承包单位必须依法取得从事建筑活动的资质等级许可，并必须严格在本单位资质等级许可的业务范围内从事承揽工程的建筑活动，禁止建筑企业超越本企业资质等级许可的业务范围承揽工程。

目前，我国建筑市场上，无资质或者低资质的建筑施工企业、包工队通过“挂靠”较高资质等级的建筑施工企业，或者采取与资质等级较高的建筑施工企业搞假“联营”等形式，以较高资质等级的建筑施工企业的名义承揽工程的现象还比较普遍；而有些建筑施工企业为谋取不正当利益（如收取挂靠管理费、资质证书和营业执照的有偿使用费等)，允许其他企业、单位甚至个人使用本企业的名义承揽建设工程。上述现象的存在，对建立正常的建设市场秩序、保证工程质量危害极大，必须予以禁止。为此，《建筑法》明确规定，禁止建筑施工企业以任何形式用其他建筑施工企业的名义承揽工程；禁止建筑施工企业以任何形式允许其他单位或者个人使用本企业的资质证书、营业执照，以本企业的名义承揽工程。

（二）建设工程联合共同承包（联营承包）

建设工程联合共同承包（也称为联营承包）是指由两个以上的承包单位共同组成非法人的联合体，以该联合体的名义承包某项建设工程的承包模式。在建设工程联合共同承包形式中，由参加联合的各承包单位共同组成的联合体作为一个单位的承包主体，与发包单位签订承包合同（建设工程合同)，共同履行合同的全部义务，承担合同的全部责任。在联合体内部，则由参加联合体的各方以协议方式约定各自在联合共同承包建设工程中的权利、义务，包括联合体的管理方式及共同管理机构的产生办法、各方负责承担的建设工程任务的范围、利益分享与风险分担的办法等。建设工程联合共同承包是国际建设工程市场上广泛采用的一种建设工程承包模式。

大中型建设工程和结构复杂的建设工程，工程任务量大、技术要求复杂、建设周期较长，需要承包单位具有较强的经济、技术实力和抵御风险的能力。由多家单位组成联合体共同承包这类建设工程，可以集中参加联合体的各方的经济、技术力量，发挥各自的优势，大大增强投标竞争的实力；对发包单位而言，也有利于提高投资收益，保证建设工程质量。因此，《建筑法》规定："大型建设工程或者结构复杂的建设工程，可以由两个以上的承包单位联合共同承包。"

在建设工程联合共同承包中，参加联合共同承包的各方应就承包合同（建设工程合同）的约定义务与责任履行向发包单位承担连带责任。负有连带义务的每个债务人，都负有清偿全部债务的义务，履行了义务的人，有权要求其他负有连带义务的人偿付他应当承担的份额。依此规定，发包单位可要求参加建设工程联合共同承包的任何一方履行承包合同（建设工程合同）的全部义务，联合共同承包的各方不得拒绝。《建筑法》对此做出了明确规定："共同承包的各方对承包合同的履行承担连带责任。"建设工程联合共同承包是由两个以上的承包单位共同组成非法人的联合体，以该联合体的名义承包某项建设工程的承包行为。当参加联合体的具有相同专业的各承包单位资质等级不同时，联合体只能按资质等级较低的承包单位的从业许可业务范围承揽建设工程。

（三）建设工程分包与转包

1. 建设工程分包

（1）概念。建设工程分包是指建设工程的承包单位经过发包单位的同意或根据建设工程合同的规定，将其承包的建设工程范围内的非主要部分及专业性较强的工程内容另行发包给其他取得相应资质等级许可的承包单位承包的行为。

（2）有利条件。对一些大中型建设工程和结构复杂的建设工程而言，实行建设工程总承包与建设工程分包相结合的建设工程承包模式，允许总承包单位在遵守一定条件的前提下，将自己总承包的建设工程中的部分劳务或者自身不擅长的专业工程分包给其他承包单位，以便总承包单位和分包单位扬长避短，发挥各自的优势，这对于降低建设工程合同风险、降低建设工程造价、保证建设工程质量及缩短工期，均有益处。

（3）限制规定。为有效保护建设工程发包单位的合法利益，制止违法建设工程分包行为，建设工程分包必须遵守一定的限制条件。《建筑法》对此做出了明确规定："建设工程总承包单位可以将承包工程中的部分工程发包给具有相应资质条件的分包单位；但是，除总包合同中约定的分包外，必须经建设单位认可。施工总承包的，建设工程主体结构的施工必须由总承包单位自行完成。"

（4）承担的责任。在实行建设工程总承包与建设工程分包相结合的建设工程承包模式中，存在总承包合同与分包合同两个不同的合同关系。总承包合同是建设单位与总承包单位之间订立的合同，总承包单位有义务就总承包合同的约定内容向建设单位承担全部责任，即使总承包单位根据总承包单位有义务就总承包合同的约定内容向建设单位承担全部责任，即使总承包单位根据总承包合同的约定或经建设单位认可，将总承包合同范围内的部分建设工程内容分包给其他承包单位，总承包单位仍有义务对分包的建设工程向建设单位负责。分包合同是总承包合同的承包单位（分包合同中的发包单位）与分包单位之间订立的合同，分包单位与建设单位（总承包合同的发包单位）之间并不存在直接的合同关系，分包单位仅就分包合同的约定内容向总承包单位负责，并不直接向建设单位承担合同责任。因此，《建筑法》明确规定："建设工程总承包单位按照总承包合同的约定对建设单位负责；分包单位按照分包合同的约定对总承包单位负责。"

为有效保护建设工程发包单位的合法利益，《建筑法》适当加重了分包单位的责任："总承包单位与分包单位就分包工程对建设单位承担连带责任。"即若分包工程出现问题，建设单位既可要求总承包单位承担责任，也可以直接要求分包单位承担责任。

《建筑法》对两种违法建设工程分包行为做出了禁止性规定："禁止总承包单位将工程分包给不具有相应资质条件的单位。禁止分包单位将其承包的工程再分包。"

（5）违法分包判定标准。2014 年 8 月住房和城乡建设部发布的《建设工程施工转包违法分包等违法行为认定查处管理办法（试行）》规定，存在下列情形之一的，属于违法分包：1）施工单位将工程分包给个人的；2）施工单位将工程分包给不具备相应资质或安全生产许可单位的；3）施工合同中没有约定，又未经建设单位认可，施工单位将其承包的部分工程交由其他单位施工的；4）施工总承包单位将房屋建设工程的主体结构的施工分包给其他单位的，钢结构工程除外；5）专业分包单位将其承包的专业工程中非劳务作业部分再分包的；6）劳务分包单位将其承包的劳务再分包的；7）劳务分包单位除计取劳务作业费用外，还计取主要建筑材料款、周转材料和大中型施工机械设备费用的；8）法律法规规定的其他违法分包行为。

2. 建设工程转包

（1）概念。建设工程转包是指建设工程的承包单位与发包单位订立建设工程合同后，不履行合同约定的义务与责任，未获得发包单位的同意，以营利为目的，将与其承包范围、内容相一致的建设工程倒手转让给其他承包单位（该承包单位成为实际承包该建设工程的新承包单位），并且不对根据建设工程合同所承包的建设工程承担技术、管理和经济责任的行为。

（2）限制规定。承包单位擅自将其承包的建设工程转包，违反了合同法律制度的规定，破坏了合同关系应有的稳定性和严肃性。从合同法律关系上说，转包行为属于合同主体变更的行为，转包后，建设工程承包合同的承包单位由原承包单位变更为接受转包的新承包单位，原承包单位名义上与建设工程发包单位存在合同关系，但其实际上对合同的约定内容将不会再承担责任。合同一经依法成立并生效后，即具有法律约束力，任何一方不得擅自变更合同，包括变更合同的内容和变更合同的主体。建设工程承包合同的订立是承、发包双方的共同法律行为。承包单位将其承包的建设工程转包给其他承包单位，属于擅自变更合同主体的行为，违背了发包单位的意志，损害了发包单位的合同利益，是法律所不允许的。《建筑法》对此做出了明确的禁止性规定："禁止承包单位将其承包的全部建设工程转包给他人。"禁止建设工程的承包单位将其承包的建设工程转包，也是国际建设工程市场的通行惯例。

目前，国内建筑市场上大量存在承包单位利用法律允许建设工程分包的规定，将其承包的全部工程分解为若干部分，再将各部分以分包的名义分别转包给其他承包单位，以从这种名为建设工程分包实为建设工程转包的行为中获利，而并不承担承包合同约定的义务与责任。对此，《建筑法》也做出了禁止性规定："禁止承包单位将其承包的全部工程肢解以后以分包的名义分别转包给他人。

（3）判定标准。《建设工程施工转包违法分包等违法行为认定查处管理办法（试行）》规定，存在下列情形之一的，属于转包：

1）施工单位将其承包的全部工程转给其他单位或个人施工的；2）施工总承包企业或专业承包单位将其承包的全部工程肢解以后，以分包的名义分别转给其他单位或个人施工的；3）施工总承包企业或专业承包单位未在施工现场设立项目管理机构或未派驻项目负责人、技术负责人、质量管理负责人、安全管理负责人等主要管理人员，不履行管理义务，未对该工程的施工活动进行组织管理的；4）施工总承包单位或专业承包单位不履行管理义务，只向实际施工单位收取费用，主要建筑材料、构配件及工程设备的采购由其他单位或个人实施的；5）劳务分包单位承包的范围是施工总承包企业或专业承包单位承包的全部工程，劳务分包单位计取的是除上缴给施工总承包单位或专业承包单位"管理费"之外的全部工程价款的；6）施工总承包单位或专业承包单位通过采取合作、联营、个人承包等形式或名义，直接或变相地将其承包的全部工程转给其他单位或个人的；7）法律法规规定的其他转包行为。

**【例题 3-1】** 下列关于工程再分包的说法，正确的是（　　）。

A. 专业工程分包单位可将其承包的专业工程再分包

B. 专业工程分包单位不得将其承包工程中的非劳务作业部分再分包

C. 劳务作业分包单位可以将其承包的劳务作业再分包

D. 专业工程分包单位可以将非主体、非关键性的工作再分包给他人

［答案］B

**【例题 3-2】** 下列关于总承包单位与分包单位对建设工程承担质量责任的说法，正确的有（　　）。

A. 分包单位按照分包合同的约定对其分包工程的质量向总承包单位及建设单位负责

B. 分包单位对分包工程的质量负责，总承包单位未尽到相应监管义务的，承担相应的补充责任

C. 建设工程实行总承包的，总承包单位应当对全部建设工程质量负责

D. 当分包工程发生质量责任或者违约责任，建设单位可以向总承包单位或分包单位请求赔偿；总承包单位或分包单位赔偿后，有权就不属于自己责任的赔偿向另一方追偿

E. 当分包工程发生质量责任或者违约责任，建设单位应当向总承包单位请求赔偿，总承包单位赔偿后，有权要求分包单位赔偿

[答案] C、D

[解析] A 选项错，分包单位按照分包合同的约定对其分包工程的质量向总承包单位负责，总承包单位与分包单位对分包工程的质量承担连带责任。B 选项错，应为“连带责任”。E 选项错，不合乎连带责任的特点。

**【例题 3-3】** 总承包单位甲公司经建设单位同意，将幕墙工程分包给乙公司施工。后该分包工程出现了施工质量问题，建设单位要求乙公司赔偿。下列责任赔偿的说法中，能够成立的是（　　）。

A. 乙与建设单位无直接合同关系，建设单位应要求甲赔偿

B. 若甲已全部赔偿建设单位损失，则建设单位无权再向乙要求赔偿

C. 该质量问题是乙造成的，与甲无关

D. 对该质量问题乙与甲负有同等责任，乙仅承担赔偿的 50%

[答案] B

[解析] 总承包单位依法将建设工程分包给其他单位的，分包单位应当按照分包合同的约定对其分包工程的质量向总承包单位负责，总承包单位与分包单位对分包工程的质量承担连带责任，所以 A 选项错误。

不论是总承包单位造成的还是分包单位造成的质量问题，总承包单位要按照总包合同向建设单位负总体质量责任，所以 C 选项错误；在总承包单位承担责任后，可以依据分包合同的约定，追究分包单位的质量责任。

当分包工程发生质量问题时，建设单位既可以向分包单位请求赔偿，也可以向总承包单位请求赔偿；负有连带义务的每个债务人，都负有清偿全部债务的义务，履行了义务的人，有权要求其他负有连带义务的人偿付他应当承担的份额。连带责任不是同等责任，所以 D 选项错误。

# 第三节 建设工程监理制度

## 一、建设工程监理概述

### （一）建设工程监理的概念

建设工程监理是指由依法取得法定资质等级许可的工程监理单位，根据建设单位的委托，依照法律、行政法规及有关的技术标准、设计文件和建设工程承包合同，对建设工程

承包单位在建设工程的施工质量、建设工期和建设资金使用等方面，代表建设单位实施监督管理的技术性、专业性服务行为。

（二）建设工程监理的适用范围

建设工程监理是建设工程的建设单位为保证建设工程质量，控制建设工程造价和工期，确保建筑生产安全，维护自身相关合法权益而实施的有效措施。对建设工程是否实施监理，原则上应由建设工程的建设单位自行决定。但是，对于使用国家财政资金或者其他公共建设资金建设的建设工程项目以及大型公共建设工程，为有效保证投资效益，维护国家利益和纳税人利益，保证公共利益和公众安全，有必要对其实施强制监理。

我国《建筑法》规定，国务院有权对实施强制监理的建设工程的范围做出明确规定。对属于国务院规定实行强制监理制度的建设工程，建设单位必须依法委托具有相应资质条件的工程监理单位实施监理。根据《建设工程监理范围和规模标准规定》《国家重点建设项目管理办法》的相关规定，国务院规定的实施强制监理的建设工程项目的范围包括如下几类。

1. 国家重点建设工程

国家重点建设工程是指依据《国家重点建设项目管理办法》所确定的对国民经济和社会发展有重大影响的骨干项目。具体包括：基础设施、基础产业和支柱产业中的大型项目；高科技并能带动行业技术进步的项目；跨地区并对全国经济发展或者区域经济发展有重大影响的项目；对社会发展有重大影响的项目；其他骨干项目。

2. 大中型公用事业工程

大中型公用事业工程是指项目总投资额在3000万元以上的工程项目。具体包括：供水、供电、供气、供热等市政工程项目，科技、教育、文化等项目；体育、旅游、商业等项目；卫生、社会福利等项目；其他公用事业项目。

3. 成片开发建设的住宅小区工程

成片开发建设的住宅小区工程，建筑面积在5万平方米以上的住宅建设工程必须实行监理；5万平方米以下的住宅建设工程，可以实行监理，具体范围和规模标准，由省、自治区、直辖市人民政府建设行政主管部门规定。

4. 利用外国政府或者国际组织贷款、援助资金的工程

利用外国政府或者国际组织贷款、援助资金的工程具体包括使用世界银行、亚洲开发银行等国际组织贷款资金的项目，使用国外政府及其机构贷款资金的项目，使用国际组织或者国外政府援助资金的项目。

5. 国家规定必须实行监理的其他工程

（1）项目总投资额在3000万元以上，关系社会公共利益、公众安全的下列基础设施项目：煤炭、石油、化工、天然气、电力、新能源等项目，铁路、公路、管道、水运、民航以及其他交通运输业等项目，邮政、电信枢纽、通信、信息网络等项目，防洪、灌溉、排涝、引（供）水、滩涂治理、水资源保护、水土保持等水利建设项目，道路、桥梁、地铁和轻轨交通、污水排放及处理、垃圾处理、地下管道、公共停车场等城市基础设施项目，生态环境保护项目，其他基础设施项目。

（2）学校、影剧院、体育场馆项目。

## 二、工程监理的地位、主要任务和实施依据

工程监理具有代表建设单位进行监督管理的地位。工程监理单位接受建设单位的委托，按照建设工程委托监理合同的约定和授予的权利、权限，对承包单位在建设工程的施工质量、建设工期和建设资金使用、建设工程安全生产等方面，代表建设单位实施监督，对建设单位负责。

工程监理的主要任务是对承包单位在建设工程的施工质量、建设工期、建设资金使用以及建设工程安全生产等方面实施监督管理。

工程监理的实施依据包括以下几类。

（1）相关法律、行政法规。

（2）与建设工程有关的国家标准、行业标准，及设计图、工程说明书等设计文件。

（3）建设单位与承包单位之间签订的建设工程承包合同。

## 三、建设工程监理合同

### （一）建设工程监理合同概述

《建设工程监理合同（示范文本）》（GF—2012—0202）由协议书、通用条件、专用条件、附录A、附录B组成。

（1）协议书是一个总的协议，是纲领性的法律文件。其中明确了当事人双方确定的委托监理工程的概况（工程名称、地点、工程规模、总投资），委托人向监理人支付报酬的期限和方式，合同签订时间、监理期限，完成时间，签约酬金。“合同”是一份标准的格式文件，经当事人双方在有限的空格内填写具体规定的内容并签字盖章后，即发生法律效力。

组成合同的文件及解释顺序如下：

1）协议书；

2）中标通知书（适用于招标工程）或委托书（适用于非招标工程）；

3）专用条件及附录；

4）通用条件；

5）投标文件（适用于招标工程）或监理与相关服务建议书（适用于非招标工程）。

双方签订的补充协议与其他文件发生矛盾或歧义时，属于同一类内容的文件，应以最新签署的为准。

（2）建设工程监理合同通用条件。建设工程监理合同通用条件是监理合同的通用文件，适用于各类建设工程项目监理。各个委托人、监理人都应遵守。

（3）建设工程监理合同的专用条件。由于通用条件适用于各种行业和专业项目的建设工程监理，其中的某些条款规定得比较笼统，因此需要在签订具体工程项目监理合同时，结合地域特点、专业特点和委托监理项目的工程特点，对标准条件中的某些条款进行补充、修正。

### （二）《建设工程监理合同（示范文本）》的主要内容

#### 1. 监理的范围和工作内容

除专用条件另有约定外，监理工作内容包括以下几个方面。

（1）编制监理规划并在第一次工地会议7天前报委托人。根据有关规定和监理工作需要，编制监理实施细则。

（2）熟悉工程设计文件，并参加由委托人主持的图纸会审和设计交底会议。

（3）参加由委托人主持的第一次工地会议；主持监理例会并根据工程需要主持或参加专题会议。

（4）审查施工承包人提交的施工组织设计中的质量安全技术措施、专项施工方案与工程建设强制性标准的符合性。

（5）检查施工承包人工程质量、安全生产管理制度及组织机构和人员资格。

（6）检查施工承包人专职安全生产管理人员的配备情况。

（7）审查施工承包人提交的施工进度计划，核查承包人对施工进度计划的调整。

（8）检查施工承包人的实验室。

（9）审核施工分包人资质条件。

（10）查验施工承包人的施工测量放线成果。

（11）审查工程开工条件，签发开工令。

（12）审查施工承包人报送的工程材料、构配件、设备的质量证明资料，抽检进场的工程材料、构配件的质量。

（13）审核施工承包人提交的工程款支付申请，签发或出具工程款支付证书，并报委托人审核、批准。

（14）进行巡视、旁站和抽检，发现工程质量、施工安全生产存在隐患时，要求施工承包人整改并报委托人。

（15）经委托人同意，签发工程暂停令和复工令。

（16）审查施工承包人提交的采用新材料、新工艺、新技术、新设备的论证材料及相关验收标准。

（17）验收隐蔽工程、分部分项工程。

（18）审查施工承包人提交的工程变更申请，协调处理施工进度调整、费用索赔、合同争议等事项。

（19）审查施工承包人提交的竣工验收申请，编写工程质量评估报告。

（20）参加工程竣工验收，签署竣工验收意见。

（21）审查施工承包人提交的竣工结算申请并报委托人。

（22）编制、整理工程监理归档文件并报委托人。

2. 委托人的义务

（1）告知。委托人应在委托人与承包人签订的合同中明确监理人、总监理工程师和授予项目监理机构的权限。如有变更，应及时以书面形式通知承包人。

（2）提供资料。委托人应按照附录B约定，免费向监理人提供工程有关的资料。在监理合同履行过程中，委托人应及时向监理人提供最新的与工程有关的资料。

（3）提供工作条件。委托人应为监理人完成与监理相关服务提供必要的条件。委托人应按照约定提供相应的人员、房屋、设备、设施，供监理人免费使用。委托人应负责协调工程建设中所有外部关系，为监理人履行监理合同提供必要的外部条件。

（4）委托人代表。委托人应授权一名熟悉工程情况的代表，负责与监理人联系。委托人应在双方签订监理合同后 7 天内，将委托人代表的姓名和职责书面告知监理人。当委托人更换委托人代表时，应提前 7 天书面通知监理人。

（5）委托人意见或要求。在监理合同约定的监理和相关服务工作范围内，委托人对承包人的任何意见或要求应通知监理人，由监理人向承包人发出相应指令。

（6）答复。委托人应在专用条件约定的时间内，对监理人以书面形式提交并要求做出决定的事宜，给予书面答复。逾期未答复的，视为委托人认可。

（7）支付。委托人应按监理合同约定，向监理人支付酬金。监理人应在合同约定的每次应付款时间的 7 天前，向委托人提交支付申请书。支付申请书应当说明当期应付款总额，并列出当期应支付的款项及其金额。支付的酬金包括正常工作酬金、附加工作酬金、合理化建议奖励金额及费用。

3. 监理人的违约责任

（1）因监理人违反本合同约定给委托人造成损失的，监理人应当赔偿委托人损失。赔偿金额的确定方法在专用条件中约定。监理人承担部分赔偿责任的，其承担赔偿金额由双方协商确定。

（2）监理人向委托人的索赔不成立时，监理人应赔偿委托人由此发生的费用。

4. 委托人的违约责任

（1）委托人违反本合同约定造成监理人损失的，委托人应予以赔偿。

（2）委托人向监理人的索赔不成立时，应赔偿监理人由此引起的费用。

（3）委托人未能按期支付酬金超过 28 天，应按专用条件约定支付逾期付款利息。

**【案例 3-1】**

建筑公司甲与建筑公司乙组成一个联合体投标，他们在共同投标协议中约定，如果在施工的过程中出现质量问题而遭遇建设单位的索赔，各自承担索赔额的 50%。后来在施工的过程中由于建筑公司甲的施工技术问题导致发生了工程质量事故，并因此遭到了建设单位的索赔，索赔额是 10 万元。而建设单位却仅仅要求建筑公司乙赔付这笔索赔款。建筑公司乙拒绝了建设单位的请求，理由有两点：

（1）质量事故的出现由建筑公司甲的施工技术所导致，应该由建筑公司甲承担责任。

（2）共同投标协议中约定了各自承担索赔额的 50%，即使不由建筑公司甲独自承担索赔，最起码建筑公司甲也应该承担 50% 的比例，而不应该单独由自己拿这笔钱。

[问题]

建筑公司乙的理由成立吗？

[分析]

理由不成立。

依据《建筑法》，联合体中共同承包的各方对承包合同的履行承担连带责任。也就是说，建设单位既可以要求建筑公司甲承担赔偿责任，也可以要求建筑公司乙承担赔偿责任。已经承担责任的一方，可以就超出自己应该承担的部分向对方追偿，但是却不可以拒绝向建设单位先行赔付。

**【案例 3-2】**

2021 年 4 月 22 日，某水泥厂与某建筑公司订立施工合同，双方约定：由某建筑公司承建水泥厂第一条生产线主厂房及烧成车间配套工程的土建项目；开工日期为 2021 年 5 月 15 日；建筑材料由水泥厂提供，建筑公司垫资 150 万元人民币，在合同订立起 15 日内汇入水泥厂账户；建筑公司付给水泥厂 10 万元保证金。合同订立后，建筑公司于同年 5 月前后付给水泥厂 80 万元垫资款，比约定的垫资款少付 70 万元。同年 5 月建筑公司进场施工。从 5 月 24 日至 10 月 26 日建筑公司向水泥厂借款 173539 元。后因建筑公司未按约支付全部垫资款及工程质量存在问题，双方产生纠纷；建筑公司于同年 7 月停止施工。已完成的工程为窑头基础混凝土、烟囱、窑尾、增温塔等。

水泥厂于同年 11 月向人民法院起诉。一审法院在审理中委托建设工程质量安全监督站对已建工程进行鉴定。结论为：窑头基础混凝土和烟囱不合格，应予拆除。两项工程拆除费用为 152779 元；还查明，水泥厂与建筑公司订立合同和工程施工时，尚未取得建设用地规划许可证和建设工程规划许可证。

[问题]

发包人某水泥厂有哪些违法行为?

[分析]

《建筑法》正式确立了建设工程施工许可制度。《建筑法》规定：“建设工程开工前，建设单位应按照国家有关规定向工程所在地县级以上人民政府建设行政主管部门申请领取施工许可证；但是，国务院建设行政主管部门确定的限额以下的小型工程除外。按照国务院的权限和程序批准开工报告的建设工程，不再领取施工许可证。”因此，依法领取施工许可证是工程建设项目必须遵守的强制性规定，也是工程建设行为合法的必要条件。如果违反了这一法律强制性规定，施工合同将是无效的。此外，根据《建筑法》的规定，取得施工许可证的前提是取得土地使用证、规划许可证。因此，工程建设项目施工必须“三证”齐全，即必须同时具备土地使用证、规划许可证、施工许可证。

本案中，由于发包人水泥厂没有依法取得建设用地规划许可证和建设工程规划许可证，属于违法建设，其签订的工程施工合同应属于无效合同。同时，尽管法律规定领取施工许可证是建设单位的责任，但施工单位不经审查而签订了合同，也要承担一定的过错责任。

## 第四节　建设工程安全生产管理法律

### 一、建设工程安全生产管理概述

#### （一）建设工程安全生产管理的概念

建设工程安全生产管理是建设行政主管部门、监督管理机构、从事建设活动的主体及有关单位为保证建设生产安全，对建设工程生产过程中的安全工作所进行的计划、组织、指挥、协调、控制和监督等一系列管理活动的总称，其旨在保护从事建设活动的人员在建设工程生产过程中的人身安全、财产安全与人身健康，保证建设单位的建设工程财产不受损失，保证建设工程产品生产任务的顺利完成。

（二）建设工程安全生产管理的基本方针

在建设工程生产过程中，建设工程安全生产管理必须坚持安全第一、预防为主的方针。具体必须做到以下几点。

（1）从事建筑活动的单位的各级管理人员和全体员工，尤其是单位负责人，一定要牢固树立安全第一的意识，正确处理安全生产与建设工程进度、质量、成本、效益等方面的关系，将生产安全放在首位。

（2）加强建设工程安全生产工作的组织领导和计划性，在建筑活动中加强对安全生产的统筹规划和各方面的通力协作。

（3）建立健全安全生产的责任制度和群防群治制度。

（4）对有关管理人员及员工进行安全生产教育培训，未经安全生产教育培训的，不得从事安全管理工作或者上岗作业。

（5）建筑施工企业必须为员工发放保障建设工程生产安全的劳动保护用品。

（6）使用的设备、器材、仪器和建筑材料必须符合保证建设工程生产安全的国家标准和行业标准。

## 二、建设工程安全生产管理的基本制度

（一）安全生产责任制度

安全生产责任制度是指企业将各项保障生产安全的责任具体落实到各有关管理人员和不同岗位人员个人的制度，是由企业内部各不同层次的安全生产责任制度所构成的保障建设工程生产安全的责任体系。安全生产责任制度是建筑生产中最基本的安全管理制度，是所有安全规章制度的核心。在建筑活动中，只有明确安全责任，分工负责，才能形成完整有效的安全管理体系，激发每个人的安全责任感，严格执行建设工程安全的法律、法规和安全规程、技术规范，防患于未然，减少和杜绝建设工程事故，为建设工程的生产创造一个良好的环境。

（二）群防群治制度

群防群治制度是指由全体员工群众共同参与的预防安全事故的发生、治理各种安全事故隐患的制度，是企业民主管理的重要内容。

这一制度要求建筑企业职工在施工中应当遵守有关生产的法律、法规和建筑行业安全规章、规程，不得违章作业；对于危及生命安全和身体健康的行为有权提出批评、检举和控告。

（三）安全生产教育培训制度

建设工程安全生产教育培训工作是建设施工企业实现安全生产的一项基础性工作。安全生产教育培训制度是建设工程安全管理的一项重要内容，是保证建设工程生产安全的重要手段。通过建设工程安全生产教育培训，企业各级管理人员能够严格贯彻执行安全操作规程，有效掌握岗位的安全操作技能，为确保建筑生产安全创造条件。

（四）安全生产检查制度

安全生产检查制度是上级管理部门或企业自身对安全生产状况进行定期或不定期检查的制度。通过检查发现安全问题和安全隐患，从而采取有效措施，堵塞安全漏洞，将建设工程生产安全事故消灭在发生之前，做到防患于未然。安全检查制度是安全生产的保障。

（五）伤亡事故处理报告制度

伤亡事故处理报告制度是指施工中发生事故时，建筑企业应当采取紧急措施减少人员伤亡和事故损失，并按照国家有关规定及时向有关部门报告的制度。根据《中华人民共和国安全生产法》(以下简称《安全生产法》）和《建筑法》的规定，建筑施工企业发生建筑生产安全事故后，事故现场有关人员应当立即报告本单位负责人。单位负责人接到事故报告后，应当迅速采取有效措施，组织抢救，防止事故扩大，减少人员伤亡和财产损失，并按照国家有关规定立即如实报告当地负有安全生产监督管理职责的部门，不得隐瞒不报、谎报或者拖延不报，不得故意破坏事故现场、毁灭有关证据。有关地方人民政府和负有安全生产监督管理职责的部门的负责人接到重大建设工程生产安全事故报告后，应当立即赶到事故现场，组织事故抢救。

（六）安全责任追究制度勘查

建设单位、勘察设计单位、施工单位、工程监理单位，由于没有履行建设工程安全生产管理职责造成人员伤亡和事故损失的，视情节给予相应处理；情节严重的，责令停业整顿，降低资质等级或吊销资质证书；构成犯罪的，依法追究刑事责任。

## 三、建设工程安全生产许可制度

《安全生产许可证条例》（2014年修改）规定，安全生产许可证的发放范围包括矿山企业、建筑施工企业和危险化学品、烟花爆竹、民用爆炸物品生产企业五类企业。这五类危险性较大的企业，必须依照法定条件、程序，向有关管理机关申请领取安全生产许可证，方可进行生产。建筑施工企业未取得安全生产许可证的，不得从事建筑施工活动。

国务院建设主管部门负责中央管理的建筑施工企业安全生产许可证的颁发和管理；其他企业由省、自治区、直辖市人民政府建设主管部门负责颁发和管理，并接受国务院建设主管部门的指导和监督。

（一）安全生产许可证的申请条件

《建筑施工企业安全生产许可证管理规定》(2015年修改）中将建筑施工企业取得安全生产许可证应当具备的安全生产条件具体规定为：

（1）建立、健全安全生产责任制，制定完备的安全生产规章制度和操作规程；

（2）保证本单位安全生产条件所需资金的投入；

（3）设置安全生产管理机构，按照国家有关规定配备专职安全生产管理人员；

（4）主要负责人、项目负责人、专职安全生产管理人员经建设主管部门或其他部门考核合格；

（5）特种作业人员经有关业务主管部门考核合格，取得特种作业操作资格证书；

（6）管理人员和作业人员每年至少进行一次安全生产教育培训并考核合格；

（7）依法参加工伤保险，依法为施工现场从事危险作业的人员办理意外伤害保险，为从业人员交纳保险费；

(8) 施工现场的办公、生活区及作业场所和安全防护用具、机械设备、施工机具及配件符合有关安全生产法律、法规、标准和规程的要求；

(9) 有职业危害防治措施，并为作业人员配备符合国家标准或者行业标准的安全防护用具和安全防护服装；

(10) 有对危险性较大的分部分项工程及施工现场易发生重大事故的部位、环节的预防、监控措施和应急预案；

(11) 有生产安全事故应急救援预案、应急救援组织或者应急救援人员，配备必要的应急救援器材、设备；

(12) 法律、法规规定的其他条件。

### (二) 安全生产许可证的有效期、变更、注销及补办

安全生产许可证的有效期为 3 年。安全生产许可证有效期满需要延期的，企业应当于期满前 3 个月向原安全生产许可证颁发管理机关办理延期手续。企业在安全生产许可证有效期内，严格遵守有关安全生产的法律、法规，未发生死亡事故的，安全生产许可证有效期届满时，经原安全生产许可证颁发管理机关同意，不再审查，安全生产许可证有效期延期 3 年。

建筑施工企业变更名称、地址、法定代表人等，应当在变更后 10 日内，到原安全生产许可证颁发管理机关办理安全生产许可证变更手续。建筑施工企业破产、倒闭、撤销的，应当将安全生产许可证交回原安全生产许可证颁发管理机关予以注销。

建筑施工企业遗失安全生产许可证，应当立即向原安全生产许可证颁发管理机关报告，并在公众媒体上声明作废后，方可申请补办。

### (三) 监督管理

企业不得转让、冒用安全生产许可证或者使用伪造的安全生产许可证。企业取得安全生产许可证后，不得降低安全生产条件，并应当加强日常安全生产管理，接受安全生产许可证颁发管理机关的监督检查。

建设主管部门在审核发放施工许可证时，应当对已经确定的建筑施工企业是否有安全生产许可证进行审查，对没有取得安全生产许可证的，不得颁发施工许可证。

安全生产许可证颁发管理机关或者其上级行政机关发现有下列情形之一的，可以撤销已经颁发的安全生产许可证：

(1) 安全生产许可证颁发管理机关工作人员滥用职权、玩忽职守颁发安全生产许可证的；

(2) 超越法定职权颁发安全生产许可证的；

(3) 违反法定程序颁发安全生产许可证的；

(4) 对不具备安全生产条件的建筑施工企业颁发安全生产许可证的；

(5) 依法可以撤销已经颁发的安全生产许可证的其他情形。

### (四) 法律责任

(1) 未取得安全生产许可证擅自生产的法律责任。未取得安全生产许可证擅自进行生产，责令停止生产，没收违法所得，并处 10 万元以上 50 万元以下的罚款；造成重大事故或者其他严重后果，构成犯罪的，依法追究刑事责任。

（2）期满未办理延期手续，继续进行生产的法律责任。违反规定，安全生产许可证有效期满未办理延期手续，继续进行生产的，责令停止生产，限期补办延期手续，没收违法所得，并处5万元以上10万元以下的罚款；逾期仍不办理延期手续，继续进行生产的，依照规定处罚。

（3）转让安全生产许可证的法律责任。转让安全生产许可证的，没收违法所得，处10万元以上50万元以下的罚款，并吊销其安全生产许可证；构成犯罪的，依法追究刑事责任；接受转让的，依照规定处罚。

（4）冒用或伪造安全生产许可证的法律责任。冒用安全生产许可证或者使用伪造的安全生产许可证进行生产的，责令停止生产，没收违法所得，并处10万元以上50万元以下的罚款；造成重大事故或者其他严重后果，构成犯罪的，依法追究刑事责任。

（5）建筑施工企业隐瞒有关情况或者提供虚假材料申请安全生产许可证的，不予受理或者不予颁发安全生产许可证，并给予警告，1年内不得申请安全生产许可证。建筑施工企业以欺骗、贿赂等不正当手段取得安全生产许可证的，撤销安全生产许可证，3年内不得再次申请安全生产许可证；构成犯罪的，依法追究刑事责任。

（6）取得安全生产许可证的建筑施工企业，发生重大安全事故的，暂扣安全生产许可证并限期整改。建筑施工企业不再具备安全生产条件的，暂扣安全生产许可证并限期整改；情节严重的，吊销安全生产许可证。

**【例题3-4】** 下列关于安全生产许可证有效期的说法，正确的有（　　）。

A. 安全生产许可证的有效期为3年

B. 施工企业应当向原安全生产许可证颁发管理机关办理延期手续

C. 安全生产许可证有效期满需要延期的，施工企业应当于期满前1个月办理延期手续

D. 施工企业在安全生产许可证有效期内，严格遵守有关安全生产的法律、法规，未发生死亡事故的，安全生产许可证有效期届满时，自动延期

E. 安全生产许可证有效期延期3年

［答案］A、B、E

［解析］选项D错误，企业在安全生产许可证有效期内，严格遵守有关安全生产的法律、法规，未发生死亡事故的，安全生产许可证有效期届满时，经原安全生产许可证颁发管理机关同意，不再审查，安全生产许可证有效期延期3年，因此不是自动延期。

**【例题3-5】** 根据《建筑施工企业安全生产许可证管理规定》，下列关于安全生产许可证的说法正确的有（　　）。

A. 施工企业未取得安全生产许可证的不得从事建筑施工活动

B. 施工企业变更法定代表人的不必办理安全生产许可证变更手续

C. 对没有取得安全生产许可证的施工企业所承包的项目不得颁发施工许可证

D. 施工企业取得安全生产许可证后不得降低安全生产条件

E. 未发生死亡事故的安全生产许可证有效期届满时自动延期

［答案］A、C、D

## 四、安全生产责任主体的安全责任

### （一）建设单位的安全责任

1. 向施工单位提供资料的责任

建设单位应当向施工单位提供施工现场及毗邻区域内供水、排水、供电、供气、供热、通信、广播电视等地下管线资料，气象和水文观测资料，相邻建筑物和构筑物、地下工程的有关资料，并保证资料的真实、准确、完整。

2. 依法履行合同的责任

建设单位不得对勘察、设计、施工、工程监理等单位提出不符合建设工程安全生产法律、法规和强制性标准规定的要求，不得压缩合同约定的工期。

3. 提供安全生产费用的责任

建设单位在编制工程概算时，应当确定建设工程安全作业环境及安全施工措施所需费用。

4. 不得推销劣质材料设备的责任

建设单位不得明示或者暗示施工单位购买、租赁、使用不符合安全施工要求的安全防护用具、机械设备、施工机具及配件、消防设施和器材。

5. 提供安全施工措施资料的责任

建设单位在申请领取施工许可证时，应当提供建设工程有关安全施工措施的资料。

依法批准开工报告的建设工程，建设单位应当自开工报告批准之日起 15 日内，将保证安全施工的措施报送建设工程所在地的县级以上地方人民政府建设行政主管部门或者其他有关部门备案。

6. 对拆除工程进行备案的责任

建设单位应当将拆除工程发包给具有相应资质等级的施工单位。

建设单位应当在拆除工程施工 15 日前，将下列资料报送建设工程所在地的县级以上地方人民政府建设行政主管部门或者其他有关部门备案：(1) 施工单位资质等级证明；(2) 拟拆除建筑物、构筑物及可能危及毗邻建筑的说明；(3) 拆除施工组织方案；(4) 堆放、清除废弃物的措施。实施爆破作业的，应当遵守国家有关民用爆炸物品管理的规定。

7. 法律责任

(1) 未提供全生产作业环境及安全施工措施所需费用的法律责任。建设单位未提供建设工程安全生产作业环境及安全施工措施所需费用的，责令限期改正；逾期未改正的，责令该建设工程停止施工。

建设单位未将保证安全施工的措施或者拆除工程的有关资料报送有关部门备案的，责令限期改正，并给予警告。

(2) 其他法律责任。建设单位有下列行为之一的，责令限期改正，处 20 万元以上 50 万元以下的罚款；造成重大安全事故，构成犯罪的，对直接责任人员，依照刑法有关规定追究刑事责任；造成损失的，依法承担赔偿责任。

1) 对勘察、设计、施工、工程监理等单位提出不符合安全生产法律、法规和强制性标准规定的要求的。

2）要求施工单位压缩合同约定的工期的。

3）将拆除工程发包给不具有相应资质等级的施工单位的。

### （二）工程监理单位的安全责任

#### 1. 审查承包人施工方案的责任

施工组织设计在本质上是施工单位编制的施工计划，其中要包含安全技术措施和施工方案。对于达到一定规模的危险性较大的分部分项工程要编制专项施工方案。

#### 2. 监理的安全生产责任

工程监理单位在实施监理过程中，发现存在安全事故隐患的，应当要求施工单位整改；情况严重的，应当要求施工单位暂时停止施工，并及时报告建设单位。施工单位拒不整改或者不停止施工的，工程监理单位应当及时向有关主管部门报告。工程监理单位和监理工程师应当按照法律、法规和工程建设强制性标准实施监理，并对建设工程安全生产承担监理责任。

#### 3. 法律责任

（1）违反强制性标准的法律责任。注册执业人员（包括监理工程师）未执行法律、法规和工程建设强制性标准的，责令停止执业 3 个月以上 1 年以下；情节严重的，吊销执业资格证书，5 年内不予注册；造成重大安全事故的，终身不予注册；构成犯罪的，依照刑法有关规定追究刑事责任。

（2）其他法律责任。工程监理单位有下列行为之一的，责令限期改正；逾期未改正的，责令停业整顿，并处 10 万元以上 30 万元以下的罚款；情节严重的，降低资质等级，直至吊销资质证书；造成重大安全事故，构成犯罪的，对直接责任人员，依照刑法有关规定追究刑事责任；造成损失的，依法承担赔偿责任。

1）未对施工组织设计中的安全技术措施或者专项施工方案进行审查的。

2）发现安全事故隐患未及时要求施工单位整改或者暂时停止施工的。

3）施工单位拒不整改或者不停止施工，未及时向有关主管部门报告的。

4）未依照法律、法规和工程建设强制性标准实施监理的。

### （三）勘察、设计单位的安全责任

#### 1. 勘察单位的安全责任

建设工程勘察是工程建设的基础性工作。建设工程勘察文件，是建设工程项目规划、选址和设计的重要依据，其勘察成果是否科学、准确，对建设工程安全生产具有重要影响。勘察单位有确保勘查文件的质量，保证后续工作的安全的责任；同时有科学勘察，保证周边建筑物安全的责任。

#### 2. 设计单位的安全责任

（1）科学设计。设计单位应当按照法律、法规和工程建设强制性标准进行设计，防止因设计不合理导致生产安全事故的发生。

（2）提出建议。设计单位应当考虑施工安全操作和防护的需要，对涉及施工安全的重点部位和环节在设计文件中注明，并对防范生产安全事故提出指导意见。采用新结构、新材料、新工艺的建设工程和特殊结构的建设工程，设计单位应当在设计中提出保障施工作业人员安全和预防生产安全事故的措施建议。

（3）承担后果的责任。设计单位和注册建筑师等注册执业人员应当对其设计负责。

3. 法律责任

勘察单位、设计单位有下列行为之一的，责令限期改正，处10万元以上30万元以下的罚款；情节严重的，责令停业整顿，降低资质等级，直至吊销资质证书；造成重大安全事故，构成犯罪的，对直接责任人员，依照刑法有关规定追究刑事责任；造成损失的，依法承担赔偿责任。

1）未按照法律、法规和工程建设强制性标准进行勘察、设计的。

2）采用新结构、新材料、新工艺的建设工程和特殊结构的建设工程，设计单位未在设计中提出保障施工作业人员安全和预防生产安全事故的措施建议的。

**【例题 3-6】** 下列关于建设单位安全责任的说法，正确的有（　　）。

A. 审查专项施工方案

B. 确保地下管线的安全

C. 申领施工许可证时应当提供有关安全施工措施的资料

D. 对拆除工程不用备案

[答案] C

**【例题 3-7】** 根据《建设工程安全生产管理条例》，下列属于建设单位安全责任的有（　　）。

A. 编制施工安全生产规章制度

B. 向施工企业提供准确的地下管线资料

C. 将拆除工程的有关资料报送有关部门备案

D. 保证设计文件符合工程建设强制性标准

E 为从事特种作业的施工人员办理意外伤害保险

[答案] B、C

（四）其他相关单位的安全责任

1. 出租机械设备和施工机具及配件单位的安全责任

出租的机械设备和施工机具及配件，应当具有生产（制造）许可证、产品合格证，并应当对出租的机械设备和施工机具及配件的安全性能进行检测，在签订租赁协议时，应当出具检测合格证明。禁止出租检测不合格的机械设备和施工机具及配件。

2. 施工起重机械和自升式架设设施的安全管理

（1）在施工现场安装、拆卸施工起重机械和整体提升脚手架、模板等自升式架设设施，必须由具有相应资质的单位承担。

（2）安装、拆卸施工起重机械和整体提升脚手架、模板等自升式架设设施，应当编制拆装方案、制定安全施工措施，并由专业技术人员现场监督。施工起重机械和整体提升脚手架、模板等自升式架设设施安装完毕后，安装单位应当自检，出具自检合格证明，并向施工单位进行安全使用说明，办理验收手续并签字。

（3）施工起重机械和整体提升脚手架、模板等自升式架设设施的使用达到国家规定的检验检测期限的，必须经具有专业资质的检验检测机构检测。经检测不合格的，不得继续使用。

检验检测机构对检测合格的施工起重机械和整体提升脚手架、模板等自升式架设设施，应当出具安全合格证明文件，并对检测结果负责。

3. 法律责任

（1）为建设工程提供机械设备和配件的单位，未按照安全施工的要求配备齐全有效的保险、限位等安全设施和装置的，责令限期改正，处合同价款1倍以上3倍以下的罚款；造成损失的，依法承担赔偿责任。

（2）出租单位出租未经安全性能检测或者经检测不合格的机械设备和施工机具及配件的，责令停业整顿，并处5万元以上10万元以下的罚款；造成损失的，依法承担赔偿责任。

（3）施工起重机械和整体提升脚手架、模板等自升式架设设施安装、拆卸单位有下列行为之一的，责令限期改正，处5万元以上10万元以下的罚款；情节严重的，责令停业整顿，降低资质等级，直至吊销资质证书；造成损失的依法承担赔偿责任。

1）未编制拆装方案、制定安全施工措施的。2）未由专业技术人员现场监督的。3）未出具自检合格证明或者出具虚假证明的。4）未向施工单位进行安全使用说明，办理移交手续的。

## 第五节　建设工程质量管理法律制度

### 一、建设工程质量管理的概念

建设工程质量有广义和狭义之分。从狭义上说，建设工程质量仅指工程实体质量，是指在国家现行的有关法律法规、技术标准、设计文件和合同中，对工程的安全、适用、经济、美观等方面的综合要求；广义上的建设工程质量，还包括工程建设参与者的服务质量和工作质量，反映他们的服务是否及时、主动，态度是否诚恳、守信，管理水平是否先进，工作效率是否高等方面。应该说，工程实体质量的好坏是决策、计划、勘察、设计、施工等单位各方面、各环节工作质量的综合反映。现在，国内外都趋向于从广义上来理解建设工程质量，但本书中的建设工程质量是指狭义上的建设工程质量，即工程本身的质量。

影响建设工程质量的因素很多，如决策、设计、材料、机械、地形、地质、水文、气象、施工工艺、操作方法、技术措施、人员素质、管理制度等，归纳起来，可分为五大方面，即人员、机械、材料、方法和环境。在工程建设全过程中严格控制好这五大因素，是保证建设工程质量的关键。

我国目前已经建立了以《建筑法》为核心，并由《建设工程质量管理条例》《房屋建筑和市政基础设施工程质量监督管理规定》《房屋建设工程质量保修办法》《建设工程质量检测管理办法》《建设工程勘察质量管理办法》等相关法律、法规、部门规章、相关标准与规范、相关规范性文件的确定的制度、程序、规则等组成的较为完整的建设工程质量管理法律制度体系。其中，《建筑法》对建设工程质量管理涉及的主要问题做出了明确规定。

## 二、建设工程质量责任主体及其法律责任

建设工程质量责任主体是指从事新建、扩建、改建房屋建设工程和市政基础设施工程建设活动的单位中，有违反法律、法规、规章所规定的质量责任和义务的行为，以及勘察、设计文件和工程实体质量不符合工程建设强制性技术标准的情况的，无论是建设单位、勘察单位、设计单位、施工单位和施工图审查机构、工程质量检测机构、监理单位，都属建设工程质量责任主体。建设工程质量责任主体违反法律规定，根据适用法律的不同，可以导致的法律责任的不同，主要分为民事责任、刑事责任、行政责任。

### (一) 建设单位的质量责任和义务

1. 依法对工程进行发包的责任

建设单位应当依法行使工程发包权，建设单位应当将工程发包给具有相应资质等级的单位，不得将建设工程肢解发包。

2. 依法对材料设备进行招标的责任

《建设工程质量管理条例》规定，建设单位应当依法对工程建设项目的勘察、设计、施工、监理以及与工程建设有关的重要设备、材料等的采购进行招标。

3. 提供原始资料的责任

建设单位必须向有关的勘察、设计、施工、工程监理等单位提供与建设工程有关的原始资料。原始资料必须真实、准确、齐全。

4. 不得干预投标人的责任

建设工程发包单位不得迫使承包方以低于成本的价格竞标。承包方主要指勘察设计和施建设工程发包单位不得迫使承包方以低于成本的价格竞标。承包方主要指勘察、设计和施工单位。建设单位也不得任意压缩合理工期，不得明示或者暗示设计单位或者施工单位违反工程建设强制性标准，降低建设工程质量。

5. 送审施工图的责任

建设单位应当将施工图设计文件报县级以上人民政府建设行政主管部门或者其他有关部门审查。施工图设计文件未经审查批准的，不得使用。

6. 确保提供的物资符合要求的责任

按照合同约定，由建设单位采购建筑材料、建筑构配件和设备的，建设单位应当保证建筑材料、建筑构配件和设备符合设计文件和合同要求。如果建设单位提供的建筑材料、建筑构配件和设备不符合设计文件和合同要求，属于违约行为，应当向施工单位承担违约责任，施工单位有权拒绝接收这些货物。

7. 不得擅自改变主体和承重结构进行装修的责任

涉及建筑主体和承重结构变动的装修工程，建设单位应当在施工前委托原设计单位或者具有相应资质等级的设计单位提出设计方案；没有设计方案的，不得施工。

8. 依法组织竣工验收的责任

建设单位收到建设工程竣工报告后，应当组织设计、施工、工程监理等有关单位进行竣工验收。建设工程经竣工验收合格的，方可交付使用。如果建设单位有下列行为，根据

《建设工程质量管理条例》将承担法律责任：（1）未组织竣工验收，擅自交付使用的；（2）验收不合格，擅自交付使用的；（3）对不合格的建设工程按照合格工程验收的。

《最高人民法院关于审理建设工程施工合同纠纷案件适用法律问题的解释》规定："建设工程未经竣工验收，发包人擅自使用后，又以使用部分质量不符合约定为由主张权利的，不予支持；但是承包人应当在建设工程的合理使用寿命内对地基基础工程和主体结构质量承担民事责任。"这是因为地基基础和主体结构的最低保修期限是设计的合理使用年限。

9. 移交建设项目档案的责任

建设单位还应当严格按照国家有关档案管理的规定，向建设行政主管部门或者其他有关部门移交建设项目档案。

（二）施工单位的质量责任和义务

1. 依法承揽工程的责任

施工单位应当依法取得相应等级的资质证书，并在其资质等级许可的范围内承揽工程。禁止施工单位超越本单位资质等级许可的业务范围或者以其他施工单位的名义承揽工程。禁止施工单位允许其他单位或者个人以本单位的名义承揽工程。施工单位不得转包或者违法分包工程。

2. 建立质量保证体系的责任

施工单位对建设工程的施工质量负责。施工单位应当建立质量责任制，确定工程项目的项目经理、技术负责人和施工管理负责人。建设工程实行总承包的，总承包单位应当对全部建设工程质量负责；建设工程勘察、设计、施工、设备采购的一项或者多项实行总承包的，总承包单位应当对其承包的建设工程或者采购的设备的质量负责。

3. 分包单位保证工程质量的责任

总承包单位依法将建设工程分包给其他单位的，分包单位应当按照分包合同的约定对其分包工程的质量向总承包单位负责，总承包单位与分包单位对分包工程的质量承担连带责任。

4. 按图施工的责任

施工单位必须按照工程设计图和施工技术标准施工，不得擅自修改工程设计，不得偷工减料。施工单位在施工过程中发现设计文件和设计图有差错的，应当及时提出意见和建议。建设单位、施工单位、监理单位不得修改建设工程勘察、设计文件；确需修改建设工程勘察、设计文件的，应当由原建设工程勘察、设计单位修改。经原建设工程勘察、设计单位书面同意，建设单位也可以委托其他具有相应资质的建设工程勘察、设计单位修改。修改单位对修改的勘察、设计文件承担相应责任。施工单位、监理单位发现建设工程勘察、设计文件不符合工程建设强制性标准、合同约定的质量要求的，应当报告建设单位，建设单位有权要求建设工程勘察、设计单位对建设工程勘察、设计文件进行补充、修改。建设工程勘察、设计文件内容需要进行重大修改的，建设单位应当报经原审批机关批准后，方可修改。

5. 对建筑材料、构配件和设备进行检验的责任

施工单位必须按照工程设计要求、施工技术标准和合同约定，对建筑材料、建筑构配

件、设备和商品混凝土进行检验，检验应当有书面记录和专人签字；未经检验或者检验不合格的，不得使用。

6. 对施工质量进行检验的责任

施工单位必须建立、健全施工质量的检验制度，严格工序管理，做好隐蔽工程的质量检查和记录。隐蔽工程在隐蔽前，施工单位应当通知建设单位和建设工程质量监督机构。

7. 见证取样的责任

施工人员对涉及结构安全的试块、试件以及有关材料，应当在建设单位或者工程监理单位监督下现场取样，并送具有相应资质等级的质量检测单位进行检测。检测机构是具有独立法人资格的中介机构。检测机构从事规定的质量检测业务，应当取得相应的资质证书。

8. 保修的责任

施工单位对施工中出现质量问题的建设工程或者竣工验收不合格的建设工程，应当负责返修。

在建设工程竣工验收合格前，施工单位应对质量问题履行返修义务；建设工程竣工验收合格后，施工单位应对保修期内出现的质量问题履行保修义务。《民法典》第八百零一条对施工单位的返修义务也有相应规定："因施工人原因致使建设工程质量不符合约定的，发包人有权要求施工人在合理期限内无偿修理或者返工、改建。经过修理或者返工、改建后，造成逾期交付的，施工人应当承担违约责任。"返修包括修理和返工。

**【例题 3-8】** 施工企业在施工过程中发现设计文件和施工图有差错的，应当(　　)。

A. 继续按设计文件和施工图施工

B. 对设计文件和施工图进行修改，按修改后的设计文件和施工图进行施工

C. 对设计文件和施工图进行修改，征得设计单位同意后按修改后的设计文件和施工图进行施工

D. 及时提出意见和建议

[答案] D

(三) 工程监理单位的质量责任和义务

1. 依法承揽业务

工程监理单位应当依法取得相应等级的资质证书，并在其资质等级许可的范围内承担工程监理业务。禁止工程监理单位超越本单位资质等级许可的范围或者以其他工程监理单位的名义承担工程监理业务。禁止工程监理单位允许其他单位或者个人以本单位的名义承担工程监理业务。工程监理单位不得转让工程监理业务。

2. 独立监理

工程监理单位与被监理工程的施工承包单位以及建筑材料、建筑构配件和设备供应单位不得有隶属关系或者其他利害关系的，不得承担该项建设工程的监理业务。独立是公正的前提条件，监理单位如果不独立是不可能保持公正的。

3. 依法监理

工程监理单位应当依照法律、法规以及有关技术标准、设计文件和建设工程承包合

同，代表建设单位对施工质量实施监理，并对施工质量承担监理责任。监理工程师应当按照工程监理规范的要求，采取旁站、巡视和平行检验等形式，对建设工程实施监理。

4. 确认质量

工程监理单位应当选派具备相应资格的总监理工程师和监理工程师进驻施工现场。未经监理工程师签字，建筑材料、建筑构配件和设备不得在工程上使用或者安装，施工单位不得进行下一道工序的施工。未经总监理工程师签字，建设单位不拨付工程款，不进行竣工验收。

**【例题 3-9】** 下列关于工程监理职责和权限的说法，正确的有（　　）。

A. 未经监理工程师签字，建筑材料不得在工程上使用

B. 未经监理工程师签字，施工企业不得进入下一道工序的施工

C. 未经专业监理工程师签字，建设单位不得拨付工程款

D. 未经总监理工程师签字，建设单位不得进行竣工验收

E 未经监理工程师签字，建筑构配件不得在工程上使用

[答案] A、B、D、E

（四）勘察、设计单位的质量责任和义务

1. 勘察、设计单位共同的责任

（1）依法承揽工程的责任。从事建设工程勘察、设计的单位应当依法取得相应等级的资质证书，并在其资质等级许可的范围内承揽工程。禁止勘察、设计单位超越其资质等级许可的范围或者以其他勘察、设计单位的名义承揽工程。禁止勘察、设计单位允许其他单位或者个人以本单位的名义承揽工程。勘察、设计单位不得转包或者违法分包所承揽的工程。

（2）执行强制性标准的责任。勘察、设计单位必须按照工程建设强制性标准进行勘察、设计，并对其勘察、设计的质量负责。注册建筑师、注册结构工程师等注册执业人员应当在设计文件上签字，对设计文件负责。

2. 勘察单位的质量责任

由于勘察单位提供的资料会影响到后续工作的质量，因此，勘察单位提供的地质、测量、水文等勘察成果必须真实、准确。

3. 设计单位的质量责任

（1）科学设计的责任。设计单位应当根据勘察成果文件进行建设工程设计，脱离勘察成果文件的设计会为施工质量带来极大的隐患。设计文件应当符合国家规定的设计深度要求，注明工程合理使用年限。

（2）选择材料设备的责任。设计单位在设计文件中选用的建筑材料、建筑构配件和设备，应当注明规格、型号、性能等技术指标，其质量要求必须符合国家规定的标准。除有特殊要求的建筑材料、专用设备、工艺生产线等外，设计单位不得指定生产厂、供应商。

（3）解释设计文件的责任。设计单位应当就审查合格的施工图设计文件向施工单位做出详细说明。建设工程勘察、设计单位应当在建设工程施工前，向施工单位和监理单位说明建设工程勘察、设计意图，解释建设工程勘察、设计文件。建设工程勘察、设计单位应当及时解决施工中出现的勘察、设计问题。

（4）参与质量事故分析的责任。设计单位应当参与建设工程质量事故分析，并对因设计造成的质量事故，提出相应的技术处理方案。

**【例题 3-10】**　根据《建设工程质量管理条例》，设计单位在设计文件中选用的建筑材料、建筑构配件和设备，应当（　　）。

A. 按照建设单位的指令确定　　B. 注明规格、型号、性能等技术指标

C. 注明生产厂、供应商　　D. 征求施工企业的意见

［答案］B

**【例题 3-11】**　下列不属于发包人义务的情形是（　　）。

A. 提供必要施工条件

B. 及时组织工程竣工验收

C. 向有关部门移交建设项目档案

D. 就审查合格的施工图设计文件向施工企业进行详细说明

［答案］D

## 三、竣工验收制度

### （一）建设工程竣工验收的概念

建设工程竣工验收是指在建设工程已按照设计要求完成全部施工任务，准备交付给建设单位投入使用时，由建设单位或者有关主管部门依照国家关于建设工程竣工验收制度的规定，对该项工程是否合乎设计要求和工程质量标准所进行的检查、考核工作。

### （二）竣工验收条件

建设单位在收到施工单位提交的工程竣工报告，并具备以下条件后，组织勘察、设计、施工、监理等单位有关人员进行竣工验收。

（1）完成了工程设计和合同约定的各项内容。

（2）施工单位对竣工工程质量进行了检查，确认工程质量符合有关法律、法规和工程建设强制性标准，符合设计文件及合同要求，并提出工程竣工报告。该报告应经总监理工程师（针对委托监理的项目）、项目经理和施工单位有关负责人审核签字。

（3）有完整的技术档案和施工管理资料。

（4）建设行政主管部门及委托的工程质量监督机构等有关部门责令整改的问题全部整改完毕。

（5）对于委托监理的工程项目，具有完整的监理资料，监理单位提出工程质量评估报告，该报告应经总监理工程师和监理单位有关负责人审核签字。未委托监理的工程项目，工程质量评估报告由建设单位完成。

（6）勘察、设计单位对勘察、设计文件及施工过程中由设计单位签署的设计变更通知书进行检查，并提出质量检查报告。该报告应经该项目勘察、设计负责人和各自单位有关负责人审核签字。

（7）有规划、消防、环保等部门出具的验收认可文件。

（8）有建设单位与施工单位签署的工程质量保修书。

(9) 有工程使用的主要建筑材料、建筑构（配）件和设备的进场试验报告。

(三) 规划、消防、节能、环保、档案验收的规定

1. 规划验收

县级以上地方人民政府城乡规划主管部门按照国务院规定对建设工程是否符合规划条件予以核实。未经核实或者经核实不符合规划条件的，建设单位不得组织竣工验收。建设单位应当在竣工验收后6个月内向城乡规划主管部门报送有关竣工验收资料。

2. 消防验收

《中华人民共和国消防法》（以下简称《消防法》）规定，按照国家工程建设消防技术标准需要进行消防设计的建设工程竣工，依照下列规定进行消防验收、备案：

国务院住房城乡建设主管部门规定应当申请消防验收的建设工程，建设单位应当向住房城乡建设主管部门申请消防验收。

其他建设工程，建设单位在验收后应当报住房城乡建设主管部门备案，住房城乡建设主管部门应当进行抽查。依法应当进行消防验收的建设工程，未经消防验收或者消防验收不合格的，禁止投入使用；其他建设工程经依法抽查不合格的，应当停止使用。

3. 节能验收

国家实行固定资产投资项目节能评估和审查制度。不符合强制性节能标准的项目，建设单位不得开工建设，已经建成的，不得投入生产、使用。政府投资项目不符合强制性节能标准的，依法负责项目审批的机关不得批准建设。

建设单位组织竣工验收，应当对民用建筑是否符合民用建筑节能强制性标准进行查验；对不符合民用建筑节能强制性标准的，不得出具竣工验收合格报告。

工程项目存在以下问题之一的，监理单位不得组织节能工程验收：(1) 未完成建筑节能工程设计内容的；(2) 隐蔽验收记录等技术档案和施工管理资料不完整的；(3) 工程使用的主要建筑材料、建筑构配件和设备未提供进场检验报告的，未提供相关的节能性能检测报告的；(4) 工程存在违反强制性标准的质量问题而未整改完毕的；(5) 对监督机构发出的责令整改内容未整改完毕的；(6) 存在其他违反法律、法规行为而未处理完毕的。

4. 环保验收

环境保护设施竣工验收，应当与主体工程竣工验收同时进行。编制环境影响报告书、环境影响报告表的建设项目竣工后，建设单位应当按照国务院生态环境行政主管部门规定的标准和程序，对配套建设的环境保护设施进行验收，编制验收报告，其配套建设的环境保护设施经验收合格，方可投入生产或者使用；未经验收或者验收不合格的，不得投入生产或者使用。分期建设、分期投入生产或者使用的建设项目，其相应的环境保护设施应当分期验收。

环境保护行政主管部门应当自收到环境保护设施竣工验收申请之日起30日内，完成验收。建设项目需要配套建设的环境保护设施经验收合格，该建设项目方可正式投入生产或者使用。

5. 档案验收

列入城建档案馆档案接收的工程，建设单位在组织竣工验收前，应当提请城建档案管

理机构对工程档案进行预验收。预验收合格后，由城建档案管理机构出具工程档案认可文件。建设单位在取得工程档案认可文件后，方可组织工程竣工验收。建设行政主管部门在办理竣工验收备案时，应当查验工程档案认可文件。

2019 年 3 月 13 日住房和城乡建设部修改了《城市建设档案管理规定》，规定列入城建档案馆档案接收范围的工程，城建档案管理机构按照建设工程竣工联合验收的规定对工程档案进行验收。同时修改《城市地下管线工程档案管理办法》，规定城建档案管理机构应当按照建设工程竣工联合验收的规定对地下管线工程档案进行验收。

## 四、质量保修制度

建设工程质量保修制度是指建设工程在办理竣工验收手续后，在规定的保修期限内，因勘察、设计、施工、材料等原因造成的质量缺陷，应当由施工承包单位负责维修、返工或更换，由责任单位负责赔偿损失。

### （一）工程质量保修书

建设工程承包单位在向建设单位提交工程竣工验收报告时，应当向建设单位出具质量保修书。质量保修书中应当明确建设工程的保修范围、保修期限和保修责任。保修期自建设工程竣工验收合格之日起计算。

### （二）保修范围和最低保修期限

《建设工程质量管理条例》规定，在正常使用条件下，建设工程的最低保修期限为：

（1）基础设施工程、房屋建筑的地基基础工程和主体结构工程，为设计文件规定的该工程的合理使用年限。

（2）屋面防水工程、有防水要求的卫生间、房间和外墙面的防渗漏，为 5 年。

（3）供热与供冷系统，为 2 个采暖期、供冷期。

（4）电气管线、给排水管道、设备安装和装修工程，为 2 年。

上述保修范围和期限属于法律强制性规定。发承包双方约定的保修期限不得低于《建设工程质量管理条例》规定的期限。

### （三）保修责任

建设工程在保修范围和保修期限内出现质量问题的，施工单位应当履行保修义务，并对造成的损失承担赔偿责任。

不属于保修范围的情况，分别是：（1）因使用不当造成的质量缺陷；（2）第三方造成的质量缺陷；（3）不可抗力造成的质量缺陷。

保修期内建设单位和施工单位应遵循以下程序：

（1）建设工程在保修期限内出现质量缺陷，建设单位应当向施工单位发出保修通知。

（2）施工单位接到保修通知后，应当到现场核查情况，在保修书约定的时间内予以保修。发生涉及结构安全或者严重影响使用功能的紧急抢修事故，施工单位接到保修通知后，应当立即到达现场抢修。

（3）施工单位不按工程质量保修书约定保修的，建设单位可以另行委托其他单位保修，由原施工单位承担相应责任。

(4) 保修费用由造成质量缺陷的责任方承担。如果质量缺陷是由于施工单位未按照工程建设强制性标准和合同要求施工造成的，则施工单位不仅要负责保修，还要承担保修费用。但是，如果质量缺陷是由于设计单位、勘察单位或建设单位、监理单位的原因造成的，施工单位仅负责保修，其有权对由此发生的保修费用向建设单位索赔。建设单位向施工单位承担赔偿责任后，有权向造成质量缺陷的责任方追偿。

## 五、质量保证金

### (一) 质量保证金的概念

《建设工程质量保证金管理办法》(2017 年修改) 规定：建设工程质量保证金（以下简称质量保证金）是指发包人与承包人在建设工程承包合同中约定，从应付的工程款中预留，用以保证承包人在缺陷责任期内对建设工程出现的缺陷进行维修的资金。缺陷责任期从工程通过竣（交）工验收之日起计。由于承包人原因导致工程无法按规定期限进行竣（交）工验收的，缺陷责任期从实际通过竣（交）工验收之日起计。由于发包人原因导致工程无法按规定期限进行竣（交）工验收的，在承包人提交竣（交）工验收报告 90 天后，工程自动进入缺陷责任期。缺陷责任期一般为 1 年，最长不超过 2 年，具体可由发、承包双方在合同中约定。

### (二) 质量保证金的预留、使用及返还

#### 1. 预留

预留比例不得高于工程价款结算总额的 3%。以银行保函替代质量保证金的，不得高于工程价款结算总额的 3%。在工程项目竣工前，已经缴纳履约保证金的，发包人不得同时预留工程质量保证金。采用工程质量保证担保、工程质量保险等其他方式的，发包人不得再预留质量保证金。

#### 2. 使用

缺陷责任期内，由承包人原因造成的缺陷，承包人应负责维修，并承担鉴定及维修费用。如承包人不维修也不承担费用，发包人可按合同约定从保证金或银行保函中扣除，费用超出保证金额的，发包人可按合同约定向承包人进行索赔。承包人维修并承担相应费用后，不免除对工程的损失赔偿责任。由他人原因造成的缺陷，发包人负责组织维修，承包人不承担费用，且发包人不得从保证金中扣除费用。

#### 3. 返还

发包人在接到承包人返还保证金申请后，应于 14 天内会同承包人按照合同约定的内容进行核实。如无异议，发包人应当按照约定将保证金返还给承包人。对返还期限没有约定或者约定不明确的，发包人应当在核实后 14 天内将保证金返还承包人，逾期未返还的，依法承担违约责任。发包人在接到承包人返还保证金申请后 14 天内不予答复，经催告后 14 天内仍不予答复，视同认可承包人的返还保证金申请。

质量保证金对应的维修费用责任主体是承包人，由于承包人原因导致出现质量缺陷，承包人拒绝维修和承担维修费用的，则发包人可以从质量保证金中扣除相应费用。

**【例题 3-12】** 某工程项目，施工合同约定防水工程保修期为 3 年，工程竣工移交使用后第 4 年发生防水工程渗漏，施工单位（　　）。

A. 无须承担保修责任　　B. 须承担保修责任

C. 发包人支付费用后予以维修　　D. 维修事宜另行协商

[答案] B

[解析] 在正常使用条件下，防水工程保修期最低为 5 年。双方约定保修期不能低于 5 年，低于则无效，仍按法定保修期计算，此期间承包人仍须继续承担保修责任。

**【例题 3-13】** 工程建设单位组织验收合格后投入使用 2 年后外墙出现裂缝，经查是由于设计缺陷造成的，则下列说法正确的是（　　）。

A. 施工单位维修，建设单位直接承担费用　B. 建设单位维修并承担费用

C. 施工单位维修并承担费用　　D. 施工单位维修，设计单位直接承担费用

[答案] A

[解析] 保修期间施工单位有义务进行保修。对于非施工单位原因出现的质量缺陷，其保修的费用和造成的损失应由责任方承担。外墙裂缝系主体结构工程，最低保修期为设计文件规定的合理使用期限，因此施工单位应承担保修责任，选项 B 错误；该质量问题是设计缺陷造成的，维修费用由建设单位承担，建设单位承担后可向设计单位追偿。

**【例题 3-14】** 关于建设工程返修的说法，正确的是（　　）。

A. 建设工程返修不包括竣工验收不合格的情形

B. 对竣工验收不合格的建设工程，若非施工企业原因造成的，施工企业不负责返修

C. 对施工中出现质量问题的建设工程，无论是否施工企业原因造成的，施工企业都应负责返修

D. 对竣工验收不合格的建设工程，若是施工企业原因造成的，施工企业负责有偿返修

[答案] C

[解析] 不论是施工过程中出现质量问题的建设工程，还是竣工验收时发现质量问题的工程，施工单位都要负责返修。对于非施工单位原因造成的质量问题，施工单位也应当负责返修，但是因此而造成的损失及返修费用由责任方负责。

**【例题 3-15】** 下列不属于施工单位应承担维修的经济责任的情形是（　　）。

A. 施工单位采购材料不合格导致的质量缺陷

B. 设计原因导致的质量缺陷

C. 自然灾害导致的屋面板损坏

D. 劳务分包作业人员疏忽造成墙体孔洞缺陷

E. 使用者装修改造致使墙体损坏

[答案] B、C、E

[解析] 因自然灾害或其他不可抗拒原因造成的损坏，先由施工单位负责维修，建

设单位参与各方再根据法律规定分担经济责任。因使用者使用不当造成的损坏问题，先由施工单位负责维修，其经济责任由使用者自行负责。选项 B、C、E 不属于施工单位造成的质量问题，因此不承担维修的经济责任。

# 第六节 民用建筑节能

国家一直重视民用建筑节能的管理。国务院发布了《民用建筑节能条例》，自 2008 年 10 月 1 日起施行。

## 一、民用建筑节能概述

民用建筑节能是指在保证民用建筑使用功能和室内热环境质量的前提下，降低其使用过程中能源消耗的活动。民用建筑是指居住建筑、国家机关办公建筑和商业、服务业、教育、卫生等其他公共建筑。各级人民政府应当加强对民用建筑节能工作的领导，积极培育民用建筑节能服务市场，健全民用建筑节能服务体系，推动民用建筑节能技术的开发应用，做好民用建筑节能知识的宣传教育工作。国家鼓励和扶持在新建建筑和既有建筑节能改造中采用太阳能、地热能等可再生能源。在具备太阳能利用条件的地区，有关地方人民政府及其部门应当采取有效措施，鼓励和扶持单位、个人安装使用太阳能热水系统、照明系统、供热系统、采暖制冷系统等太阳能利用系统。

## 二、《民用建筑节能条例》的主要内容

（1）国家推广使用民用建筑节能的新技术、新工艺、新材料和新设备，限制使用或者禁止使用能源消耗高的技术、工艺、材料和设备。国务院节能工作主管部门、建设主管部门应当制定、公布并及时更新推广使用、限制使用、禁止使用目录。

国家限制进口或者禁止进口能源消耗高的技术、材料和设备。建设单位、设计单位、施工单位不得在建筑活动中使用列入禁止使用目录的技术、工艺、材料和设备。

（2）编制城市详细规划、镇详细规划，应当按照民用建筑节能的要求，确定建筑的布局、形状和朝向。城乡规划主管部门依法对民用建筑进行规划审查，应当就设计方案是否符合民用建筑节能强制性标准征求同级建设主管部门的意见；建设主管部门应当自收到征求意见材料之日起 10 日内提出意见。征求意见时间不计算在规划许可的期限内。对不符合民用建筑节能强制性标准的，不得颁发建设工程规划许可证。

（3）施工图设计文件审查机构应当按照民用建筑节能强制性标准对施工图设计文件进行审查；经审查不符合民用建筑节能强制性标准的，县级以上地方人民政府建设主管部门不得颁发施工许可证。

（4）建设单位不得明示或者暗示设计单位、施工单位违反民用建筑节能强制性标准进行设计、施工，不得明示或者暗示施工单位使用不符合施工图设计文件要求的墙体材料、保温材料、门窗、采暖制冷系统和照明设备。按照合同约定由建设单位采购墙体材料、保温材料、门窗、采暖制冷系统和照明设备的，建设单位应当保证其符合施工图设计文件要求。

（5）设计单位、施工单位、工程监理单位及其注册执业人员，应当按照民用建筑节能强制性标准进行设计、施工、监理。

（6）施工单位应当对进入施工现场的墙体材料、保温材料、门窗、采暖制冷系统和照明设备进行查验；不符合施工图设计文件要求的，不得使用。

工程监理单位发现施工单位不按照民用建筑节能强制性标准施工的，应当要求施工单位改正；施工单位拒不改正的，工程监理单位应当及时报告建设单位，并向有关主管部门报告。

墙体、屋面的保温工程施工时，监理工程师应当按照工程监理规范的要求，采取旁站、巡视和平行检验等形式实施监理。未经监理工程师签字，墙体材料、保温材料、门窗、采暖制冷系统和照明设备不得在建筑上使用或者安装，施工单位不得进行下一道工序的施工。

（7）建设单位组织竣工验收，应当对民用建筑是否符合民用建筑节能强制性标准进行查验；对不符合民用建筑节能强制性标准的，不得出具竣工验收合格报告。

（8）实行集中供热的建筑应当安装供热系统调控装置、用热计量装置和室内温度调控装置；公共建筑还应当安装用电分项计量装置。居住建筑安装的用热计量装置应当满足分户计量的要求。

（9）建筑的公共走廊、楼梯等部位应当安装、使用节能灯具和电气控制装置。

（10）对具备可再生能源利用条件的建筑，建设单位应当选择合适的可再生能源，用于采暖、制冷、照明和热水供应等；设计单位应当按照有关可再生能源利用的标准进行设计。

建设可再生能源利用设施，应当与建筑主体工程同步设计、同步施工、同步验收。

（11）国家机关办公建筑和大型公共建筑的所有权人应当对建筑的能源利用效率进行测评和标识，并按照国家有关规定将测评结果予以公示，接受社会监督。国家机关办公建筑应当安装、使用节能设备。

（12）房地产开发企业销售商品房，应当向购买人明示所售商品房的能源消耗指标、节能措施和保护要求、保温工程保修期等信息，并在商品房买卖合同和住宅质量保证书、住宅使用说明书中载明。

（13）在正常使用条件下，保温工程的最低保修期限为5年。保温工程的保修期，自竣工验收合格之日起计算。

保温工程在保修范围和保修期内发生质量问题的，施工单位应当履行保修义务，并对造成的损失依法承担赔偿责任。

### 三、法律责任

（1）违反《民用建筑节能条例》规定，县级以上人民政府有关部门有下列行为之一的，对负有责任的主管人员和其他直接责任人员依法给予处分；构成犯罪的，依法追究刑事责任。1）对设计方案不符合民用建筑节能强制性标准的民用建筑项目颁发建设工程规划许可证的。2）对不符合民用建筑节能强制性标准的设计方案出具合格意见的。3）对施工图设计文件不符合民用建筑节能强制性标准的民用建筑项目颁发施工许可证的。4）不依法履行监督管理职责的其他行为。

（2）违反《民用建筑节能条例》规定，各级人民政府及其有关部门、单位违反国家有关规定和标准，以节能改造的名义对既有建筑进行扩建、改建的，对负有责任的主管人员和其他直接责任人员，依法给予处分。

（3）违反《民用建筑节能条例》规定，建设单位有下列行为之一的，由县级以上地方人民政府建设主管部门责令改正，处20万元以上50万元以下的罚款。1）明示或者暗示设计单位、施工单位违反民用建筑节能强制性标准进行设计、施工的。2）明示或者暗示施工单位使用不符合施工图设计文件要求的墙体材料、保温材料、门窗、采暖制冷系统和照明设备的。3）采购不符合施工图设计文件要求的墙体材料、保温材料、门窗、采暖制冷系统和照明设备的。4）使用列入禁止使用目录的技术、工艺、材料和设备的。

（4）违反《民用建筑节能条例》规定，建设单位对不符合民用建筑节能强制性标准的民用建筑项目出具竣工验收合格报告的，由县级以上地方人民政府建设主管部门责令改正，处民用建筑项目合同价款2%以上4%以下的罚款；造成损失的，依法承担赔偿责任。

（5）违反《民用建筑节能条例》规定，设计单位未按照民用建筑节能强制性标准进行设计，或者使用列入禁止使用目录的技术、工艺、材料和设备的，由县级以上地方人民政府建设主管部门责令改正，处10万元以上30万元以下的罚款；情节严重的，由颁发资质证书的部门责令停业整顿，降低资质等级或者吊销资质证书；造成损失的，依法承担赔偿责任。

（6）违反《民用建筑节能条例》规定，施工单位未按照民用建筑节能强制性标准进行施工的，由县级以上地方人民政府建设主管部门责令改正，处民用建筑项目合同价款2%以上4%以下的罚款；情节严重的，由颁发资质证书的部门责令停业整顿，降低资质等级或者吊销资质证书；造成损失的，依法承担赔偿责任。

（7）违反《民用建筑节能条例》规定，施工单位有下列行为之一的，由县级以上地方人民政府建设主管部门责令改正，处10万元以上20万元以下的罚款；情节严重的，由颁发资质证书的部门责令停业整顿，降低资质等级或者吊销资质证书；造成损失的，依法承担赔偿责任。1）未对进入施工现场的墙体材料、保温材料、门窗、采暖制冷系统和照明设备进行查验的。2）使用不符合施工图设计文件要求的墙体材料、保温材料、门窗、采暖制冷系统和照明设备的。3）使用列入禁止使用目录的技术、工艺、材料和设备的。

（8）违反《民用建筑节能条例》规定，工程监理单位有下列行为之一的，由县级以上地方人民政府建设主管部门责令限期改正；逾期未改正的，处10万元以上30万元以下的罚款；情节严重的，由颁发资质证书的部门责令停业整顿，降低资质等级或者吊销资质证书；造成损失的，依法承担赔偿责任。1）未按照民用建筑节能强制性标准实施监理的。2）墙体、屋面的保温工程施工时，未采取旁站、巡视和平行检验等形式实施监理的。

对不符合施工图设计文件要求的墙体材料、保温材料、门窗、采暖制冷系统和照明设备，按照符合施工图设计文件要求签字的，依照《建设工程质量管理条例》第六十七条的规定处罚。

（9）违反《民用建筑节能条例》规定，房地产开发企业销售商品房，未向购买人明示所售商品房的能源消耗指标、节能措施和保护要求、保温工程保修期等信息，或者向购买人明示的所售商品房能源消耗指标与实际能源消耗不符的，依法承担民事责任；由县级以上地方人民政府建设主管部门责令限期改正；逾期未改正的，处交付使用的房屋销售总额2%以下的罚款；情节严重的，由颁发资质证书的部门降低资质等级或者吊销资质证书。

（10）违反《民用建筑节能条例》规定，注册执业人员未执行民用建筑节能强制性标准的，由县级以上人民政府建设主管部门责令停止执业3个月以上1年以下；情节严重的，由颁发资格证书的部门吊销执业资格证书，5年内不予注册。

## 习　题

**3-1 单选题**

1. 有关部门在对某建住宅小区工地的联合行政执法检查中发现，该工程虽符合开工条件，但尚未取得施工许可证。根据《建筑法》规定，应（　　）。

   A. 责令改正　　B. 责令停止施工

   C. 对建设单位处以罚款　　D. 降低施工单位资质等级

2. 某工程施工合同履行过程中，经建设单位同意，总承包单位将部分工程的施工交由分包单位完成。就分包工程的施工而言，下列说法正确的是（　　）。

   A. 应由分包单位与总承包单位对建设单位承担连带责任

   B. 应由总承包单位对建设单位承担责任

   C. 应由分包单位对建设单位承担责任

   D. 由建设单位自行承担责任

3. 某建筑公司承包某科技有限公司的办公楼扩建项目，根据《建筑法》有关建设工程发承包的有关规定，该公司可以（　　）。

   A. 把工程转让给其他建筑公司

   B. 把工程分为土建工程和安装工程，分别转让给两家有相应资质的建筑公司

   C. 经某科技有限公司同意，把内墙抹灰工程发包给别的建筑公司

   D. 经某科技有限公司同意，把主体结构工程发包给别的建筑公司

4. 根据《建筑法》，下列关于发承包的说法正确的是（　　）。

   A. 业主有权决定是否肢解发包

   B. 假如某施工企业不具备承揽工程相应的资质，它可以通过与其他单位组成联合体进行承包

   C. 共同承包的各方对承包合同的履行承担连带责任

   D. 建筑企业可以答应其他施工单位使用自己的资质证书、营业执照以向其收取管理费

5. 甲公司中标成为某市一栋18层公寓楼工程合法的施工总承包人。有关事件如下：

   （1）总承包合同约定，可将水、暖、电安装工程分包，分包单位为具有相应资质的乙公司。

   （2）总承包合同生效后，未经业主同意甲公司又将土石方工程分包给了一家具有相应资质的丙公司。

   （3）后业主得知甲公司将土石方工程分包给丙公司，提出必须将土石方工程分包给资质等级更高的丁公司。

   以上情形中符合我国《建筑法》规定的是（　　）。

   A.（1）　　B.（3）　　C.（1）和（2）　　D.（1）和（3）

6. 根据《建设工程质量管理条例》，下列分包情形中，不属于违法分包的是（　　）。

   A. 施工总承包合同中没有约定，承包单位又未经建设单位认可，就将其全部劳务作业交由劳务作业单位完成

   B. 总承包单位将专业工程分包给不具备相应资助条件的单位

C. 施工总承包单位将工程主体结构的施工分包给其他单位

D. 分包单位将其承包的专业工程进行专业分包

7. 根据《建设工程质量管理条例》，下列关于勘察设计单位质量责任和义务的说法，错误的是（　　）。

A. 从事勘察、设计业务的单位应当依法取得相应等级的资质证书

B. 勘察单位提供的地质、测量、水文等勘察成果必须真实、准确

C. 设计单位应当根据勘察成果文件进行建设工程设计

D. 勘察、设计单位不得分包所承揽的工程

8. 建设工程质量保修书的提交时间是（　　）。

A. 自提交工程竣工验收报告之日起 15 日内　　B. 工程竣工验收合格之日

C. 自工程竣工验收合格之日起 15 日内　　D. 提交工程竣工验收报告时

9. 分包工程发生质量、安全、进度等问题给建设单位造成损失的，关于承担方的说法，正确的是(　　)。

A. 分包单位只对总承包单位负责

B. 建设单位只能向给其造成损失的分包单位主张权利

C. 总承包单位赔偿金额超过其应承担份额的，有权向有责任的分包单位追偿

D. 建设单位与分包单位无合同关系，无权向分包单位主张权利

10. 甲公司与乙公司组成联合体共同承包了某大型建设工程的施工。下列关于该联合体承包行为的说法，正确的是（　　）。

A. 乙按照承担施工内容及工程量的比例对建设单位负责

B. 建设单位应当与甲、乙分别签订承包合同

C. 甲和乙就工程质量和安全对建设单位承担连带责任

D. 该行为属于肢解工程发包的违法行为

11. 若施工过程中发现设计文件和设计图差错，施工企业的正确做法是（　　）。

A. 有权进行修改　　B. 可以按照规范施工

C. 有权拒绝施工　　D. 应当及时提出意见和建议

12. 根据《建设工程质量管理条例》，建设工程保修期自（　　）之日起计算。

A. 竣工验收合格　　B. 交付使用

C. 发包方支付全部价款　　D. 竣工验收备案

13. 某建筑公司与安装公司组成联合体承包工程，并约定质量缺陷引起的赔偿责任由双方各自承担 50%。施工中由于安装公司技术问题导致质量缺陷，造成工程 20 万元损失，则下列说法正确的是(　　)。

A. 建设单位可以向建筑公司索赔 20 万元

B. 建设单位只能向安装公司索赔 20 万元

C. 建设单位只能向建筑公司和安装公司分别索赔 10 万元

D. 建设单位不可以向安装公司索赔 20 万元

14. 施工人员对涉及结构安全的试块、试件以及有关材料应当在（　　）的监督下现场取样并送检。

A. 设计单位　　B. 工程质量监督机构

C. 监理单位　　D. 施工企业质量管理部门

15. 对于土方开挖工程，施工企业编制专项施工方案后，经（　　）签字后实施。

A. 施工企业项目经理、现场监理工程师

B. 施工企业技术负责人、建设单位负责人

C. 施工企业技术负责人、总监理工程师
D. 建设单位负责人、总监理工程师

16. 在施工现场安装、拆卸施工起重机械和整体提升脚手架、模板等自升式架设设备，必须由（　　）承担。
A. 设备使用单位　　B. 具有相应资质的单位
C. 设备出租单位　　D. 检验检测机构

17. 甲建筑公司是某施工项目的施工总承包单位，乙建筑公司是其分包单位。2018 年 5 月 5 日，乙建筑公司的施工项目发生了生产安全事故，应由（　　）向负有安全生产监督管理职责的部门报告。
A. 甲建筑公司或乙建筑公司　　B. 甲建筑公司
C. 乙建筑公司　　D. 甲建筑公司和乙建筑公司

18. 下列各项中，属于监理单位安全责任的是（　　）。
A. 组织专家论证、审查深基坑专项施工方案
B. 施工单位拒不整改安全隐患时，及时向有关主管部门报告
C. 申领施工许可证时，提供建设工程有关安全施工措施的资料
D. 提出保障施工作业人员安全和预防生产事故的措施建议

19. 工程监理单位在实施监理过程中，发现存在安全事故隐患，情况严重的，应当要求施工单位（　　）。
A. 暂停施工，并及时报告建设单位　　B. 暂停施工，并及时报告有关主管部门
C. 整改，并及时报告建设单位　　D. 整改，并及时报告有关主管部门

20. 工程施工中发生安全事故造成 10 人死亡，该事故属于（　　）事故。
A. 特别重大　　B. 重大　　C. 较大　　D. 一般

**3-2 多选题**

1. 某建设单位 2009 年 9 月 1 日领取了施工许可证。由于特殊原因不能按期开工，故向发证机关申请延期。根据我国《建筑法》的规定，下列关于延期的说法中，不正确的是（　　）。
A. 领取施工许可证后不能延期
B. 可以延期，但只能延期一次
C. 延期以两次为限，每次不超过两个月
D. 既不开工又超过延期时限的，施工许可证自行废止
E. 超过延期时限的，只要发证机关不提出，施工许可证继续有效

2. 某工程监理公司是施工项目的监理单位，其监理的依据包括（　　）。
A. 该项目施工单位与建设单位签订的施工承包合同
B.《建设工程质量管理条例》
C.《建设工程安全生产管理条例》
D. 该项目设计单位与建设单位签订的设计承包合同
E. 工程建设标准强制性条文

3. 关于施工单位的质量责任与义务，下列说法中正确的是（　　）。
A. 施工单位必须按其资质等级承担相应的工程任务，不得擅自越级承包工程
B. 施工单位在施工过程中，根据需要可修改工程设计，不必事先征得建设单位的同意
C. 实行分包的，总承包单位应当对分包工程的质量与分包单位承担连带责任
D. 如果厂家提供合格证，施工单位对使用的建材可不进行检测
E. 施工单位应接受工程质量监督机构的监督检查

4. 根据《建设工程质量管理条例》，工程监理单位与被监理工程的（　　）有隶属关系或者其他利害关系，不得承担该工程的监理业务。

A. 建筑材料供应商
B. 勘察设计单位
C. 施工企业
D. 建设单位
E. 设备供应商

5. 下列情形中，属于设计单位相关质量责任和义务的是（　　）。
A. 按照工程建设强制性标准进行设计
B. 组织建设工程质量事故分析，提出技术处理方案
C. 向建设单位详细说明施工图设计文件
D. 设计文件选用的建筑材料必须符合国家规定的标准
E. 设计文件应符合国家规定设计深度，注明工程合理使用年限

6. 某机械设备租赁公司拟在施工现场安装施工起重机械。根据《建设工程安全生产管理条例》，该公司应（　　）。
A. 编制安装方案
B. 出具自检合格证明
C. 具有起重设备安装工程专业承包资质
D. 自行验收
E. 派出本单位专业技术人员现场监督

7. 经过对某项目进行检查，发现存在下列情形，其中违反了《建设工程安全生产管理条例》的是（　　）。
A. 施工单位没有专职安全管理人员
B. 特种作业人员没有持证上岗
C. 施工前没有进行安全技术交底
D. 由于没有采取措施，施工时破坏了地下管线
E. 已经半年没有对特种作业人员进行安全生产教育培训

8. 根据《建设工程安全生产管理条例》，施工单位对因建设工程施工可能造成损害的毗邻（　　），应当采取专项防护措施。
A. 施工现场临时设施
B. 建筑物
C. 构筑物
D. 地下管线
E. 施工现场道路

9. 建设单位的安全责任包括（　　）。
A. 向施工单位提供地下管线资料
B. 依法履行合同
C. 提供安全生产费用
D. 不推销劣质材料设备
E. 对分包单位安全生产全面负责

10. 关于建设单位安全责任的说法中，正确的有（　　）。
A. 不得压缩合同的工期
B. 确保地下管线的安全
C. 需要临时占用规划批准范围以外场地的，办理批准手续
D. 申请施工许可证时应当提供有关安全施工措施的资料
E. 审查专项施工方案

11. 建设单位的安全责任有（　　）。
A. 向施工单位提供真实、准确、完整的地下管线资料
B. 采取措施保护施工现场毗邻区域内的地下管线
C. 提出保障施工作业人员安全的措施建议
D. 对安全技术措施进行审查
E. 提供安全生产费用

12. 下列建设工程安全生产责任中，属于工程监理单位安全职责的有（　　）。
A. 编制安全技术措施或专项施工方案

B. 对施工现场的安全生产责任负总责

C. 出现安全事故，负责成立事故调查组

D. 审查安全技术措施或专项施工方案

E. 对施工安全事故隐患提出整改要求

13. 依据《建设工程安全生产管理条例》，在实施监理过程中，工程监理单位发现存在安全事故隐患时，正确的做法为（　　）。

A. 要求施工单位暂时停止施工

B. 要求施工单位整改

C. 对情况严重的，应当要求施工单位暂时停止施工，并及时报告其上级管理部门

D. 对情况严重的，应当要求施工单位暂时停止施工，并及时报告建设单位

E. 对情况严重的，应当要求施工单位暂时停止施工，并及时报告有关主管部门

**3-3 典型案例及分析**

【案例1】

1. 案例背景

2013年10月17日，王某与北京市某物资公司签订了拆迁安置居民回迁购房合同书，王某属于拆迁安置对象。某物资公司回迁楼建设完毕以后，分给王某1套3居室楼房。2015年10月，物资公司如约将回迁楼建设完毕并交付使用。王某在没有办理回迁入住手续的情况下，私自进入该房，在向物业公司交纳了装修押金3000元后，于2016年3月对该房进行了装修。装修过程中，王某雇用没有装修资质的装修人员对房屋内部结构进行拆改，将多处钢筋混凝土结构承重墙砸毁，并将结构柱主钢筋大量截断。其间，物资公司多次向王某发出停工通知，并委托房屋安全鉴定站对此房屋进行了鉴定，鉴定结论为：房屋墙体被拆改、移位，已对房屋承重结构造成破坏。王某对此均未理睬。2016年4月，某物资公司向区人民法院提起诉讼，要求王某立即搬出强占的房屋，停止毁坏住宅楼主体结构的行为，消除危险，承担对所破坏房屋由专业施工单位进行修复的费用77439.04元以及鉴定费240元、加固设计费1000元。

2. 案件审理

一审法院经审理认为，凡涉及拆改主体结构和明显加大荷载的，房屋所有人、使用人必须向房屋所在地的房地产行政主管部门提出申请，并由房屋安全鉴定单位对装饰装修方案的使用进行审定。经批准后建设主管部门办理报建手续，领取施工许可证。原有房屋装饰装修需要拆改结构的，装饰装修设计必须保证房屋的整体性、抗震性和结构安全性，并由有资质的装饰装修单位进行施工。

本案中王某在没有办理房屋入住手续的情况下，私自进入房屋，未经有关部门批准，在装修过程中对房屋的主体结构及其他设施进行拆改；物资公司多次制止后仍不停止，给整幢房屋造成严重安全隐患，应承担民事责任。

判决如下：

1）自判决生效后3日内，被告王某将住房腾空，交原告物资公司。

2）自判决生效后3日内，被告王某给付原告物资公司对住房的鉴定费640元、加固设计费4000元、加固费63746元，并由原告物资公司负责加固施工。

3）自加固工程完成后30日内，由被告王某负责将拆改的住房门厅隔断墙恢复原状。

3. 案例分析

《建筑法》第四十九条规定“涉及建筑主体和承重结构变动的装修工程，建设单位应当在施工前委托原设计单位或者具有相应资质条件的设计单位提出设计方案；没有设计方案的，不得施工。”第七十条规定：“违反本法规定，涉及建筑主体或者承重结构变动的装修工程擅自施工的，责令改正，处以罚款；造成损失的，承担赔偿责任，构成犯罪的，依法追究刑事责任。”

《建设工程质量管理条例》规定，违反该条例规定，涉及建筑主体或者承重结构变动的装修工程，没有设计方案擅自施工的，责令改正，处50万元以上100万元以下的罚款；房屋建筑使用者在装修过程

中擅自变动房屋建筑主体和承重结构的，责令改正，处5万元以上10万元以下的罚款。有上述行为，造成损失的，依法承担赔偿责任。

根据上述法律法规，在房屋建筑装饰装修过程中，不论是建设单位还是房屋建筑使用者，都必须严格遵守法律强制性规定。本案中，王某作为房屋建筑使用人，擅自变动建筑主体和承重结构是严重的违法行为，不仅要依法承担赔偿责任，还应当受到建设行政主管部门的行政处罚。

【案例2】

1. 案例背景

2000年10月25日，南京三建集团有限公司（简称南京三建）承建的南京电视台演播中心在建工地发生一起重大伤亡事故。大演播厅舞台在浇筑顶部混凝土施工中，因模板支撑系统失稳，大演播厅舞台屋盖坍塌，造成正在现场施工的工人和电视台工作人员6人死亡、35人受伤（其中重伤11人），直接经济损失70余万元。

2. 事故经过

南京电视台演播中心工程由南京电视台投资兴建，东南大学建筑设计院设计，南京工苑建设监理公司监理（总监韩某）。该工程在南京市招标办进行公开招标投标，南京三建中标，于2000年3月31日签订了施工合同，并组建了项目经理部，由史某任项目部经理，成某任项目部副经理。

该工程地下2层、地面18层，建筑面积34000m$^2$，采用现浇框架剪力墙结构体系。2000年4月1日开工，大演播厅总高38m，面积为624m$^2$。

南京三建编制了“上部结构施工组织设计”，并经项目部副经理成某批准实施。在开始搭设模板支撑系统支架前，项目部按搭设顶部模板支撑系统的施工方法，完成了3个演播厅、门厅和观众厅的施工（都没有施工方案）。

7月22日开始搭设大演播厅舞台顶部模板支撑系统。搭设时没有施工方案，没有施工图，也没有进行技术交底。项目部副经理成某决定支架三维尺寸按常规（即之前完成的5个厅的支架尺寸）进行搭设，由项目部施工员丁某在现场指挥搭设。搭设开始约15天后，副主任工程师将“模板工程施工方案”交给丁某。丁某看到施工方案后，向成某做了汇报，成某答复还按以前的规格搭架子，到最后再加固。

模板支撑系统支架由南京三建劳务公司组织进场的朱某工程队进行搭设（朱某是南京标牌厂职工，以个人名义挂靠在南京三建。事故发生时，朱某工程队共17名民工，其中5人无特种作业人员操作证）。该工程队6月进入施工工地，10月15日完成脚手架的搭设。搭设支架的整个过程中，没有办理自检、互检、交接检、专职检手续，搭设完毕后未按规定进行整体验收。

10月17日开始进行支撑系统模板安装，10月24日完成。23日木工工长向项目部副经理成某反映水平杆加固没有到位，成某即安排架子工加固支架，25日浇筑混凝土时仍有6名架子工在加固支架。

10月25日6时开始浇筑混凝土，项目部质量员8点多才补填混凝土浇捣令，并送监理公司总监韩某签字，韩某将日期签为24日。10时10分，大厅内模板支架系统整体倒塌。模板上正在浇筑混凝土的工人纷纷随坍落的支架和模板坠落，部分工人被坍落的支架、模板和混凝土浆掩埋。事故发生后，南京三建项目部向有关部门紧急报告事故情况。闻讯赶到的领导，指挥公安民警、武警战士和现场工人实施了紧急抢险工作。

3. 事故分析

事故的原因分析：（1）直接原因；（2）间接原因。

事故的直接原因：

1）支架搭设不合理，引起立杆局部失稳。

2）梁底模的木方放置方向不妥，加剧了局部失稳。

3）屋盖下模板支架与周围结构固定不牢，加大了顶部晃动。

事故的间接原因：

1）施工组织管理混乱，模板支架搭设无施工图，无技术交底，施工中无自检、互检；搭设完成后没有组织验收；搭设开始时无施工方案，有施工方案后未按要求进行搭设，支架搭设严重偏离原设计方案要求。

2）驻工地总监理工程师韩某无监理资质，工程监理组没有对支架搭设过程严格把关，在没有对模板支撑系统的施工方案审查认可的情况下即同意施工，没有监督对模板支撑系统的验收就签发了浇捣令，工作严重失职，导致工人在存在重大事故隐患的模板支撑系统上进行混凝土浇筑施工。

3）在上部浇筑屋盖混凝土的情况下，工人在模板支撑下部进行支架加固。

4）南京三建的领导安全生产意识淡薄，监督管理不力，对重点部位的施工技术管理不严，有法有规不依。施工现场用工管理混乱，部分特种作业人员无证上岗作业。

5）施工现场支架钢管和扣件在采购、租赁过程中质量管理把关不严，部分钢管和扣件不符合质量标准。

6）建筑管理部门对该建设工程执法监督和检查指导不力；对监理公司的监督管理不到位。

4. 处理意见

重大事故调查组经调查，在对事故责任进行分析的基础上对责任者提出如下处理意见：

(1) 南京三建项目部副经理成某具体负责大演播厅舞台工程，在未见到施工方案的情况下，决定按常规搭设顶部模板支架，在知道支架三维尺寸与施工方案不符时，不与工程技术人员商量，擅自决定继续按原尺寸施工，对事故的发生应负主要责任，建议司法机关追究其刑事责任。

(2) 监理公司总监韩某，违反“南京市项目监理实施程序”的规定，没有对施工方案进行审查认可，没有监督对模板支撑系统的验收，对施工方的违规行为没有下达停工令，无监理工程师资格证书上岗，对事故的发生应负重要责任，建议司法机关追究其刑事责任。

(3) 南京三建项目部施工员丁某，在未见到施工方案的情况下，违章指挥工人搭设支架，对事故的发生应负重要责任，建议司法机关追究其刑事责任。

(4) 朱某违反国家关于特种作业人员必须持证上岗的规定，私招乱雇部分无上岗证的农民工搭设支架，对事故的发生应负直接责任，建议司法机关追究其刑事责任。

(5) 南京三建项目部经理史某负责电视台演播中心工程的全面工作，对该工程项目的安全生产负总责，对工程的模板支撑系统重视不够，未组织有关工程技术人员对施工方案进行认真的审查，对施工现场用工混乱等管理不力，对这起事故的发生应负直接领导责任，建议给予史某行政撤职处分。

(6) 监理公司总经理张某违反住房和城乡建设部《监理工程师资格考试和注册试行办法》的规定，严重不负责任，委派没有监理工程师资格证书的韩某担任该工程项目的总监理工程师；对驻工地监理组监管不力，工作严重失职，应负有监理方的领导责任。

建议有关部门按行业管理的规定对监理公司给予在南京地区停止承接任务一年的处罚和相应的经济处罚。

5. 案例分析

本案中，施工单位严重违反了安全生产责任制度的有关规定，酿成了重大生产事故，这个教训十分深刻。安全生产责任制度是工程建设中最基本的安全管理制度，是所有安全规章制度的核心。《安全生产法》和《建筑法》均把安全生产责任制度作为重点内容予以明文规定。安全生产责任制的主要内容包括：

(1) 从事建筑活动主体的负责人的责任制。

(2) 从事建筑活动主体的职能机构或职能处室负责人及其工作人员的安全生产责任制。

(3) 岗位人员的安全生产责任制。从事特种作业的安全人员必须进行培训，经过考试合格后方能上岗作业。

本案中，调查组建议司法机关追究总监韩某的刑事责任，这一处理意见曾引起巨大的社会反应。我国《刑法》第一百三十七条规定：“建设单位、设计单位、施工单位、工程监理单位违反国家规定，降低工程质量标准，造成重大安全事故的，对直接责任人员，处五年以下有期徒刑或者拘役，并处罚金；

后果特别严重的，处五年以上十年以下有期徒刑，并处罚金。”尽管韩某的行为是否构成重大安全事故罪还存在争议，但在整个事件中，韩某在主观方面存在一定的过失，应当承担相应的法律责任。这起重大安全事故也为整个监理行业敲响了警钟，监理企业及监理人员作为工程质量责任主体之一，必须严格依法履行监理职责，否则很可能承担严重的法律后果。

# 4 城乡规划法律制度

## 第一节 概　　述

### 一、城乡规划的概念

城乡规划是指为了实现一定时期内城市、村庄和集镇的经济和社会发展目标，确定城市、村庄、集镇的性质、规模和发展方向，合理利用城乡土地，协调城乡空间布局和各项建设的综合部署和具体安排。城乡规划是城市和乡镇建设和管理的基本依据，是保证城市和乡镇土地合理利用和开发经营活动协调进行的前提和基础，是实现城乡经济和社会发展目标的重要手段。

### 二、城乡规划的体系、原则和管理体制

（一）城乡规划体系

城乡规划包括城镇体系规划、城市规划、镇规划、乡规划和村庄规划。城市规划、镇规划分为总体规划和详细规划。详细规划分为控制性详细规划和修建性详细规划。规划区，是指城市、镇和村庄的建成区以及因城乡建设和发展需要，必须实行规划控制的区域。规划区的具体范围由有关人民政府在组织编制的城市总体规划、镇总体规划、乡规划和村庄规划中，根据城乡经济社会发展水平和统筹城乡发展的需要划定。

（二）城乡规划原则

制定和实施城乡规划应当遵循城乡统筹、合理布局、节约土地、集约发展和先规划后建设的原则，改善生态环境，促进资源、能源节约和综合利用，保护耕地等自然资源和历史文化遗产，保持地方特色、民族特色和传统风貌，防止污染和其他公害，并符合区域人口发展、国防建设、防灾减灾和公共卫生、公共安全的需要。

1. 城乡统筹、合理布局、节约土地、集约发展的原则

以科学发展观统筹城乡区域协调发展，在充分发挥城市中心辐射带动作用，促进大中小城市和小城镇协调发展的同时，合理安排城市、镇、乡村空间布局，贯彻科学用地、合理用地、节约用地的方针，不浪费每一寸土地资源，走集约型可持续的具有中国特色的城镇化和城乡健康发展道路。

2. 先规划后建设的原则

城乡规划是对一定时期内城乡的经济和社会发展、土地利用、空间布局以及各项建设的综合部署、具体安排和实施管理。它对于城乡建设、管理、发展具有指导、调整、综合和科学合理安排的重要作用，城乡各项建设活动必须依照城乡规划进行，否则，就会带来城乡建设的盲目、无序、混乱、后患无穷。因此，必须坚持先规划、后建设的原则，同时

要杜绝边建设边规划、先建设后规划、无规划乱建设的现象发生，以保证城乡建设科学、合理、有序、可持续性进行和健康发展。

3. 环保节能，保护耕地的原则

这个原则指的是要高度重视对自然资源的保护，切实考虑城乡环境保护问题，努力改善生态环境和生活环境，加强对环境污染的防治，促进各种资源、能源的节约和综合利用，落实节能减排、节地、节水等措施，防止污染和其他公害的发生，以保障城乡规划建设能够获得最大的经济效益、社会效益和环境效益。

4. 保护历史文化遗产和城乡特色风貌的原则

切实加强对世界自然和文化遗产，历史文化名城、名镇、名村，以及对历史文化街区、文物古迹和风景名胜区的保护，包括对非物质文化遗产的保护，努力保护和保持城乡的地方特色、民族特色和传统风貌，维护历史文化遗产的真实性和完整性，正确处理经济社会发展与文化遗产保护的关系。

5. 公共安全、防灾减灾的原则

充分考虑区域人口发展，合理确定城乡发展规模和建设标准，努力满足防火、防爆、防震抗震、防洪防涝、防泥石流、防暴风雪、防沙漠侵袭等防灾减灾的需要，以及社会治安、交通安全、卫生防疫和国防建设、人民防空建设等各方面的保障安全要求，还要考虑相应的公共卫生、公共安全预警救助措施，创造条件以保障城乡人民群众生命财产安全和社会的和谐稳定。

（三）城乡规划管理体制

各级政府城乡规划主管部门的职责：国务院城乡规划主管部门负责全国的城乡规划管理工作，县级以上地方人民政府城乡规划主管部门负责本行政区域内的城乡规划管理工作。

## 第二节　城乡规划的制定

### 一、从事城乡规划编制工作应当具备的条件

具备下列条件，并经国务院城乡规划主管部门或者省、自治区、直辖市人民政府城乡规划主管部门依法审查合格，取得相应等级的资质证书后，方可在资质等级许可的范围内从事城乡规划编制工作：（1）有法人资格；（2）有规定数量的经相关行业协会注册的规划师；（3）有相应的技术装备；（4）有健全的技术、质量、财务管理制度。

城乡规划组织编制机关应当委托具有相应资质等级的单位承担城乡规划的具体编制工作。规划师执业资格管理办法由国务院城乡规划主管部门会同国务院人事行政部门制定。编制城乡规划必须遵守国家有关标准。

### 二、城乡规划主要内容

《中华人民共和国城乡规划法》（以下简称《城乡规划法》）规定，城乡规划，包括城镇体系规划、城市规划、镇规划、乡规划和村庄规划。

（一）城镇体系规划

城镇体系规划是政府综合协调辖区内城镇发展和空间资源配置的依据和手段，是指从区域入手，开展区域经济社会发展的调查研究，进行相应的区域城镇体系规划，在此基础上对中心城市和县城的发展进行综合部署，避免城市规划工作孤立地就城市论城市，促使区域整体功能的优化。

城镇体系规划的任务和内容主要包括：（1）摸清区域的基本情况，分析市、县发展条件、发展优势和制约因素，提出区域城镇发展战略、发展目标；（2）区域城镇化水平和途径的预测，城镇体系的规模结构、职能分工和空间布局，区域内重点城镇或中心城镇的发展条件分析及与周围城镇的关联，提出近期发展的重点和生产力布局的建议等；（3）确定区域基础设施，如交通、水资源、能源及社会服务设施等的发展目标与布局；（4）提出实施规划的有关技术、经济政策和措施。

（二）城市规划、镇规划

1. 城市、镇总体规划

城市总体规划的任务是根据城市规划纲要，综合研究和确定城市性质、规模、容量和发展形态，统筹安排城乡各项建设用地，合理配置城市各项基础工程设施，并保证城市每个阶段的发展目标、发展途径、发展程序的优化和布局结构的科学性，引导城市合理发展。总体规划的期限一般为20年，但应同时对城市远景发展进程及方向做出轮廓性的规划安排，对某些必须考虑得更长远的工程项目应有更长远的规划安排。近期规划是总体规划的一个组成部分，应对城市近期内发展布局和主要建设项目做出安排。

总体规划的主要内容如下：（1）对市和县辖行政区范围内的城镇体系、交通系统、基础设施、生态环境、风景旅游资源开发进行合理布置和综合安排；（2）确定规划期内城市人口及用地规模，划定城市规划区范围；（3）确定城市用地发展方向和布局结构，确定市、区中心区的位置；（4）确定城市对外交通系统的结构和布局，编制城市交通运输和道路系统规划，确定城市道路等级和干道系统、主要广场、停车场及主要交叉路口形式；（5）确定城市供水、排水、排洪、供电、通信、燃气、供热、消防、环保、环卫等设施的发展目标和总体布局，并进行综合协调；（6）确定城市河湖水系和绿化系统的治理、发展目标和总体布局；（7）根据城市防灾要求，做出人防建设、抗震防灾规划；（8）确定需要保护的自然保护地带、风景名胜、文物古迹、传统街区，划定保护和控制范围，提出保护措施；（9）各级历史文化名城要编制专门的保护规划；（10）确定旧城改造、用地调整的原则、方法和步骤，提出控制旧城人口密度的要求和措施；（11）对规划区内农村居民点、乡镇企业等建设用地以及牧场和蔬菜、林木花果、副食品基地做出统筹安排，划定保留的绿化地带和隔离地带；（12）进行综合技术经济论证，提出规划实施步骤与方法的建议；（13）编制近期建设规划，确定近期建设目标、内容和实施部署。

2. 城市、镇详细规划

详细规划的任务是以总体规划为依据，详细规定建设用地的各项控制指标和规划管理要求，或直接对建设项目做出具体的安排和规划设计。详细规划分为控制性详细规划和修建性详细规划。

（1）控制性详细规划。在城市规划区内，应根据旧区改建和新区开发的需要，编制控制性详细规划，作为城市规划管理和综合开发、土地有偿使用的依据。

控制性详细规划的主要内容包括：1）详细确定规划地区各类用地的界线和适用范围，提出建筑高度、建筑密度、容积率的控制指标；规定各类用地内适建、不适建、有条件可建的建筑类型，规定交通出人口方位、建筑后退红线距离等。2）确定各级支路的红线位置、断面、控制点坐标和标高。3）根据规划容量，确定工程管线的走向、管径和工程设施的用地界线。4）制定相应的土地使用与建筑管理规定细则。

（2）修建性详细规划。修建性详细规划是对即将进行修建的地区和建设项目所做的具体安排，主要内容包括：1）建设条件分析和综合技术经济论证；2）建筑和绿地的空间布局、景观规划设计、布置总平面图；3）道路系统规划设计；4）绿地系统规划设计；5）工程管线规划设计；6）竖向规划设计；7）估算工程量、拆迁量和总造价，分析投资效益。

（三）乡镇规划、村庄规划

乡和镇是同级行政单位，主要区别在于规模不同，包括总人口、非农业人口、街区规模、其他经济社会指标等。大致来说，镇的规模大、人口多、非农业人口比率高、工商业发达。

由于乡镇规划、村庄规划范围较小、建设活动形式单一，没有对乡镇规划、村庄规划再做总体规划和详细规划的分类，而是规定由乡镇规划或村庄规划统一安排。

1. 乡镇规划

建制镇是指经省、自治区、直辖市人民政府批准设立的镇，是国家按行政建制设立的镇，不含县城关镇。建制镇一般需编制总体规划、控制性详细规划、修建性详细规划；实行镇管村体制的建制镇，其总体规划应包括镇辖区范围内的村镇布局。建制镇建设应当坚持合理布局、节约用地的原则，全面规划、正确引导、依靠群众、自力更生、因地制宜、逐步建设，实现经济效益、社会效益和环境效益的统一。

2. 村庄规划

村庄是指农村村民居住和从事各种生产的聚居点。

村庄、集镇规划的编制，应当遵循下列原则：（1）根据国民经济和社会发展计划，结合当地经济发展的现状和要求，以及自然环境、资源条件和历史情况等，统筹兼顾，综合部署村庄和集镇的各项建设；（2）处理好近期建设与远景发展、改造与新建的关系，使村庄、集镇的性质和建设的规模、速度和标准与经济发展和农民生活水平相适应；（3）合理用地，节约用地，各项建设应当相对集中，充分利用原有建设用地，新建、扩建工程及住宅应当尽量不占用耕地和林地；（4）有利生产，方便生活，合理安排住宅、乡（镇）村企业、乡（镇）村公共设施和公益事业等的建设布局，促进农村各项事业协调发展，并适当留有发展余地；（5）保护和改善生态环境，防治污染和其他公害，加强绿化和村容镇貌、环境卫生建设。编制村庄规划，首先要依据镇总体规划或乡总体规划，同时要考虑村庄的实际情况，在此基础上，对村庄的各项建设做出具体安排。

村庄规划的主要内容包括：（1）农业生产用地布局及为其配套服务的各项设施；（2）村庄居住、公共设施等用地布局；（3）道路、给水、排水、供电等基础设施；（4）环境卫生设施的分布、规模；（5）防灾减灾、防疫设施规划；（6）分期建设安排及近期建设规划；（7）耕地自然资源以及历史文化遗产保护措施。

## 三、城乡规划的编制和审批

### （一）城镇体系规划的编制和审批

1. 全国城镇体系规划

国务院城乡规划主管部门会同国务院有关部门组织编制全国城镇体系规划，全国城镇体系规划由国务院城乡规划主管部门报国务院审批。

2. 省域城镇体系规划

省、自治区人民政府组织编制省域城镇体系规划，报国务院审批。

### （二）总体规划的编制和审批

1. 城市总体规划

城市人民政府组织编制城市总体规划。直辖市的城市总体规划由直辖市人民政府报国务院审批。省、自治区人民政府所在地的城市以及国务院确定的城市的总体规划，由省、自治区人民政府审查同意后，报国务院审批。其他城市的总体规划，由城市人民政府报省、自治区人民政府审批。

2. 镇总体规划

县人民政府组织编制县人民政府所在地镇的总体规划，报上一级人民政府审批。其他镇的总体规划由镇人民政府组织编制，报上一级人民政府审批。

3. 审议

城市、县人民政府组织编制的总体规划，在报上一级人民政府审批前，应当先经本级人民代表大会常务委员会审议，常务委员会组成人员的审议意见交由本级人民政府研究处理。镇人民政府组织编制的镇总体规划，在报上一级人民政府审批前，应当先经镇人民代表大会审议，代表的审议意见交由本级人民政府研究处理。

### （三）详细规划的编制和审批

1. 城市详细规划

城市人民政府城乡规划主管部门根据城市总体规划的要求，组织编制城市的控制性详细规划，经本级人民政府批准后，报本级人民代表大会常务委员会和上一级人民政府备案。

2. 镇详细规划

镇人民政府根据镇总体规划的要求，组织编制镇的控制性详细规划，报上一级人民政府审批。县人民政府所在地镇的控制性详细规划，由县人民政府城乡规划主管部门根据镇总体规划的要求组织编制，经县人民政府批准后，报本级人民代表大会常务委员会和上一级人民政府备案。

3. 修建性详细规划

城市、县人民政府城乡规划主管部门和镇人民政府可以组织编制重要地块的修建性详细规划。修建性详细规划应当符合控制性详细规划。

### （四）乡镇规划、村庄规划的编制和审批

乡、镇人民政府组织编制乡镇规划、村庄规划，报上一级人民政府审批。村庄规划在报送审批前，应当经村民会议或者村民代表会议讨论同意。

# 第三节 城乡规划的实施、修改与监督检查

## 一、城乡规划的实施主体和实施原则

（一）城乡规划的实施主体

《城乡规划法》规定，地方各级人民政府应当根据当地经济社会发展水平，量力而行，尊重群众意愿，有计划、分步骤地组织实施城乡规划。具体而言，城乡规划的实施主体是各级人民政府城乡规划主管部门。

（二）城乡规划的实施原则

（1）城市的建设和发展，应当优先安排基础设施以及公共服务设施的建设，妥善处理新区开发与旧区改建的关系，统筹兼顾进城务工人员生活和周边农村经济社会发展、村民生产与生活的需要。

（2）镇的建设和发展，应当结合农村经济社会发展和产业结构调整，优先安排供水、排水、供电、供气、道路、通信、广播电视等基础设施和学校、卫生院、文化站、幼儿园、福利院等公共服务设施的建设，为周边农村提供服务。

（3）乡、村庄的建设和发展，应当因地制宜、节约用地，发挥村民自治组织的作用，引导村民合理进行建设，改善农村生产、生活条件。

## 二、建设用地规划许可证

建设用地规划许可证是建设单位和个人在向土地行政主管部门申请征用、划拨土地前，经城市规划行政主管部门确认的建设项目位置和范围符合城市规划的法定凭证。核发建设用地规划许可证的意义在于确保建设项目利用的土地符合城市规划，维护建设单位和个人按照城市规划使用土地的合法权益，为土地管理部门在城市规划区内行使权属管理职能提供必要的法律依据。

（一）划拨土地

划拨用地的建设用地规划许可证办理程序：建设单位在取得人民政府城乡规划主管部门核发的建设项目选址意见书后，建设项目经有关部门批准、核准后，向城市（县）人民政府城乡规划主管部门送审建设工程设计方案，申请建设用地规划许可证。城市（县）人民政府城乡规划主管部门应当审核建设单位申请建设用地规划许可证的各项文件、资料、设计图等是否完备，并依据控制性详细规划，审核建设用地的位置、面积及建设工程总平面图，确定建设用地范围。对于具备相关文件且符合城乡规划的建设项目，应当核发建设用地规划许可证；对于不符合法定要求的建设项目，不予核发建设用地规划许可证并说明理由，给予书面答复。

建设单位只有在取得建设用地规划许可证，明确建设用地范围及界线之后，方可向县级以上地方人民政府土地主管部门申请用地，经县级以上人民政府审批后，由土地主管部门划拨土地。

（二）出让土地

建设单位办理建设用地规划许可证的程序：在国有土地使用权出让前，城市、县人民

政府城乡规划主管部门应当依据控制性详细规划，提出出让地块的位置、使用性质、开发强度等规划条件，作为国有土地使用权有偿出让合同的附件，在签订国有土地使用权有偿出让合同、申请办理法人的登记注册手续、申领企业批准证书后，持建设项目的批准、核准、备案文件和国有土地使用权有偿出让合同，向城市、县人民政府城乡规划主管部门申请办理建设用地规划许可证。城市、县人民政府城乡规划主管部门应当审核建设单位申请建设用地规划许可证的各项文件、资料、图纸等是否完备，并依据依法批准的控制性详细规划，对国有土地使用权出让合同中规定的规划设计条件进行核验，审核建设用地的位置、面积及建设工程总平面图，确定建设用地范围。对于具备相关文件且符合城乡规划的建设项目，应当核发建设用地规划许可证；对于不符合法定要求的建设项目，不予核发建设用地规划许可证并说明理由，给予书面答复。

对于未确定规划条件的地块，不得出让国有土地使用权。规划条件是国有土地使用权出让合同的组成部分，城市、县人民政府城乡规划主管部门不得擅自在建设用地规划许可证中改变。规划条件未纳入国有土地使用权出让合同的，该国有土地使用权出让合同无效；对未取得建设用地规划许可证的建设单位批准用地的，由县级以上人民政府撤销有关批准文件；占用土地的，应当及时退回；给当事人造成损失的，应当依法给予赔偿。

建设用地审核批准后，城市规划行政主管部门应当加强监督检查工作。监督检查的内容包括两个方面：一是用地复核，主要是城市规划行政主管部门对征用、划拨的土地进行验桩；二是用地检查，主要是城市规划行政主管部门根据城市规划的要求，对建设用地的使用情况进行监督检查，以便于随时发现问题，纠正、查处违法占地建设行为。

### 三、建设工程规划许可证

#### （一）建设工程规划许可证的申请

建设工程规划许可证是建设单位和个人申请，城市规划行政主管部门审查、确认其拟建的建设工程符合城市规划，并准予办理开工手续的法律凭证。在城市、镇规划区内进行建筑物、构筑物、道路、管线和其他工程建设的，建设单位或者个人应当向城市、县人民政府城乡规划主管部门或者省、自治区、直辖市人民政府确定的镇人民政府申请办理建设工程规划许可证。

建设单位或者个人在取得建设工程规划许可证件和其他有关批准文件后，方可申请办理开工手续。这一规定是保证城市各项建设活动严格按照城市规划的要求进行，防止违法建设活动发生的重要法律措施。

#### （二）建设工程规划许可证的核发

核发建设工程规划许可证，一般分为对建设申请的审查、确定建设工程规划设计要求、设计方案审查和核发建设工程规划许可证四个步骤。

（1）对建设申请的审查。城市规划行政主管部门对建设申请进行审查。审查的主要依据是建设单位提供的经批准的计划投资文件，上级主管部门批准建设的批件和建设用地规划许可证。以确定建设工程的性质、规模等是否符合城市规划的布局和发展要求，并对建设工程涉及相关主管部门的，根据情况和需要征求有关行政主管部门的意见，进行综合协调。

（2）确定建设工程规划设计要求。城市规划行政主管部门对建设申请审查后，根据建设工程所在地段详细规划的要求，提出规划设计要求，核发规划设计要点通知书。建设单位按规划设计要点通知书的要求，委托设计部门进行方案设计工作。

（3）设计方案审查。设计方案审查是在建设单位提出设计方案、文件和设计图后，城市规划行政主管部门对各个方案的总平面布置、交通组织情况、工程周围环境关系和个体设计体质量、层次、造型等进行审查比较，确定规划设计方案，核发设计方案通知书。建设单位据此委托设计单位进行施工图设计。

（4）核发建设工程规划许可证。建设单位持注明勘察设计证书的总平面图，单体建筑设计的平面图、立面图、剖面图，基础图，地下室平面图、剖面图等施工图，提交城市规划行政主管部门进行审查，经审查核准后，发给建设工程规划许可证。

（三）建设工程审批后的管理

建设工程审批后的管理是城市规划行政主管部门依法进行事后监督检查的重要环节。其管理的内容主要包括验线、现场检查和竣工验收。

（1）验线。建设单位应当按照建设工程规划许可证的要求放线，并经城市规划行政主管部门验线后方可施工。

（2）现场检查。即城市规划管理工作人员依其职责深入有关单位和施工现场，核查建设工程的位置、施工等情况是否符合规划设计条件。

（3）竣工验收。竣工验收是基本建设程序的最后一个阶段。竣工验收通常由城市建设行政主管部门委托符合资质条件的建设工程质量监督单位进行，规划部门参加竣工验收，对建设工程是否符合规划设计条件的要求进行最后把关，以保证城市规划区内各项建设符合城市规划，县级以上地方人民政府城乡规划主管部门按照国务院规定对建设工程是否符合规划条件予以核实。未经核实或者经核实不符合规划条件的，建设单位不得组织竣工验收。城市规划区内的建设工程竣工验收后，建设单位应当在6个月内将竣工资料报送城市规划行政主管部门。

## 四、乡村建设规划许可证

在乡、村庄规划区内进行乡镇企业、乡村公共设施和公益事业建设的，建设单位或者个人应当向乡、镇人民政府提出申请，由乡、镇人民政府报城市、县人民政府城乡规划主管部门核发乡村建设规划许可证。

在乡、村庄规划区内使用原有宅基地进行农村村民住宅建设的规划管理办法，由省、自治区、直辖市制定。

在乡、村庄规划区内进行乡镇企业、乡村公共设施和公益事业建设以及农村村民住宅建设，不得占用农用地；确需占用农用地的，应当依照《中华人民共和国土地管理法》（以下简称《土地管理法》）有关规定办理农用地转用审批手续后，由城市、县人民政府城乡规划主管部门核发乡村建设规划许可证。建设单位或者个人在取得乡村建设规划许可证后，方可办理用地审批手续。

## 五、变更规划条件程序

（1）建设单位必须先向城市、县人民政府城乡规划主管部门提出变更规划条件的申请，说明变更规划条件的理由、目的、依据及内容。

（2）有关城乡规划主管部门应当对建设单位的变更规划条件的申请予以审核，看其是否符合控制性详细规划。

（3）对不符合控制性详细规划的，不予批准；对符合控制性详细规划的，有关城乡规划主管部门应当依法批准其变更申请，并及时将依法变更后的规划条件通报同级土地主管部门并公示，建设单位也应当及时将依法变更后的规划条件报有关人民政府土地主管部门备案。

（4）土地主管部门应当依据变更后的规划条件与建设单位重新签订国有土地使用权出让合同，对非经营性用地改变为经营性用地的，应当依法办理招标、拍卖、挂牌等出让手续，需要补交土地使用权出让金差额的，应当按规定予以补交。

经依法审定的修建性详细规划、建设工程设计方案的总平面图不得随意修改；确需修改的，城乡规划主管部门应当采取听证会等形式，听取利害关系人的意见；因修改使利害关系人合法权益造成损失的，应当依法给予补偿。

### 六、监督检查

县级以上人民政府城乡规划主管部门对城乡规划的实施情况进行监督检查，有权采取以下措施：

（1）要求有关单位和人员提供与监督事项有关的文件、资料，并进行复制。

（2）要求有关单位和人员就监督事项涉及的问题做出解释和说明，并根据需要进入现场进行勘测。

（3）责令有关单位和人员停止违反有关城乡规划的法律、法规的行为。

城乡规划主管部门的工作人员履行上述规定的监督检查职责，应当出示执法证件；被监督检查的单位和人员应当予以配合，不得妨碍和阻挠依法进行的监督检查活动。

监督检查情况和处理结果应当依法公开，供公众查阅和监督。

城乡规划主管部门在查处违反《城乡规划法》规定的行为时，发现国家机关工作人员依法应当给予行政处分的，应当向其任免机关或者监察机关提出处分建议。

## 第四节　违反规划许可建设的法律责任

（1）未取得建设工程规划许可证或者未按照建设工程规划许可证的规定进行建设的，由县级以上地方人民政府城乡规划主管部门责令停止建设；尚可采取改正措施消除对规划实施的影响的，限期改正，处建设工程造价5%以上10%以下的罚款；无法采取改正措施消除影响的，限期拆除，不能拆除的，没收实物或者违法收入，可以并处建设工程造价10%以下的罚款。

对于未取得建设工程规划许可证或者未按照建设工程规划许可证的规定进行建设的建设单位或个人，根据违法情节，分别予以责令停止建设、限期改正、限期拆除、没收实物、没收违法所得、罚款等行政处罚。对于违章建筑必须责令限期拆除，使其恢复为违法行为前的状态。

（2）在乡、村庄规划区内未依法取得乡村建设规划许可证或者未按照乡村建设规划许可证的规定进行建设的，由乡、镇人民政府责令停止建设、限期改正；逾期不改正的，可以拆除。

（3）建设单位或者个人有下列行为之一的，由所在地城市、县人民政府城乡规划主管部门责令限期拆除，可以并处临时建设工程造价一倍以下的罚款：1）未经批准进行临时建设的；2）未按照批准内容进行临时建设的；3）临时建筑物、构筑物超过批准期限不拆除的。

（4）不按规定报送竣工验收资料的法律责任。建设单位未在建设工程竣工验收后 6 个月内向城乡规划主管部门报送有关竣工验收资料的，由所在地城市、县人民政府城乡规划主管部门责令限期补报；逾期不补报的，处 1 万元以上 5 万元以下的罚款。

（5）对违法建设的强制措施。城乡规划主管部门做出责令停止建设或者限期拆除的决定后，当事人不停止建设或者逾期不拆除的，建设工程所在地县级以上地方人民政府可以责成有关部门采取查封施工现场、强制拆除等措施。

（6）刑事责任。违反《城乡规划法》规定，构成犯罪的，依法追究刑事责任。

## 习　题

**4-1 单选题**

1. 以出让方式取得国有土地使用权的建设项目，建设单位应当持建设项目的批准核准、备案文件和国有土地使用权出让合同，向建设项目所在城市、县人民政府（　　）领取建设用地规划许可证。
   A. 土地主管部门　　B. 建设行政主管部门
   C. 城乡规划主管部门　　D. 授权的镇人民政府
2. （　　）未纳入国有土地使用权出让合同时，该国有土地使用权出让合同无效。
   A. 土地所有权　　B. 规划条件　　C. 土地使用权　　D. 规划要点
3. 建设单位应当在竣工验收后（　　）个月内向城乡规划主管部门报送有关竣工验收资料。
   A. 3　　B. 5　　C. 6　　D. 8
4. 市、县人民政府城乡规划主管部门和镇人民政府可以组织编制重要地块的修建性详细规划。修建性详细规划应当符合（　　）。
   A. 城市、镇总体规划　　B. 控制性详细规划
   C. 近期建设规划　　D. 分区规划
5. 建设工程符合城市规划要求的法律凭证是（　　）。
   A. 选址意见书　　B. 建设用地规划许可证
   C. 建筑施工许可证　　D. 建设工程规划许可证
6. 国家规定需要有关部门批准或者核准的建设项目，以划拨方式提供国有土地使用权的，建设单位在报送有关部门批准或者核准前，应当向城乡规划主管部门申请核发（　　）。
   A. 选址意见书　　B. 建设用地规划许可证
   C. 建设工程规划许可证　　D. 规划条件通知书
7. 临时建设应当在批准的使用期限内（　　）。
   A. 强制拆除　　B. 自行拆除　　C. 没收　　D. 转让
8. 城乡规划主管部门做出责令停止建设或者限期拆除的决定后，当事人不停止建设或者逾期不拆除的，建设工程所在地县级以上地方人民政府可以责成有关部门采取（　　）等措施。
   A. 罚款　　B. 查封施工现场、强制拆除
   C. 申请人民法院强制执行　　D. 没收违法建筑物

9. 城市地下空间的开发和利用，应当符合城市规划，履行规划（　　）手续。

A. 申请　　B. 报建　　C. 审批　　D. 批准

10. 在临时用地上建永久性建筑物、构筑物和其他设施，按《城乡规划法》的规定应当（　　）。

A. 允许　　B. 禁止　　C. 可以　　D. 视具体情况而定

11. 下列不属于违法建设行为的是（　　）。

A. 经规划主管部门批准的临时建设工程

B. 因建设单位需要而对建设工程规划许可证规定的设计图做局部修改的建设工程

C. 建设单位未按照批准内容进行的临时建设工程

D. 超过规定期限拒不拆除的临时建设工程

**4-2 典型案例及分析**

【案例 1】

1. 案例背景

S 建筑公司五处（承包人）中标后，承接了 B 研究所（发包人）4800$m^2$住宅工程。合同签订后，承包人按发包人提供的施工平面位置（规划部门批准位置）放线后，发现拟建工程北端应拆除的临时建筑（花房）因未拆除影响正常施工。发包人代表察看现场后便做出将总平面位置进行修改的决定，通知承包人将平面位置向南平移 2m 后开工。当承包人按平移后的工程位置完成基槽开挖时，规划监督工作人员进现场检查发现了问题，要求立即停工，向发包人开具 5 万元罚款单，并要求工程原批准的位置不得变动。

承包人接到发包人仍按原平面位置施工的书面通知后提出以下索赔：

B 研究所基建处：接到贵方仍按原平面位置进行施工的通知后，我方将立即组织实施，但因平移 2m 使原已挖好的所有横墙基槽作废，需要用土夯填并重新开挖新基槽。所发生的此类费用及停工损失应由贵方承担：

（1）所有横墙基槽回填夯实，费用 3.5 万元。

（2）重新开挖新的横墙基槽，费用 6.3 万元。

（3）86 人停工 20 天，损失费 2.52 万元。

（4）租赁机械工具，费用 1.88 万元。

（5）其他应由发包人承担的费用 0.8 万元。

以上（1）~（5）项合计 15 万元。

（6）顺延工期 20 天。

发包人审核后批准了承包人的索赔。

2. 案例分析

此案是法制观念淡薄在工程发包人方面的体现。发包人如按报批的平面位置提前拆除花房，创造施工条件；或按保留花房方案上报规划争取批准，都能避免 15 万元的损失。

本案的违法现象有：批准施工图后又修改设计；擅自增加层数；擅自改变使用性质；擅自改变平面布局等。

【案例 2】

1. 案例背景

某市新建一处占地 80$hm^2$的公园，现已初具规模，市园林行政主管部门为加强该园管理工作，拟在公园总体规划已确定的管理用房位置，向市规划行政主管部门提出审查，要求兴建一栋三层办公管理用房。经市规划行政主管部门研究同意该项申请，并核发建设工程规划许可证。该工程建设期间，市规划行政主管部门执法人员到现场监督检查时，发现该项工程正在加砌第四层墙体（原设计为三层），与此同时，还发现该工程擅自增建了一层地下室，并且还在该楼的每个房间内增设了一个卫生间，为此执法人员当即找到该工程的主管负责人和单位法人，在核对、查清事实后，发出了停工通知书，责令该工程立即停工，听候处理。

2. 案例分析

市规划行政主管部门认为该工程存在以下违法行为：

(1) 擅自改变建设工程规划许可证内容（擅自改变标准、设计图）。

(2) 自行增加层数（扩大面积）。

(3) 擅自增加卫生间，改变建筑使用性质。

(4) 已构成违法建设。

处理如下：

(1) 拆除第四层墙体和增设的卫生间。

(2) 对地下室依法罚款后补办审批手续。

(3) 对工程主要负责人建议给予行政处分。

【案例3】

1. 案例背景

某区政府大力开展旧城改造工作，建设单位对城市中心旧城危房地段拆迁后，进行住宅建设，该地块用地面积22700m$^2$，用地改造为住宅，总建设规模为58000m$^2$，建设高度控制不超过18m。区政府主要领导根据地区发展需要，决定将沿街的建设性质调整为高层商业及办公楼，另外，整个项目的总建筑规模调整为87000m$^2$。区土地部门与建设单位签订了国有土地使用合同，土地用途为住宅。区规划局经请求区领导同意，为该项目核发了建设工程规划许可证。在该地块两栋住宅已封顶、商业及办公楼已建设到地下一层部分时，市规划巡查执法部门在检查中发现了该项目的有关建设情况，责令建设单位立即停工，听候处理。

2. 案例分析

(1) 区规划局与区土地部门未按法定程序履行相关职责，存在违反程序审批的问题：

1) 没按该地块的规划条件进行建设，规划条件应作为合同的一部分。

2) 规划条件不能随意改变。确需变更的，须向城市人民政府的规划管理部门申请，变更不符合控制性详细规划的，不得批准。

3) 没有领取建设用地规划许可证。

(2) 对当事人的处理：

1) 对区政府相关负责人依法给予处分。

2) 核销其建设工程规划许可证。

3) 对直接责任人依法给予行政处分，追究法律责任。

(3) 对建设项目的处理：

1) 责令立即停止建设，对已封顶的两栋住宅，没收或处罚款。

2) 高层商业办公楼（只建地下室），责令拆除。

3) 行政违法，给建设单位造成的经济损失应予以赔偿。

# 5 建设工程招标与投标法律制度

## 第一节 概　　述

### 一、建设工程招标投标的概念

建设工程招标投标是指在货物、工程或服务的采购行为中，招标人通过事先公布的采购条件和要求，邀请众多的投标人进行公平竞争，按照规定程序并组织技术、经济和法律等方面专家对众多的投标人进行综合评审，从中择优选定交易对象的一种市场交易行为。从采购交易过程来看，它必然包括招标和投标两个基本环节。

工程招标，是指招标人用招标文件将委托的工作内容和要求告之有意向参与竞争的投标人按规定条件提出实施计划和价格，然后通过评审、比较，选出信誉可靠、技术能力强、管理水平高、报价合理的可信赖单位（设计单位、监理单位、施工单位、供货单位），以合同形式委托其完成工程。

工程投标，是指各投标人依据自身能力和管理水平，按照招标文件规定的统一要求递交投标文件，争取获得实施资格。

没有招标，就不会有供应商或承包商的投标；没有投标，采购人的招标就没有得到响应，也就没有开标、评标、定标和合同的签订。因此，招标与投标是一对相互对应的概念。

### 二、建设工程招标投标的适用范围和规模标准

#### （一）建设工程必须进行招标的范围

《招标投标法》第三条规定，在中华人民共和国境内进行下列工程建设项目，包括项目的勘察、设计、施工、监理以及与工程建设有关的重要设备、材料等的采购，必须进行招标。

（1）大型基础设施、公用事业等关系社会公共利益、公众安全的项目。

（2）全部或者部分使用国有资金投资或者国家融资的项目。包括：1）使用预算资金200万元人民币以上，并且该资金占投资额10%以上的项目；2）使用国有企业事业单位资金，并且该资金占控股或者主导地位的项目。

（3）使用国际组织或者外国政府贷款、援助资金的项目。包括：1）使用世界银行、亚洲开发银行等国际组织贷款、援助资金的项目；2）使用外国政府及其机构贷款、援助资金的项目。

不属于上述第（2）、（3）项规定情形的大型基础设施、公用事业等关系社会公共利益、公众安全的项目，必须招标的具体范围由国务院发展改革部门会同国务院有关部门按照确有必要、严格限定的原则制定，报国务院批准。

（二）建设工程必须进行招标的规模标准

按照《工程建设项目招标范围和规模标准规定》，必须进行招标范围内的各类工程建设项目，包括项目的勘察、设计、施工、监理以及与工程建设有关的重要设备、材料等的采购，达到下列标准之一的，必须进行招标。

（1）施工单项合同估算价在400万元人民币以上的。

（2）重要设备、材料等货物的采购，单项合同估算价在200万元人民币以上的。

（3）勘察、设计、监理等服务的采购，单项合同估算价在100万元人民币以上的。

（三）可以不进行招标的项目范围和情形

涉及国家安全、国家秘密、抢险救灾或者属于利用扶贫资金实行以工代赈、需要使用农民工等特殊情况，不适宜进行招标的项目，按照国家有关规定可以不进行招标，即可以直接发包。

建设项目的勘察、设计，采用特定专利或者专有技术的，或者其建筑艺术造型有特殊要求的，经项目主管部门批准，可以不进行招标。

除《招标投标法》规定可以不进行招标的特殊情况外，有下列情形之一的，可以不进行招标。

（1）需要采用不可替代的专利或专有技术。

（2）采购人依法能够自行建设、生产或者提供。

（3）已通过招标方式选定的特许经营项目投资人依法能够自行建设、生产或者提供。

（4）需要向原中标人采购工程、货物或者服务，否则将影响施工或者功能配套要求。

（5）国家规定的其他特殊情形。

以上所述是指符合招标的规定，但是不适宜进行招标的项目范围。

此外，对于依法必须进行招标的具体范围和规模标准以外的建设工程项目，可以不进行招标，采用直接发包的方式。

## 第二节　建设工程招标

### 一、建设工程招标方式

（一）公开招标与邀请招标

建设工程招标分为公开招标与邀请招标。

1. 公开招标

公开招标是指招标人以招标公告的方式邀请不特定的法人或者其他组织投标。

2. 邀请招标

邀请招标是指招标人以投标邀请书的方式邀请特定的法人或者其他组织投标。

招标人采用邀请招标方式的，应当向3个以上具备承担招标项目的能力、资信良好的特定的法人或者其他组织发出投标邀请书。

国务院发展计划部门确定的国家重点项目和省、自治区、直辖市人民政府确定的地方重点项目不适宜公开招标的，经国务院发展计划部门或者省、自治区、直辖市人民政府批准，可以进行邀请招标。

国有资金占控股或者主导地位的依法必须进行招标的项目，应当公开招标；但有下列情形之一的，可以邀请招标。

（1）技术复杂、有特殊要求或者受自然环境限制，只有少量潜在投标人可供选择。

（2）采用公开招标方式的费用占项目合同金额的比例过大。

（二）其他招标方式

1. 总承包招标

招标人可以依法对工程以及与工程建设有关的货物、服务全部或者部分实行总承包招标。以暂估价形式包括在总承包范围内的工程、货物、服务属于依法必须进行招标的项目范围且达到国家规定规模标准的，应当依法进行招标。

以上所称暂估价，是指总承包招标时不能确定价格而由招标人在招标文件中暂时估定的工程、货物、服务的金额。

2. 两阶段招标

对技术复杂或者无法精确拟定技术规格的项目，招标人可以分两阶段进行招标：

第一阶段，投标人按照招标公告或者投标邀请书的要求提交不带报价的技术建议，招标人根据投标人提交的技术建议确定技术标准和要求，编制招标文件。

第二阶段，招标人向在第一阶段提交技术建议的投标人提供招标文件，投标人按照招标文件的要求提交包括最终技术方案和投标报价的投标文件。

招标人要求投标人提交投标保证金的，应当在第二阶段提出。

## 二、招标前期准备阶段主要工作

### （一）工程建设项目报建

工程建设项目报建是指工程建设项目由建设单位或其代理机构在工程项目可行性研究报告或其他立项文件被批准后，须向当地建设行政主管部门或其授权机构进行报建，交验工程项目立项的批准文件，包括银行出具的资信证明以及批准的建设用地等其他有关文件的行为。

### （二）选择招标方式

（1）根据工程特点和招标人的管理能力确定发包范围。

（2）依据工程建设总进度计划确定项目建设过程中的招标次数和每次招标的工作内容。

（3）按照每次招标前准备工作的完成情况，选择合同的计价方式。

（4）依据工程项目的特点、招标前准备工作的完成情况、合同类型等因素的影响程序，确定招标方式。

### （三）申请招标

申请招标文件应说明以下内容：招标工作范围、招标方式、计划工期、对投标人的资质要求、招标项目的前期准备工作的完成情况、自行招标还是委托代理招标等内容。

《招标投标法》规定，招标人具有编制招标文件和组织评标能力的，可以自行办理招标事宜。任何单位和个人不得强制其委托招标代理机构办理招标事宜。依法必须进行招标的项目，招标人自行办理招标事宜的，应当向有关行政监督部门备案。招标人如不具备自行组织招标的能力条件，应当选择委托代理招标的组织形式。

招标代理机构是依法设立、从事招标代理业务并提供相关服务的社会中介组织。

（四）编制招标有关文件

招标文件一般包括下列内容：（1）投标邀请书；（2）投标人须知；（3）合同主要条款；（4）投标文件格式；（5）采用工程量清单招标的，应当提供工程量清单；（6）技术条款；（7）设计图；（8）评标标准和方法；（9）投标辅助材料。

招标人应当在招标文件中规定实质性要求和条件，并用醒目的方式标明。

《招标投标法》规定，招标文件不得要求或者标明特定的生产供应者以及含有倾向或者排斥潜在投标人的其他内容。招标人对已发出的招标文件进行必要的澄清或者修改的，应当在招标文件要求提交投标文件截止时间至少 15 日前，以书面形式通知所有招标文件收受人。该澄清或者修改的内容为招标文件的组成部分。

招标人应当确定投标人编制投标文件所需要的合理时间。依法必须进行招标的项目，自招标文件开始发出之日起至投标人提交投标文件截止之日止，最短不得少于 20 日。采用电子招标投标在线提交投标文件的，最短不得少于 10 日。

**【例题 5-1】** 关于招标文件澄清或者修改的说法，正确的是（　　）。

A. 招标文件的效力高于其澄清或修改文件

B. 澄清或者修改的内容可能影响投标文件编制的，招标人应在投标截止时间至少 15 日前澄清或者修改

C. 澄清或者修改可以以口头形式通知所有获取招标文件的潜在投标人

D. 澄清或者修改通知至投标截止时间不足 15 日的，在征得全部投标人同意后，可按原投标截止时间开标

［答案］B

（五）编制标底或招标控制价

1. 标底

标底是招标工程的预期价格，招标人用来控制工程造价，并以此来评判投标者的报价是否合理，中标都要按照中标人投标报价签订合同。标底应当在开标时公布，不得规定以接近标底为中标条件，也不得规定投标报价超出标底上下浮动范围作为否决投标的条件。

2. 招标控制价

招标控制价是招标人在工程招标时能接受投标人报价的最高限价，投标报价如超过招标控制价则为废标。

国有资金投资的工程建设项目应实行工程量清单招标，并应编制招标控制价。

采用工程量清单招标时，招标人自行或委托具有资质的中介机构编制反映工程实体消耗和措施性消耗的工程量清单，工程量清单应将要求投标人完成的工程项目及其相应工程实体数量全部列出，并作为招标文件的一部分提供给投标人，由投标人依据工程量清单自主报价。在工程招标中采用工程量清单计价是国际上较为通行的做法。工程量清单作为招标文件的组成部分，其准确性和完整性由招标人负责。根据《招标投标法》的规定，国有资金投资的工程进行招标，招标人可以设标底。

《实施条例》规定，招标人可以自行决定是否编制标底。一个招标项目只能有一个标底。标底必须保密。招标人设有最高投标限价的，应当在招标文件中明确最高投标限价或者最高投标限价的计算方法。招标人不得规定最低的投标限价。

### 三、招标实施阶段的主要工作内容

#### （一）发布招标公告或投标邀请书

招标公告内容包括招标单位名称，建设项目资金来源，工程项目概况和本次招标工作范围的简要介绍，购买资格预审文件的地点、时间和价格等有关事项。

招标人采用邀请招标方式的，应当向3个以上具备承担招标项目的能力、资信良好的特定的法人或者其他组织发出投标邀请书。投标邀请书也应当载明招标人的名称和地址，招标项目的性质、数量、实施地点和时间以及获取招标文件的办法等事项。

招标人不得向他人透露已获取招标文件的潜在投标人的名称、数量以及可能影响公平竞争的有关招标投标的其他情况。招标人设有标底的，标底必须保密。招标人根据招标项目的具体情况，可以组织潜在投标人踏勘项目现场。

#### （二）资格审查

资格审查应主要审查潜在投标人或者投标人是否符合下列条件：（1）具有独立订立合同的权利；（2）具有履行合同的能力，包括专业、技术资格和能力，资金、设备和其他物质设施状况，管理能力，经验、信誉和相应的从业人员；（3）没有处于被责令停业，投标资格被取消，财产被接管、冻结，破产状态；（4）在最近3年内没有骗取中标和严重违约及重大工程质量问题；（5）法律、行政法规规定的其他资格条件。

资格审查分为资格预审和资格后审。

（1）资格预审是指在投标前对潜在投标人进行的资格审查。资格后审是指在开标后对投标人进行的资格审查。进行资格预审的，一般不再进行资格后审，但招标文件另有规定的除外。采取资格预审的，招标人可以发布资格预审公告，在资格预审文件中载明资格预审的条件、标准和方法。

资格预审文件一般应当包括资格预审申请书格式、申请人须知，以及需要投标申请人提供的企业资质、业绩、技术装备、财务状况和拟派出的项目经理与主要技术人员的简历、业绩等证明材料。

资格预审结束后，招标人应当及时向资格预审申请人发出资格预审结果通知书。未通过资格预审的申请人不具有投标资格。通过资格预审的申请人少于3个的，应当重新招标。

潜在投标人或者其他利害关系人对资格预审文件有异议的，应当在提交资格预审申请文件截止时间2日前提出；对招标文件有异议的，应当在投标截止时间10日前提出。招标人应当自收到异议之日起3日内做出答复；做出答复前，应当暂停招标投标活动。

（2）资格后审是指在开标后对投标人进行的资格审查。招标人采用资格后审办法对投标人进行资格审查的，应当在开标后由评标委员会按照招标文件规定的标准和方法对投标人的资格进行审查。

采取资格后审的，招标人应当在招标文件中载明对投标人资格要求的条件、标准和方法。招标人不得改变载明的资格条件或者以没有载明的资格条件对潜在投标人或者投标人进行资格审查。

（3）资格审查时，招标人不得以不合理的条件限制、排斥潜在投标人或者投标人，不得对潜在投标人或者投标人实行歧视待遇。任何单位和个人不得以行政手段或者其他不合理方式限制投标人的数量。

《实施条例》规定招标人有下列行为之一的，属于以不合理条件限制、排斥潜在投标人或者投标人：

1）就同一招标项目向潜在投标人或者投标人提供有差别的项目信息；

2）设定的资格、技术、商务条件与招标项目的具体特点和实际需要不相适应或者与合同履行无关；

3）依法必须进行招标的项目以特定行政区域或者特定行业的业绩、奖项作为加分条件或者中标条件；

4）对潜在投标人或者投标人采取不同的资格审查或者评标标准；

5）限定或者指定特定的专利、商标、品牌、原产地或者供应商；

6）依法必须进行招标的项目非法限定潜在投标人或者投标人的所有制形式或者组织形式；

7）以其他不合理条件限制、排斥潜在投标人或者投标人。

**【例题 5-2】** 根据《实施条例》，招标人的下列行为中属于以不合理条件限制、排斥投标人的有（　　）。

A. 就同一招标项目向投标人提供有差别的项目信息的

B. 明示或暗示投标人，为特定投标人中标提供方便的

C. 授意投票人撤换、修改投标文件的

D. 限定或者指定特定的专利、商标、品牌的原产地或者供应商

E. 向特定投标人泄露标底的

［答案］A、D

（三）发放招标文件

招标人应当按招标公告或者投标邀请书规定的时间、地点出售招标文件。自招标文件出售之日起至停止出售之日止，最短不得少于 5 日。对招标文件的收费应当合理，不得以营利为目的。招标人在发布招标公告、发出投标邀请书后或者售出招标文件或资格预审文件后不得擅自终止招标。

（四）组织现场考察

招标人在投标须知规定的时间组织投标人自费进行现场考察，目的在于了解工程场地和周围环境情况，以获取投标单位认为有必要的信息。为便于投标单位提出问题并得到解答，勘查现场一般安排在投标预备会的前 1~2 天。

投标人在勘查现场中如有疑问，应在投标预备会前以书面形式向招标人提出。

招标人应向投标单位介绍有关现场的以下情况。

（1）施工现场是否达到招标文件规定的条件。

（2）施工现场的地理位置和地形、地貌。

(3) 施工现场的地质、土质、地下水位、水文等情况。

(4) 施工现场气候条件，如气温、湿度、风力、年雨雪量等。

(5) 现场环境，如交通、饮水、污水排放、生活用电、通信等。

(6) 工程在施工现场中的位置或布置。

(7) 临时用地、临时设施搭建等。

(五) 标前会议

标前会议又称交底会、投标预备会。投标预备会一般安排在发出招标文件 7 天后 28 天内举行。对投标人研究招标文件和现场考察后会以书面形式提出的某些质疑问题，招标人可以及时给予书面解答，也可以留待标前会议上解答。

若招标人（或招标代理机构）以书面文件形式给予答复，并以书面文件形式通知所有的投标人，则该答疑文件成为招标文件的一个组成部分，与招标文件具有同等的法律效力。

### 四、决标成交阶段的主要工作内容

(一) 开标

《招标投标法》规定，开标应当在招标文件确定的提交投标文件截止时间的同一时间公开进行。开标地点应当为招标文件中预先确定的地点。

开标由招标人主持，邀请所有投标人参加。开标时，由投标人或者其推选的代表检查投标文件的密封情况，也可以由招标人委托的公证机构检查并公证。经确认无误后，由工作人员当众拆封，宣读投标人名称、投标价格和投标文件的其他主要内容。招标人在招标文件要求提交投标文件的截止时间前收到的所有投标文件，开标时都应当当众予以拆封、宣读。开标过程应当记录，并存档备查。

(二) 评标

评标是评标委员会专家对各投标书优劣的比较，以便最终确定中标人。

(三) 定标

中标人确定后，招标人向中标人发出中标通知书，同时将中标结果通知所有未中标的投标人。

中标通知书发出后 30 天内，双方应按照招标文件和投标文件订立书面合同。

## 第三节　建设工程投标

### 一、投标主体

(一) 投标人

投标人是指响应招标、参加投标竞争的法人或者其他组织。投标人应当具备承担招标项目的能力；国家有关规定对投标人资格条件或者招标文件对投标人资格条件有规定的，投标人应当具备规定的资格条件。

投标人参加依法必须进行招标的项目的投标，不受地区或者部门的限制，任何单位和个人不得非法干涉。

与招标人存在利害关系可能影响招标公正性的法人、其他组织或者个人，不得参加投标。单位负责人为同一人或者存在控股、管理关系的不同单位，不得参加同一标段投标或者未划分标段的同一招标项目投标。违反这两项规定的，相关投标均无效。

投标人发生合并、分立、破产等重大变化的，应当及时书面告知招标人。投标人不再具备资格预审文件、招标文件规定的资格条件或者其投标影响招标公正性的，其投标无效。

（二）联合体投标

《招标投标法》第三十一条规定，2 个以上法人或者其他组织可以组成一个联合体，以一个投标人的身份共同投标。联合体共同投标一般适用于大型建设项目和结构复杂的建设项目。

1. 联合体投标的特点

联合体投标有如下特点。

（1）联合体由两个或者两个以上的投标人组成，参与投标是各方的自愿行为。

（2）联合体是一个临时性的组织，不具有法人资格。

（3）联合体各方以一个投标人的身份共同投标，中标后，招标人与联合体各方共同签订一个承包合同，联合体各方就中标项目向招标人承担连带责任。

（4）联合体各方签订共同投标协议后，不得再以自己名义单独投标，也不得组成新的联合体或参加其他联合体在同一项目中投标。

2. 联合体的资格条件

由同一专业的单位组成的联合体，按照资质等级较低的单位确定资质等级。

3. 联合体协议

联合体各方应当签订共同投标协议，明确约定各方拟承担的工作和责任，并将共同投标协议连同投标文件一并提交招标人。联合体中标的，联合体各方应当共同与招标人签订合同，就中标项目向招标人承担连带责任。

联合体各方应指定一方作为联合体牵头人，授权其代表所有联合体成员负责投标和合同实施阶段的主办、协调工作，并应当向招标人提交由所有联合体成员法定代表人签署的授权书。联合体投标未附联合体各方共同投标协议的，将由评标委员会初审后按废标处理。

联合体投标的，应当以联合体各方或者联合体中牵头人的名义提交投标保证金。以联合体中牵头人名义提交的投标保证金，对联合体各成员具有约束力。

招标人不得强制投标人组成联合体共同投标，不得限制投标人之间的竞争。《招标投标法实施条例》第三十七条规定，招标人应当在资格预审公告、招标公告或者投标邀请书中载明是否接受联合体投标。招标人接受联合体投标并进行资格预审的，联合体应当在提交资格预审申请文件前组成。资格预审后联合体增减、更换成员的，其投标无效。联合体各方在同一招标项目中以自己名义单独投标或者参加其他联合体投标的，相关投标均无效。

【例题 5-3】 下列关于联合体投标的说法，正确的是（　　）。

A. 招标人接受联合体投标并进行资格评审的，联合体应当在提交资格评审申请文件后组成

B. 招标人应当在资格评审公告、招标公告或者投标邀请书中载明是否接受联合体投标

C. 联合体某成员在同一招标项目中以自己名义单独投标，其投标有效

D. 由同一专业的单位组成的联合体，按照资质等级较高的单位确定其资质等级

［答案］B

## 二、投标文件

### （一）投标文件的内容

《招标投标法》第二十七条规定，投标人应当按照招标文件的要求编制投标文件。投标文件应当对招标文件提出的实质性要求和条件做出响应。招标项目属于建设施工的，投标文件的内容应当包括拟派出的项目负责人与主要技术人员的简历、业绩和拟用于完成招标项目的机械设备等。

《招标投标法》第三十条规定，投标人根据招标文件载明的项目实际情况，拟在中标后将中标项目的部分非主体、非关键性工作进行分包的，应当在投标文件中载明。

《〈标准施工招标资格预审文件〉和〈标准施工招标文件〉暂行规定》规定，投标文件应包括下列内容：（1）投标函及投标函附录；（2）法定代表人身份证明或附有法定代表人身份证明的授权委托书；（3）联合体协议书；（4）投标保证金；（5）已标价工程量清单；（6）施工组织设计；（7）项目管理机构；（8）拟分包项目情况表；（9）资格审查资料；（10）投标人须知前附表规定的其他材料。

### （二）投标文件的送达与签收

《招标投标法》第二十八条规定，投标人应当在招标文件要求提交投标文件的截止时间前，将投标文件送达投标地点。招标人收到投标文件后，应当签收保存，不得开启。投标人少于 3 个的，招标人应当依照本法重新招标。在招标文件要求提交投标文件的截止时间后送达的投标文件，招标人应当拒收。

《招标投标法实施条例》第三十六条规定，未通过资格预审的申请人提交的投标文件，以及逾期送达或者不按照招标文件要求密封的投标文件，招标人应当拒收。招标人应当如实记载投标文件的送达时间和密封情况，并存档备查。

### （三）投标文件的修改与撤回

《招标投标法》第二十九条规定，投标人在招标文件要求提交投标文件的截止时间前，可以补充、修改或者撤回已提交的投标文件，并书面通知招标人。补充、修改的内容为投标文件的组成部分。

## 三、投标保证金

投标保证金是指投标人按照招标文件的要求向招标人出具的，以一定金额表示的投标担保。其实质是为了避免因投标人在投标有效期内随意撤回、撤销投标或中标后不能提交履约保证金和签署合同等行为而给招标人造成损失。

（一）投标保证金的提交

《招标投标法实施条例》第二十六条规定，招标人在招标文件中要求投标人提交投标保证金的，投标保证金不得超过招标项目估算价的2%。投标保证金有效期应当与投标有效期一致。依法必须进行招标的项目的境内投标单位，以现金或者支票形式提交的投标保证金应当从其基本账户转出。招标人不得挪用投标保证金。

该条例第四十五条规定，联合体投标的，应当以联合体各方或者联合体中牵头人的名义提交投标保证金。以联合体中牵头人名义提交的投标保证金，对联合体各成员具有约束力。

（二）投标保证金的退还

《招标投标法实施条例》第三十五条规定，投标人撤回已提交的投标文件，应当在投标截止时间前书面通知招标人。招标人已收取投标保证金的，应当自收到投标人书面撤回通知之日起5日内退还。

有以下情形之一的，投标保证金将被没收：

（1）在提交投标文件截止时间后到招标文件规定的投标有效期终止之前，投标人撤回投标文件的。

（2）中标通知书发出后，中标人放弃中标项目的，无正当理由不与招标人签订合同的，在签订合同时向招标人提出附加条件或者更改合同实质性内容的。

（3）拒不提交所要求的履约保证金的，招标人可取消其中标资格，并没收其投标保证金。

一旦招标人发出中标通知书，做出承诺，则合同成立，中标的投标人必须接受并受到约束，否则，投标人就要承担合同订立过程中的缔约过失责任，承担投标保证金被没收的法律后果。

**【例题 5-4】** 下列关于投标文件撤回的说法，正确的是（　　）。

A. 投标人可以选择电话或书面方式通知招标人撤回投标文件

B. 招标人收取的投标保证金，应当自收到投标人撤回通知之日起10日内退还

C. 投标截止时间后投标人撤回投标文件的，招标人应当退还投标保证金

D. 投标人撤回已提交的投标文件，应当在投标截止时间前通知招标人

［答案］D

［解析］本题考查投标保证金的相关知识。选项A，撤回投标文件必须以书面方式提交申请；选项B，投标保证金应于撤回投标文件之日起5日内退还；选项C，投标截止日后撤回投标文件，招标人可没收投标保证金

**【例题 5-5】** 下列关于投标保证金的说法，正确的是（　　）。

A. 投标保证金有效期应当与投标有效期一致

B. 投标分两阶段进行，招标人要求投标人提交投标保证金的，应当在第一阶段提出

C. 投标保证金有效期从提交投标文件之日起计算

D. 投标人终止招标的，应当及时退还已收取的投标保证金，招标文件未规定利息的，可以不返还利息

［答案］A

### 四、投标的禁止行为

在建设工程招标投标活动中，投标人的不正当竞争行为主要是：投标人相互串通投标、投标人与招标人串通投标、投标人以行贿手段谋取中标、投标人以低于成本的报价竞标、投标人以他人名义投标或者以其他方式弄虚作假骗取中标。

（1）投标人相互串通投标。有下列情形之一的，属于投标人相互串通投标。1）投标人之间协商投标报价等投标文件的实质性内容。2）投标人之间约定中标人。3）投标人之间约定部分投标人放弃投标或者中标。4）属于同一集团、协会、商会等组织成员的投标人按照该组织要求协同投标。5）投标人之间为谋取中标或者排斥特定投标人而采取的其他联合行动。

有下列情形之一的，视为投标人相互串通投标。1）不同投标人的投标文件由同一单位或者个人编制。2）不同投标人委托同一单位或者个人办理投标事宜。3）不同投标人的投标文件载明的项目管理成员为同一人。4）不同投标人的投标文件异常一致或者投标报价呈规律性差异。5）不同投标人的投标文件相互混装。6）不同投标人的投标保证金从同一单位或者个人的账户转出。

（2）投标人与招标人串通投标。有下列情形之一的，属于投标人与招标人串通投标。1）招标人在开标前开启投标文件并将有关信息泄露给其他投标人。2）招标人直接或者间接向投标人泄露标底、评标委员会成员等信息。3）招标人明示或者暗示投标人压低或者抬高投标报价。4）招标人授意投标人撤换、修改投标文件。5）招标人明示或者暗示投标人为特定投标人中标提供方便。6）招标人与投标人为谋求特定投标人中标而采取的其他串通行为。

（3）投标人以行贿手段谋取中标。在账外暗中给予对方单位或个人回扣的，以行贿论处。对方单位或个人在账外暗中收受回扣的，以受贿论处。

（4）投标人以低于成本的报价竞标。《中华人民共和国反不正当竞争法》（以下简称《反不正当竞争法》）规定，经营者不得以排挤竞争对手为目的，以低于成本的价格销售商品。这是因为，低于成本的报价竞标不仅是不正当竞争行为，还容易导致中标后的偷工减料，影响工程质量。该成本是以投标人的企业定额计算的成本。

（5）投标人以他人名义投标或以其他方式弄虚作假骗取中标。投标人有下列情形之一的，属于以其他方式弄虚作假的行为。1）使用伪造、变造的许可证件。2）提供虚假的财务状况或者业绩。3）提供虚假的项目负责人或者主要技术人员简历、劳动关系证明。4）提供虚假的信用状况。5）其他弄虚作假的行为。

## 第四节　建设工程开标、评标、中标

### 一、开标

开标是指招标人将所有在提交投标文件的截止时间前收到的投标文件当众予以拆封、宣读。开标应当在招标人或招标代理人主持下，在招标文件中预先确定的地点，在提交投标文件截止时间的同一时间公开进行，并邀请所有投标人参加。

开标时，由投标人或者其推选的代表检查投标文件的密封情况，也可以由招标人委托的公证机构检查并公证；经确认无误后，由工作人员当众拆封，宣读投标人名称、投标价格和投标文件的其他主要内容。

## 二、评标

### （一）评标程序

1. 初步评审

评标委员会以招标文件为依据，审查各投标书是否为响应性投标，确定投标书的有效性。

（1）初步评审的内容。初步评审的内容包括对投标文件的符合性评审、技术性评审和商务性评审。

1）符合性评审：商务符合性和技术符合性鉴定。

2）技术性评审；方案可行性评估和关键工序评估。劳务、材料、机械设备、质量控制措施、工期保证措施、安全保证措施评估以及对施工现场周围环境污染的保护措施评估。

3）商务性评审：投标报价校核，审查全部报价数据计算的正确性，分析报价构成的合理性，并与标底价格进行对比分析。

（2）投标文件的澄清和说明。评标委员会可以书面方式要求投标人对投标文件中含意不明确的内容做必要的澄清、说明或补正，但是澄清、说明或补正不得超出投标文件的范围或者改变投标文件的实质性内容。对投标文件的相关内容做出澄清、说明或补正，其目的是有利于评标委员会对投标文件的审查、评审和比较。澄清、说明或补正包括投标文件中含义不明确、对同类问题表述不一致或者有明显文字和计算错误的内容。

但评标委员会不得向投标人提出带有暗示性或诱导性的问题，或向其明确投标文件中的遗漏和错误。同时，评标委员会不接受投标人主动提出的澄清、说明或补正。

投标文件不响应招标文件的实质性要求和条件的，招标人应当拒绝，并不允许投标人通过修正或撤销其不符合要求的差异或保留，使之成为具有响应性的投标。

评标委员会按以下原则对投标报价进行修正，修正的价格经投标人书面确认后具有约束力。投标人不接受修正价格的，其投标做废标处理。

1）投标文件中的大写金额与小写金额不一致的，以大写金额为准。

2）总价金额与依据单价计算出的结果不一致的，以单价金额为准修正总价，但单价金额小数点有明显错误的除外。

3）标书正本和副本不一致的，则以正本为准，这些修改一般应由投标人代表签字确认。

（3）投标偏差和废标的处理。评标委员会应当根据招标文件，审查并逐项列出投标文件的全部投标偏差。投标偏差分为重大偏差和细微偏差。

下列情况属于重大偏差，作为废标处理，但招标文件中对重大偏差另有规定的，从其规定：1）没有按照招标文件要求提供投标担保或者所提供的投标担保有瑕疵；2）投标文件没有投标人授权代理人签字和加盖公章；3）投标文件载明的招标项目完成期限超过招标文件规定的期限；4）明显不符合技术规格、技术标准的要求；5）投标文件载明的货物包装方式、检验标准和方法等不符合招标文件的要求；6）投标文件附有招标人不能接受的条件；7）不符合招标文件中规定的其他实质性要求。

《实施条例》规定，有下列情形之一的，评标委员会应当否决其投标。

1）投标文件未经投标单位盖章和单位负责人签字。

2）投标联合体没有提交共同投标协议。

3）投标人不符合国家或者招标文件规定的资格条件。

4）同一投标人提交两个以上不同的投标文件或者投标报价，但招标文件要求提交备选投标的除外。

5）投标报价低于成本或者高于招标文件设定的最高投标限价。

6）投标文件没有对招标文件的实质性要求和条件做出响应。

7）投标人有串通投标、弄虚作假、行贿等违法行为。

细微偏差是指投标文件在实质上响应招标文件要求，但在个别地方存在漏项或者提供了不完整的技术信息和数据等情况，并且补正这些遗漏或者不完整不会对其他投标人造成不公平的结果。细微偏差不影响投标文件的有效性。

**【例题 5-6】** 下列投标人投标的情形中，评标委员会应当否决的有（　　）。

A. 投标人主动提出了对投标文件的澄清、修改

B. 联合体未提交共同投标协议

C. 投标报价高于招标文件设定的最高投标限价

D. 投标文件未经投标人盖章和单位负责人签字

E. 投标文件未对招标文件的实质性要求和条件做出响应

［答案］B、C、D、E

**【例题 5-7】** 下列关于投标报价的说法，正确的是（　　）。

A. 报价可以低于成本，但不可以高于最高投标限价

B. 低于成本报价是指低于社会平均成本报价

C. 报价低于成本的，评标委员会应当否决其投标

D. 报价不可以低于成本，但可以高于最高投标限价

［答案］C

2. 详细评审

详细评审是指在初步评审的基础上，对经初步评审合格的投标文件，按照招标文件确定的评标标准和方法，对其技术部分和商务部分进一步评审、比较。

(1) 技术性评审。技术性评审主要包括对投标人所报的承包方案或组织设计、关键工序、进度计划、人员和机械设备的配备、技术能力、质量控制措施、安全措施、文明施工方案、临时设施的布置，以及临时用地情况、施工现场周围环境污染的保护措施等进行评审。

(2) 商务性评审。商务性评审是指对投标文件中的报价进行评审，包括对投标报价进行校核，审查全部报价数据是否有计算上或累计上的算术错误，分析报价构成的合理性等。

评标委员会完成评标后，应当向招标人提出书面评标报告，并抄送有关行政监督部

门。评标报告应当如实记载以下内容：基本情况和数据表，评标委员会成员名单，开标记录，符合要求的投标一览表，否决投标的情况说明，评标标准、评标方法或者评标因素一览表，经评审的价格或者评分比较一览表，经评审的投标人排序，推荐的中标候选人名单与签订合同前要处理的事宜，澄清、说明、补正事项纪要。

**【例题 5-8】** 下列情形中，投标人已提交的投标保证金不予返还的是（　　）。

A. 在提交投标文件截止日后撤回投标文件的

B. 提交投标文件后，在投标截止日前表示放弃投标的

C. 开标后被要求对其投标文件进行澄清的

D. 评标期间招标人通知延长投标有效期，投标人拒绝延长的

［答案］A

（二）评标方法

1. 经评审的最低投标价法

经评审的最低投标价法是指评标委员会对满足招标文件实质要求的投标文件，根据详细评审标准规定的量化因素及量化标准进行价格折算，按照经评审的投标价由低到高的顺序推荐中标候选人，或根据招标人授权直接确定中标人，但投标报价低于其成本的除外。评标委员会拟定“价格比较一览表”，经评审的投标价相等时，投标报价低的优先；投标报价也相等的，由招标人自行确定。该方法主要适用于具有通用技术、性能标准或者招标人对其技术、性能没有特殊要求的招标项目。

2. 综合评估法

不宜采用经评审的最低投标价法的招标项目，一般应当采取综合评估法进行评审。综合评估法适用于对项目的技术、性能有特殊要求的招标项目，将技术和经济因素综合在一起决定投标文件的质量优劣。施工招标项目综合评估法详细评审的内容通常包括投标报价、施工组织设计、项目管理机构及其他评标因素等。

（1）投标报价。投标报价评审包括评标价计算和价格得分计算。评标价计算的办法和要求与经评审的最低投标价法相同。工程投标价格得分计算通常采用基准价得分法。常见的评标基准价的计算方式为：有效的投标报价去掉一个最高值和一个最低值后的算术平均值（在投标人数量较少时，也可以不去掉最高值和最低值），或该平均值再乘以一个合理系数，作为评标基准价。然后按规定的办法计算各投标人评标价的评分。

（2）施工组织设计。施工组织设计的各项评审因素通常为主观评审，由评标委员会成员独立评审判分。

（3）项目管理机构。由评标委员会成员按照评标办法的规定独立评审判分。

（4）其他评分因素。包括投标人的财务能力、业绩与信誉等。财务能力的评标因素包括投标人注册资本、总资产、净资产收益率、资产负债率等财务指标和银行授信额度等。业绩与信誉的评标因素包括投标人在规定时间内已有类似项目业绩的数量、规模和成效，政府或行业组织建立的诚信评价系统对投标人的诚信进行的评价等。

3. 投标有效期

招标文件应当规定一个适当的投标有效期，投标有效期是指为保证招标人有足够的时间在开标后完成评标、定标、合同签订等工作而要求投标人提交的投标文件在一定时间内

保持有效的期限，投标有效期从投标人提交投标文件截止之日起计算。一般项目为60~90天，大型项目为120天左右。

评标和定标应当在投标有效期截止前30日完成。不能在投标有效期截止前30日完成评标和定标的，招标人可以书面形式要求所有投标人延长投标有效期。投标人同意延长的，不得要求或被允许修改其投标文件的实质性内容，但应当相应延长其投标保证金的有效期。投标人拒绝延长的，其投标失效，但投标人有权收回其投标保证金。因延长投标有效期造成投标人损失的，招标人应当给予补偿，但因不可抗力需要延长投标有效期的除外。

（三）评标委员会

评标委员会的人员应当由招标人或其委托的招标代理机构熟悉相关业务的代表，以及有关技术、经济等方面专家组成。评标委员会成员人数应为5人以上单数，其中经济、技术方面的专家不得少于成员总数的2/3。评标委员会的专家成员应当从依法组建的专家库的相关专家名单中确定。确定评标专家时，一般项目，可以采取随机抽取的方式；技术复杂、专业性强或者国家有特殊要求的招标项且，采取随机抽取方式确定的专家难以胜任的，可以由招标人直接确定。

为了保证评标委员会中专家的素质，评标专家应符合下列条件。

（1）从事相关专业领域工作满8年，并具有高级职称或者同等专业水平。

（2）熟悉有关招标投标的法律法规，并具有与招标项目相关的实践经验。

（3）能够认真、公正、诚实、廉洁地履行职责。

评标委员会成员有下列情形之一的，不得担任评标委员会成员。

（1）投标人或者投标主要负责人的近亲属。

（2）项目主管部门或者行政监督部门的人员。

（3）与投标人有经济利益关系，可能影响对投标公正评审的。

（4）曾因在招标、评标以及其他与招标投标有关活动中从事违法行为而受过行政或刑事处罚的。

## 三、中标

（一）中标条件

中标是确定中标人并签订合同的行为。

中标人应当符合下列条件：

（1）能够最大限度地满足招标文件中规定的各项综合评价标准；

（2）能够满足招标文件的实质性要求，并且经评审的投标价格最低，但是投标价格低于成本的除外。

（二）中标程序

1. 确定中标人

招标人根据评标委员会提出的书面评标报告和推荐的中标候选人确定中标人。招标人也可以授权评标委员会直接确定中标人。

《实施条例》规定，依法必须进行招标的项目，招标人应当自收到评标报告之日起3日内公示中标候选人，公示期不得少于3日。

依法必须招标项目的中标候选人公示应当载明以下内容：（1）中标候选人排序、名称、投标报价、质量、工期，以及评标情况；（2）中标候选人按照招标文件要求承诺的项目负责人姓名及其相关证书名称和编号；（3）中标候选人响应招标文件要求的资格能力条件；（4）提出异议的渠道和方式；（5）招标文件规定公示的其他内容。依法必须招标项目的中标结果公示应当载明中标人名称。

投标人或者其他利害关系人对依法必须进行招标的项目的评标结果有异议的，应当在中标候选人公示期间提出。招标人应当自收到异议之日起 3 日内做出答复。做出答复前，应当暂停招标投标活动。

2. 发出中标通知书

中标人确定后，招标人应当向中标人发出中标通知书，并同时将中标结果通知所有未中标的投标人。中标通知书对招标人和中标人具有法律效力。中标通知书发出后，招标人改变中标结果的，或者中标人放弃中标项目的，应当依法承担法律责任。

3. 招标人与中标人签订书面合同

招标人和中标人应当自中标通知书发出之日起 30 日内，按照招标文件和中标人的投标文件签订书面合同。签订合同的标的、价款、质量、履行期限等主要条款应当与招标文件、中标人的投标文件的内容一致；招标人和中标人不得再行订立背离合同约定履行义务完成中标项目，中标人不得向他人转让中标项目，也不得将中标项目肢解后分别向他人转让。招标文件要求中标人提交履约保证金的，中标人应当提交。拒绝提交的，视为放弃中标项目。

4. 招标人将招标投标情况依法备案

依法必须进行招标的项目，招标人应当自确定中标人之日起 15 日内，向有关行政监督部门提交招标投标情况的书面报告。

书面报告至少应包括下列内容：（1）招标范围；（2）招标方式和发布招标公告的媒介；（3）招标文件中投标人须知、技术条款、评标标准和方法、合同主要条款等内容；（4）评标委员会的组成和评标报告；（5）中标结果。

## 第五节　招标投标异议与投诉

### 一、招标投标异议

招标投标异议，是指投标人认为招标文件、招标过程和中标结果使自己的权益受到损害，以书面形式向招标人或招标代理机构提出疑问主张权利的行为。《招标投标法》规定，投标人和其他利害关系人认为招标投标活动不符合本法有关规定的，有权向招标人提出异议。按照《实施条例》的规定，对于资格预审文件有异议的，应当在递交资格预审申请文件截止时间前 2 日提出，招标人应当自收到异议之日起 3 日内做出答复；做出答复前，应当暂停招标投标活动。对于招标文件有异议的，应当在投标截止时间前 10 日提出，招标人应当自收到异议之日起 3 日内做出答复；做出答复前，应当暂停招标投标活动。对于开标的异议，应当在开标现场提出，招标人应当当场做出答复，并制作记录。对于评标结果的异议，应当在公示期内提出。招标人应当自收到异议之日起 3 日内做出答复；做出答复前，应当暂停招标投标活动。

## 二、招标投标投诉

招标投标投诉，是指投标人和其他利害关系人认为招标投标活动不符合法律、法规和规章规定，依法向有关行政监督部门提出意见并要求相关主体改正的行为。建立招标投诉制度的目的是为了保护国家利益、社会公共利益和招标投标当事人的合法权益，公平、公正处理招标投诉的基本要求。工程建设项目招标投标活动的投诉和处理，主要适用《工程建设项目招标投标活动投诉处理办法》。招标投标投诉可以在招标投标活动的各个阶段提出，包括招标、投标、开标、评标、中标以及签订合同等。

《实施条例》规定，对资格预审文件或招标文件、开标、评标结果等事项投诉的，应当先向招标人提出异议。异议答复期间不计算在相应的期限内。该规定表明前述3个事项的投诉，提出异议是前置程序，必须先提出异议，然后才能投诉。

**【例题5-9】** 下列关于评标结果异议的说法，正确的是（　　）。

A 对评标结果异议不是对评标结果投诉必然的前置条件

B. 只有投标人有权对项目的评标结果提出异议

C. 对评标结果有异议，应当在中标候选人公示期间提出

D. 招标人对评标结果的异议做出答复前，招标投标活动继续进行

［答案］C

（一）投诉人

根据《工程建设项目招标投标活动投诉处理办法》的规定，有权提出投诉的主体是投标人和其他利害关系人。投标人和其他利害关系人认为招标投标活动不符合法律、法规和规章规定的，有权依法向有关行政监督部门投诉。投诉人投诉提交投诉书。

（二）投诉受理人

招标投标投诉受理人是招标投标的行政监督部门。各级发展改革、建设、水利、交通、铁道、民航、工业与信息产业（通信、电子）等招标投标活动行政监督部门，依照国务院和地方各级人民政府规定的职责分工，受理投诉并依法做出处理决定。对国家重大建设项目（含工业项目）招标投标活动的投诉，由国家发展改革委受理并依法做出处理决定。对国家重大建设项目招标投标活动的投诉，有关行业行政监督部门已经受理的，应当通报国家发改委，国家发改委不再受理。

《实施条例》规定，投诉人就同一事项向两个以上有权受理的行政监督部门投诉的，由最先收到投诉的行政监督部门负责处理。

（三）行政监督部门决定是否受理投诉

行政监督部门应当自收到投诉之日起3个工作日内决定是否受理投诉。《工程建设项目招标投标活动投诉处理办法》规定，行政监督部门收到投诉书后，应当视情况分别做出以下处理决定。

（1）不符合投诉处理条件的，决定不予受理，并将不予受理的理由书面告知投诉人。

（2）对符合投诉处理条件，但不属于本部门受理的投诉，书面告知投诉人向其他行政监督部门提出投诉。

（3）对于符合投诉处理条件并决定受理的，收到投诉书之日即为正式受理。

有下列情形之一的投诉，不予受理：（1）投诉人不是所招标投标活动的参与者，或者与投诉项目无任何利害关系；（2）投诉事项不具体，且未提供有效线索，难以查证的；（3）投诉书未署具投诉人真实姓名、签字和有效联系方式的；（4）以法人名义投诉的，投诉书未经法定代表人签字并加盖公章的；（5）超过投诉时效的；（6）已经做出处理决定，并且投诉人没有提出新的证据的；（7）投诉事项已进入行政复议或者行政诉讼程序的。

（四）投诉处理决定的做出

行政监督部门自受理投诉之日起30个工作日内做出书面处理决定，需要检验、检测、鉴定、专家评审的，所需时间不计算在内。

行政监督部门的投诉处理决定不是终局的，因此，当事人对行政监督部门的投诉处理决定不服或者行政监督部门逾期未做处理的，可以依法申请行政复议或者向人民法院提起行政诉讼。

行政监督部门在投诉处理中需要的费用，全部由财政支出，行政监督部门在处理投诉过程中，不得向投诉人和被投诉人收取任何费用。

（五）招标投标投诉中追究法律责任的规定

（1）应当建立投诉处理档案。《工程建设项目招标投标活动投诉处理办法》规定，行政监督部门应当建立投诉处理档案，并做好保存和管理工作，接受有关方面的监督检查。

（2）被投诉人的法律责任。《工程建设项目招标投标活动投诉处理办法》规定，行政监督部门在处理投诉过程中，发现被投诉人单位直接负责的主管人员和其他直接责任人员有违法、违规或者违纪行为的，应当建议其行政主管机关、纪检监察部门给予处分；情节严重构成犯罪的，移送司法机关处理。对招标代理机构有违法行为，且情节严重的，依法暂停直至取消招标代理资格。

（3）投诉人的法律责任。《工程建设项目招标投标活动投诉处理办法》规定，投诉人故意捏造事实、伪造证明材料的，属于虚假恶意投诉，由行政监督部门驳回投诉，并给予警告；情节严重的，可以并处1万元以下罚款。

（4）对投诉处理的舆论和公众监督。《工程建设项目招标投标活动投诉处理办法》规定，对于性质恶劣、情节严重的投诉事项，行政监督部门可以将投诉处理结果在有关媒体上公布，接受舆论和公众监督。

## 第六节　招标投标违法行为与法律责任

### 一、招标人违法行为的法律责任

（一）规避招标

任何单位和个人不得将依法必须进行招标的项目化整为零或者以其他任何方式规避招标。按《招标投标法》和《实施条例》的规定，凡依法应公开招标的项目，采取化整为零或弄虚作假等方式不进行公开招标的，或不按照规定发布资格预审公告或者招标公告且又构成规避招标的，都属于规避招标的情况。对规避招标的行为要责令限期改正，可以处项目合同金额5‰以上10‰以下的罚款。对全部或者部分使用国有资金的项目，可以暂停项目执行或者暂停资金拨付。对单位直接负责的主管人员和其他直接责任人员依法给予处分，是国家工作人员的，可以进行撤职、降级或开除，情节严重的，依法追究刑事责任。

（二）限制或排斥潜在投标人或者投标人

对限制或排斥潜在投标人或者投标人的处理：招标人以不合理的条件限制或者排斥潜在投标人或者投标人的，对潜在投标人或者投标人实行歧视待遇的，强制要求投标人组成联合体共同投标的，或者限制投标人之间竞争的，责令改正，可以处1万元以上5万元以下的罚款。

（三）违法招标

招标人有下列情形之一的，由有关行政监督部门责令改正，可以处10万元以下的罚款。

（1）依法应当公开招标而采用邀请招标。

（2）招标文件、资格预审文件的发售、澄清、修改的时限，或者确定的提交资格预审申请文件、投标文件的时限不符合《招标投标法》和《实施条例》规定。

（3）接受未通过资格预审的单位或者个人参加投标。

（4）接受应当拒收的投标文件。

招标人有上述第（1）、（3）、（4）项所列行为之一的，对单位直接负责的主管人员和其他直接责任人员依法给予处分。

（四）招标人违规和退还保证金

招标人超过《实施条例》规定的比例收取投标保证金、履约保证金或者不按照规定退还投标保证金及银行同期存款利息的，由有关行政监督部门责令改正，可以处5万元以下的罚款；给他人造成损失的，依法承担赔偿责任。

（五）违法组建评标委员会

依法必须进行招标的项目的招标人不按照规定组建评标委员会，或者确定、更换评标委员会成员违反《招标投标法》和《实施条例》规定的，由有关行政监督部门责令改正，可以处10万元以下的罚款，对单位直接负责的主管人员和其他直接责任人员依法给予处分；违法确定或者更换的评标委员会成员做出的评审结论无效，依法重新进行评审。

（六）不按规定确定中标人或者不签订合同

依法必须进行招标的项目的招标人有下列情形之一的，由有关行政监督部门责令改正，可以处中标项目金额10%以下的罚款；给他人造成损失的，依法承担赔偿责任；对单位直接负责的主管人员和其他直接责任人员依法给予处分。

（1）无正当理由不发出中标通知书。

（2）不按照规定确定中标人。

（3）中标通知书发出后无正当理由改变中标结果。

（4）无正当理由不与中标人订立合同。

（5）在订立合同时向中标人提出附加条件。

（七）不按规定签订合同

招标人和中标人不按照招标文件和中标人的投标文件订立合同，合同的主要条款与招标文件、中标人的投标文件的内容不一致，或者招标人、中标人订立背离合同实质性内容的协议的，由有关行政监督部门责令改正，可以处中标项目金额5‰以上10‰以下的罚款。

（八）不依法对异议做出答复

招标人不按照规定对异议做出答复，继续进行招标投标活动的，由有关行政监督部门责令改正，拒不改正或者不能改正并影响中标结果的，招标、投标、中标无效，应当依法重新招标或者评标。

## 二、投标人违法行为的法律责任

（一）串通投标以及为谋取中标而行贿

投标人相互串通投标或者与招标人串通投标的，投标人向招标人或者评标委员会成员行贿谋取中标的，投标人有下列行为之一的，属于情节严重行为，由有关行政监督部门取消其1年至2年内参加依法必须进行招标的项目的投标资格。

（1）以行贿谋取中标。

（2）3年内2次以上串通投标。

（3）串通投标行为损害招标人、其他投标人或者国家、集体、公民的合法利益，造成直接经济损失30万元以上。

（4）其他串通投标情节严重的行为。

对上述行为处罚如下：中标无效；构成犯罪的，依法追究刑事责任；尚不构成犯罪的，处中标项目金额5‰以上10‰以下的罚款。投标人未中标的，对单位的罚款金额按照招标项目合同金额依照招标投标法规定的比例计算。

情节特别严重，指投标人自上述情节严重行为处罚执行期限届满之日起3年内又有该条所列违法行为之一的，或者串通投标、以行贿谋取中标情节特别严重的，由工商行政管理机关吊销营业执照。法律、行政法规对串通投标报价行为的处罚另有规定的，从其规定。

（二）弄虚作假

投标人以他人名义投标或者以其他方式弄虚作假骗取中标的，中标无效；构成犯罪的，依法追究刑事责任；尚不构成犯罪的，处中标项目金额5‰以上10‰以下的罚款。依法必须进行招标的项目的投标人未中标的，对单位的罚款金额按照招标项目合同金额依照《招标投标法》规定的比例计算。

投标人有下列行为之一的，属于情节严重行为，由有关行政监督部门取消其1年至3年内参加依法必须进行招标的项目的投标资格。

（1）伪造、变造资格、资质证书或者其他许可证件骗取中标。

（2）3年内2次以上使用他人名义投标。

（3）弄虚作假骗取中标给招标人造成直接经济损失30万元以上。

（4）其他弄虚作假骗取中标情节严重的行为。

投标人自情节严重行为处罚执行期限届满之日起3年内又有所列违法行为之一的，或者弄虚作假骗取中标情节特别严重的，由工商行政管理机关吊销营业执照。

（三）违反资质许可

出让或者出租资格、资质证书供他人投标的，依照法律、行政法规的规定给予行政处罚构成犯罪的，依法追究刑事责任。

## 三、评标委员会违法行为的法律责任

（一）参与评标违规

评标委员会成员有下列行为之一的，由有关行政监督部门责令改正；情节严重的，禁止其在一定期限内参加依法必须进行招标的项目的评标；情节特别严重的，取消其担任评标委员会成员的资格。

（1）应当回避而不回避。

（2）擅离职守。

（3）不按照招标文件规定的评标标准和方法评标。

（4）私下接触投标人。

（5）向招标人征询确定中标人的意向，或者接受任何单位或者个人明示或者暗示提出的倾向或者排斥特定投标人的要求。

（6）对依法应当否决的投标不提出否决意见。

（7）暗示或者诱导投标人做出澄清、说明或者接受投标人主动提出的澄清、说明。

（8）其他不客观、不公正履行职务的行为。

（二）收受投标人财物或者其他好处

评标委员会成员收受投标人的财物或者其他好处的，没收收受的财物，处3000元以上5万元以下的罚款，取消担任评标委员会成员的资格，不得再参加依法必须进行招标的项目的评标；构成犯罪的，依法追究刑事责任。

## 四、中标人违法行为的法律责任

（一）不按规定签订合同

中标人无正当理由不与招标人订立合同，在签订合同时向招标人提出附加条件，或者不按照招标文件要求提交履约保证金的，取消其中标资格，投标保证金不予退还。对依法必须进行招标的项目的中标人，由有关行政监督部门责令改正，可以处中标项目金额10%以下的罚款。

（二）转包和违法分包

中标人将中标项目转让给他人的，将中标项目肢解后分别转让给他人的，违反《招标投标法》和《实施条例》规定将中标项目的部分主体、关键性工作分包给他人的，或者分包人再次分包的，转让、分包无效，处转让、分包项目金额5%以上10%以下的罚款；有违法所得的，并处没收违法所得；可以责令停业整顿；情节严重的，由工商行政管理机关吊销营业执照。

（三）中标人不履行合同或者不依约履行合同

中标人不履行与招标人订立的合同的，履约保证金不予退还，给招标人造成的损失超过履约保证金数额的，还应当对超过部分予以赔偿；没有提交履约保证金的，应当对招标人的损失承担赔偿责任。中标人不按照与招标人订立的合同履行义务，情节严重的，有关行政监督部门取消其2~5年参加招标项目的投标资格并予以公告，直至由工商行政管理机关吊销营业执照。因不可抗力不能履行合同的，不适用上述规定。

## 五、其他相关部门和人员违法行为的法律责任

（一）违法投诉

投标人或者其他利害关系人捏造事实、伪造材料或者以非法手段取得证明材料进行投诉，给他人造成损失的，依法承担赔偿责任。

（二）行政部门不依法履行职责

项目审批、核准部门不依法审批、核准项目招标范围、招标方式、招标组织形式的，对单位直接负责的主管人员和其他直接责任人员依法给予处分。

有关行政监督部门不依法履行职责，对违反《招标投标法》和《实施条例》规定的行为不依法查处，或者不按照规定处理投诉、不依法公告对招标投标当事人违法行为的行政处理决定的，对直接负责的主管人员和其他直接责任人员依法给予处分。

项目审批、核准部门和有关行政监督部门的工作人员徇私舞弊、滥用职权、玩忽职守，构成犯罪的，依法追究刑事责任。

（三）国家工作人员违法行为

国家工作人员利用职务便利，以直接或者间接、明示或者暗示等任何方式非法干涉招标投标活动，有下列情形之一的，依法给予记过或者记大过处分；情节严重的，依法给予降级或者撤职处分；情节特别严重的，依法给予开除处分；构成犯罪的，依法追究刑事责任。

（1）要求对依法必须进行招标的项目不招标，或者要求对依法应当公开招标的项目不公开招标。

（2）要求评标委员会成员或者招标人以其指定的投标人作为中标候选人或者中标人，或者以其他方式非法干涉评标活动，影响中标结果。

（3）以其他方式非法干涉招标投标活动。

（四）招标代理机构违法行为

泄露应当保密的与招标投标活动有关的情况资料和招标代理机构，与招标人、投标人串通损害国家利益、社会公共利益或者他人合法权益的行为，应当承担法律责任；在所代理的招标项目中投标、代理投标或者向该项目投标人提供咨询的，接受委托编制标底的中介机构参加受托编制标底项目的投标或者为该项目的投标人编制投标文件、提供咨询的，处5万元以上25万元以下的罚款，对单位直接负责的主管人员和其他直接责任人员处单位罚款数额5%以上10%以下的罚款；有违法所得的，并处没收违法所得；情节严重的，禁止其1~2年内代理依法必须进行招标的项目并予以公告，直至由工商行政管理机关吊销营业执照；构成犯罪的，依法追究刑事责任；给他人造成损失的，依法承担赔偿责任。

**【案例 5-1】**

1. 案例背景

某建设项目实行公开招标，招标过程出现了下列事件。

（1）招标人于5月8日起发出招标文件，文件中特别强调由于时间较紧要求各投标人不迟于5月23日之前提交投标文件（即确定5月23日为投标截止时间），并于5月10日停止出售招标文件，共有6家单位领取了招标文件。

（2）招标文件中规定：如果投标人的报价高于标底15%以上一律确定为无效标。招标人请咨询机构代为编制标底，并考虑投标人存在着为招标方有无垫资施工的情况编制了两个不同的标底，以适应投标人情况。

（3）5月15日招标人通知各投标人，原招标工程中的土方量增加20%，项目范围也进行了调整，各投标人据此对投标报价进行计算。

（4）招标文件中规定，投标人可以用抵押方式进行投标担保，并规定投标保证金额为投标价格的5%，投标保证金有效期同投标有效期。

（5）按照5月23日的投标截止时间要求，一个外地的投标人于5月21日从邮局寄出了投标文件，由于天气原因5月25日招标人收到投标文件。本地A公司于5月22日将投标文件密封加盖了本企业公章，并由准备承担此项目的项目经理本人签字按时送达招标人。本地B公司于5月20日送达投标文件后，5月22日又递送了降低报价的补充文件，补充文件未对5月20日送达文件的有效性进行说明。本地C公司于5月19日送达投标文件后，考虑自身竞争实力于5月22日通知招标人退出竞标。

（6）7月16日发出中标通知书。通知书中规定，中标人自收到中标书之日起30天内按照招标文件和中标人的投标文件签订书面合同。与此同时，招标方通知中标人与未中标人投标保证金在开工前30天内退还。

2. 思考问题

分析该招标过程不符合法律规定的做法。

3. 案例分析

（1）事件1中：招标文件发出之日起至提交投标文件截止时间不得少于20天，招标文件发售之日至停售之日最短不得少于5个工作日。

（2）事件2中：编制两个标底不符合规定。

（3）事件3中：改变招标工程范围应在投标截止之日15日前通知投标人。

（4）事件4中：投标保证金数额一般不超过投标报价的2%。

（5）事件5中：5月25日招标人收到的投标文件为无效文件；A公司投标文件无法人代表签字为无效文件；B公司报送的降价补充文件未对前后两个文件的有效性加以说明为无效文件。

（6）事件6中：应从7月16日发出中标通知书之日起30天内签订合同，签订合同后5天内退还全部投标保证金。

## 习　题

**5-1 单选题**

1. 下列建设项目中，可以不招标的是（　　）。
   A. 个人捐赠的教育项目中合同估算价为 120 万元的监理合同
   B. 使用财政预算资金的体育项目中合同估算价为 180 万元的材料采购合同
   C. 外商投资的供水项目中合同估算价为 1000 万元的施工合同
   D. 上市公司投资的商品房项目中估算价为 500 万元的材料采购合同
2. 根据《工程建设项目施工招标投标办法》，不属于施工招标文件内容的是（　　）。
   A. 施工组织设计　　B. 合同主要条款
   C. 技术条款　　D. 投标人须知
3. 根据《招标投标法》，投标人补充、修改或者撤回已提交的投标文件，并书面通知招标人的时间期限应在（　　）。
   A. 评标截止时间前　　B. 评标开始前
   C. 提交投标文件的截止时间前　　D. 投标有效期内
4. 根据招标投标相关法律规定，下列招标投标行为中，不构成招标人与投标人串通投标的是(　　)。
   A. 招标人与投标人事先商定压低标价，中标后再给中标人让利
   B. 招标人从几名中标候选人中确定中标人
   C. 招标人在开标前将投标情况告知其他投标人
   D. 招标人预先内定中标人
5. 根据招标投标相关法律规定，在投标有效期结束前，由于出现特殊情况，招标人要求投标人延长投标有效期时，（　　）。
   A. 投标人不得拒绝延长，并不得收回其投标保证金
   B. 投标人可以拒绝延长，并有权收回其投标保证金
   C. 投标人不得拒绝延长，但可以收回其投标保证金
   D. 投标人可以拒绝延长，但无权收回其投标保证金
6. 在某工程项目招投标过程中，某投标人要对其投标文件进行补充、修改或撤回。根据《招标投标法》的规定，下列说法正确的是（　　）。
   A. 对投标文件的补充、修改和撤回，应在投标有效期满前进行
   B. 在投标有效期内进行的补充、修改作为投标文件组成部分
   C. 在投标有效期内可以进行补充或修改，但要被没收投标保证金
   D. 应在投标截止日期前进行
7. 下列属于评标委员会可以做出否决投标决定的情形是（　　）。
   A. 投标文件存在细微偏差
   B. 投标报价低于成本或者高于招标文件设定的最高投标限价
   C. 投标报价超过标底上下浮动范围
   D. 由于招标文件要求提交备选投标，同一投标人提交了两个以上不同的投标文件
8. 根据《招标投标法》及相关法规，下列招标、投标、评标行为中正确的是（　　）。
   A. 投标人的报价明显低于成本的，评标委员会应当否决其投标
   B. 投标人的报价高于招标文件设定的最高投标限价，评标委员会有权要求其调整
   C. 招标文件采用的评标方法不适合的，开标后评标委员会有权做出调整

D. 招标人有权在评标委员会推荐的中标候选人之外确定中标人

9. 某项目2021年3月1日确定了中标人，2021年3月8日发出了中标通知书，2021年3月12日中标人收到了中标通知书，则签订合同的日期应该不迟于（　　）。

A. 2021年3月26日　　B. 2021年3月31日

C. 2021年4月7日　　D. 2021年4月11日

10. 投标有效期应从（　　）之日起计算。

A. 招标文件规定的提交投标文件截止　　B. 提交投标文件

C. 提交投标保证金　　D. 确定中标结果

11. 下列情形中，投标人已提交的投标保证金不予返还的是（　　）。

A. 在提交投标文件截止日后撤回投标文件的

B. 提交投标文件后，在投标截止日前表示放弃投标的

C. 开标后被要求对其投标文件进行澄清的

D. 评标期间招标人通知延长投标有效期，投标人拒绝延长的

12. 在招标活动的基本原则中，招标人不得以任何方式限制或者排斥本地区、本系统以外的法人或者其他组织参加投标，体现了（　　）。

A. 公开原则　　B. 公平原则　　C. 公正原则　　D. 诚实信用原则

13. 甲公司与乙公司组成联合体投标，则下列说法正确的是（　　）。

A. 共同投标协议在中标后提交

B. 甲公司与乙公司必须是同一专业

C. 甲公司与乙公司必须是同一资质等级

D. 联合体是以一个投标人的身份投标

14. 潜在投标人或者其他利害关系人对招标文件有异议的，应当在投标截止时间（　　）日前提出。

A. 2　　B. 5　　C. 10　　D. 15

15. 招标人采用资格后审办法对投标人进行资格审查的，应当在（　　）由评标委员会按照招标文件规定的标准和方法对投标人的资格进行审查。

A. 开标前　　B. 开标后　　C. 开标现场　　D. 接收投标文件时

**5-2 多选题**

1. 下列关于项目招标的说法错误的是（　　）。

A. 施工单项合同估算价在200万元人民币以上的项目必须招标

B. 个人投资的项目不需要招标

C. 施工主要技术采用特定专利的项目可以不招标

D. 涉及公众安全的项目必须招标

E. 符合工程招标范围，重要材料采购单项合同估算价在100万元人民币以上的项目必须招标

2. 下列施工项目中，属于经批准可以采用邀请招标方式发包的有（　　）工程项目。

A. 受自然地域环境限制的

B. 涉及国家安全、国家秘密的项目而不适宜公开招标的

C. 施工主要技术需要使用某项特定专利的

D. 技术复杂，仅有几家投标人满足条件的

E. 公开招标费用与项目的价值相比不值得的

3. 在提交投标文件截止时间后到招标文件规定的投标有效期终止之前，投标人不得（　　）。

A. 补充其投标文件　　B. 修改其投标文件

C. 澄清其投标文件　　D. 说明其投标文件

E. 撤回其投标文件

4. 根据《招标投标法》的规定，招标文件应当包括（　　）。
   A. 招标项目的技术要求　　B. 对投标人资格审查的标准
   C. 投标报价要求　　D. 拟签订合同的主要条款
   E. 最高投标限价和最低投标限价
5. 下列行为属于以不合理条件限制、排斥潜在投标人或者投标人的有（　　）。
   A. 限定或者指定特定的专利、商标、品牌、原产地或者供应商
   B. 以特定行政区域或者特定行业的业绩、奖项作为加分条件或者中标条件
   C. 分阶段招标的项目，在第二阶段向投标人提出提交投标保证金的要求
   D. 就同一招标项目向潜在投标人或者投标人提供有差别的项目信息
   E. 对潜在投标人或者投标人采取不同的资格审查或者评标标准

**5-3 典型案例及分析**

1. 案例背景

某省重点工程项目，由于工程复杂，技术难度高，一般施工队伍难以胜任，建设单位自行决定采取邀请招标方式。现共有A、B、C、D、E、F、G、H八家施工单位通过了资格预审，并于规定的时间9月10~16日购买了招标文件。招标文件中规定，10月18日下午4时为投标截止时间，11月10日发出中标通知书。

在投标截止时间之前，A、C、D、E、F、G、H七家施工单位均提交了投标文件，并按招标文件的规定提供了投标保证金。10月18日，G施工单位于下午3时向招标人书面提出撤回已提交的投标文件，E施工单位于下午3时30分向招标人递交了一份投标价格下降5%的书面说明，B施工单位由于中途堵车于下午4时15分才将投标文件送达。

10月19日下午，由当地招标投标监督管理办公室主持进行了公开开标。开标时，由招标人检查投标文件的密封情况，确认无误后，由工作人员当众拆封并宣读各投标单位的名称、投标价格、工期和其他主要内容。

评标委员会委员由招标人直接确定，共有4人组成，其中招标人代表2人，经济专家1人，技术专家1人。

评标时发现：A施工单位投标报价的大写金额小于小写金额；C施工单位投标报价明显低于其他投标单位报价且未能合理说明理由；D施工单位投标文件虽无法定代表人签字和委托人授权书，但投标文件均已有项目经理签字并加盖了公章；F施工单位投标文件中提供的检验标准和方法不符合招标文件的要求；H施工单位投标文件中某分项工程的报价有个别漏项。

建设单位最终确定C施工单位中标，并在中标通知书发出后第45天，与该施工单位签订了施工合同。之后双方又另行签订了一份合同金额比中标价降低10%的协议。

2. 思考问题

(1) 建设单位自行决定采取邀请招标方式的做法是否妥当？

(2) G施工单位提出的撤回投标文件的要求是否合理？其能否收回投标保证金？

(3) E施工单位向招标人递交的书面说明是否有效？

(4) A、B、C、D、F、H六家施工单位的投标是否为有效标？

(5) 指出开标工作的不妥之处。

(6) 指出评标委员会成员组成的不妥之处。

(7) 指出建设单位在施工合同签订过程中的不妥之处。

3. 案例分析

(1) 不妥当。根据《招标投标法》规定，省、自治区、直辖市人民政府确定的地方重点项目中不适宜公开招标的项目，要经过省、自治区、直辖市人民政府批准，方可进行邀请招标。因此，本案中建设单位自行对省重点工程项目决定采取邀请招标的做法是不妥的。

（2）合理。根据《招标投标法》规定，投标人在招标文件要求提交投标文件的截止时间前，可以补充、修改或者撤回已提交的投标文件，并书面通知招标人。本案中G施工单位于投标文件的截止时间前向招标人书面提出撤回已提交的投标文件，其要求是合理的，并有权收回其已缴纳的投标保证金。

（3）E施工单位向招标人递交的书面说明有效。根据《招标投标法》的规定，投标人在招标文件要求提交投标文件的截止时间前，可以补充、修改或者撤回已提交的投标文件，补充、修改的内容作为投标文件的组成部分。

（4）B、C、D、F四家施工单位的投标不是有效标。B单位标书逾期送达；C单位的报价可以认定为低于成本；D单位的标书无法定代表人签字，也无法定代表人的授权委托书；F单位的情况可以认定为是明显不符合技术规格和技术标准的要求，属重大偏差。A、H两家单位的投标是有效标，它们的情况不属于重大偏差。

（5）开标工作有以下不妥之处。

1）根据《招标投标法》规定，开标应当在投标文件确定的提交投标文件的截止时间公开进行，本案中招标文件规定的投标截止时间是10月18日下午4时，但推迟至10月19日下午才开标，是不妥之处一。

2）根据《招标投标法》规定，开标应由招标人主持，本案中由属于行政监督部门的当地招标投标监督管理办公室主持，是不妥之处二。

3）根据《招标投标法》规定，开标时由投标人或者其推选的代表检查投标文件的密封情况，也可以由招标人委托的公证机构检查并公证，本案中由招标人检查投标文件的密封情况，是不妥之处三。

（6）评标委员会委员不应全部由招标人直接确定，而且评标委员会成员组成也不符合规定。根据《招标投标法》规定，评标委员会由招标人的代表和有关技术、经济等方面的专家组成，成员人数为5人以上单数，其中技术经济等方面的专家不得少于成员总数的2/3。

（7）在中标通知书发出后第45天签订施工合同不妥，依照《招标投标法》，应于中标通知书发出后30天内签订合同。在签订施工合同后，双方又另行签订一份合同金额比中标价降低10%的协议不妥。依照《招标投标法》，招标人和中标人不得再行订立背离合同实质性内容的其他协议。

# 6 建设工程标准及勘察设计法律制度

## 第一节 建设工程勘察设计法律制度概述

### 一、工程勘察设计基本概念

建设工程勘察是指根据建设工程的要求，查明、分析、评价建设场地的地质、地理环境特征和岩土工程条件，编制建设工程勘察文件的活动。

建设工程设计是指根据建设工程的要求，对建设工程所需的技术、经济、资源、环境等条件进行综合分析、论证，编制建设工程设计文件的活动。

### 二、规范建设工程勘察设计的主要法律法规

现行的规范建设工程勘察设计活动的法规和规章有《建设工程勘察设计管理条例》《建设工程勘察设计企业资质管理规定》《建设工程勘察质量管理办法》《建设工程设计招标投标管理办法》《外商投资建设工程设计企业管理规定》等。《建设工程勘察设计管理条例》是国务院于2000年9月颁发的规范勘察、设计活动的行政法规（2017年修改）。该条例对建设工程勘察、设计单位的资质、资格管理，建设工程勘察，设计发包与承包，建设工程勘察设计文件的编制与实施，建设工程勘察设计活动的监督与管理，以及对违反《建设工程勘察设计管理条例》的处罚规则做了全面具体的规定。

### 三、勘察设计单位的资质管理

国家对从事建设工程勘察、设计活动的单位，实行资质管理制度。为加强工程勘察和工程设计单位的资质管理，保障国家财产和人身安全，促进技术进步，提高工程勘察设计水平，2006年12月30日建设部颁布了《建设工程勘察设计资质管理规定》，该规定自2007年9月1日起施行。2016年该规定进行了修改。

（一）工程勘察资质

工程勘察资质分为工程勘察综合资质、工程勘察专业资质、工程勘察劳务资质。工程勘察综合资质只设甲级；工程勘察专业资质设甲级、乙级，根据工程性质和技术特点，部分专业可以设丙级；工程勘察劳务资质不分等级。取得工程勘察综合资质的企业，可以承接各专业（海洋工程勘察除外）、各等级工程勘察业务；取得工程勘察专业资质的企业，可以承接相应等级相应专业的工程勘察业务；取得工程勘察劳务资质的企业，可以承接岩土工程治理、工程钻探、凿井等工程勘察劳务业务。

（二）工程设计资质

工程设计资质分为工程设计综合资质、工程设计行业资质、工程设计专业资质和工程

设计专项资质。工程设计综合资质只设甲级；工程设计行业资质、工程设计专业资质、工程设计专项资质设甲级、乙级。根据工程性质和技术特点，个别行业、专业、专项资质可以设丙级，建设工程专业资质可以设丁级。

取得工程设计综合资质的企业，可以承接各行业、各等级的建设工程设计业务；取得工程设计行业资质的企业，可以承接相应行业相应等级的工程设计业务及本行业范围内同级别的相应专业、专项（设计施工一体化资质除外）工程设计业务；取得工程设计专业资质的企业，可以承接本专业相应等级的专业工程设计业务及同级别的相应专项工程设计业务（设计施工一体化资质除外）；取得工程设计专项资质的企业，可以承接本专项相应等级的专项工程设计业务。

### 四、建设工程勘察、设计合同的相关法律规范

规范建设工程勘察、设计合同的基本法律有《民法典合同编》和《建筑法》。2000年建设部、国家工商行政管理总局制定了《建设工程勘察合同（示范文本）》和《建设工程设计合同（示范文本）》。住房和城乡建设部、国家工商行政管理总局对上述合同示范文本进行修订，制定了《建设工程勘察合同（示范文本）》(GF—2016—0203)，自2016年12月1日起执行。新版《建设工程设计合同示范文本（房屋建设工程）》(GF—2015—0209）和《建设工程设计合同示范文本（专业建设工程）》(GF—2015—0210)自2015年7月1日起执行。这些规范性文件，是建设工程勘察、设计合同管理的依据。

## 第二节 建设工程勘察设计文件的编制与实施

### 一、建设工程勘察设计文件的编制

#### （一）编制依据

《建设工程勘察设计管理条例》第二十五条规定，编制建设工程勘察、设计文件，应当以下列规定为依据：

（1）项目批准文件；

（2）城市规划；

（3）工程建设强制性标准；

（4）国家规定的建设工程勘察、设计深度要求。

铁路、交通、水利等专业建设工程，还应当以专业规划的要求为依据。

#### （二）编制要求

《建设工程勘察设计管理条例》第二十六条规定了建设工程勘察设计的编制要求。

（1）编制建设工程勘察文件，应当真实、准确，满足建设工程规划、选址、设计、岩土治理和施工的需要。

（2）编制方案设计文件，应当满足编制初步设计文件和控制概算的需要。

（3）编制初步设计文件，应当满足编制施工招标文件、主要设备材料订货和编制施工图设计文件的需要。

（4）编制施工图设计文件，应当满足设备材料采购、非标准设备制作和施工的需要，并注明建设工程合理使用年限。

设计文件中选用的材料、构配件、设备，应当注明其规格、型号、性能等技术指标，其质量要求必须符合国家规定的标准。除有特殊要求的建筑材料、专用设备和工艺生产线等外，设计单位不得指定生产厂、供应商。

（三）建设工程勘察设计文件的补充和修改

建设单位、施工单位、监理单位不得修改建设工程勘察、设计文件；确需修改建设工程勘察、设计文件的，应当由原建设工程勘察、设计单位修改。经原建设工程勘察、设计单位书面同意，建设单位也可以委托其他具有相应资质的建设工程勘察、设计单位修改，修改单位对修改的勘察、设计文件承担相应责任。

施工单位、监理单位发现建设工程勘察、设计文件不符合工程建设强制性标准、合同约定的质量要求的，应当报告建设单位，建设单位有权要求建设工程勘察、设计单位对建设工程勘察、设计文件进行补充、修改。

建设工程勘察、设计文件内容需要做重大修改的，建设单位应当报经原审批机关批准后，方可修改。

### 二、建设工程勘察设计文件的实施

建设工程勘察、设计文件中规定采用的新技术、新材料，可能影响建设工程质量和安全，又没有国家技术标准的，应当由国家认可的检测机构进行试验、论证，出具检测报告，并经国务院有关部门或者省、自治区、直辖市人民政府有关部门组织的建设工程技术专家委员会审定后，方可使用。

建设工程勘察、设计单位应当在建设工程施工前，向施工单位和监理单位说明建设工程勘察、设计意图，解释建设工程勘察、设计文件。建设工程勘察、设计单位应当及时解决施工中出现的勘察、设计问题。

## 第三节　工程勘察设计咨询业知识产权保护与管理

为了保护与管理勘察设计咨询企业的知识产权，鼓励技术创新和发明创造，丰富与发展原创性智力成果，增加企业自主知识产权的数量并提高其质量，增强企业自主创新能力和市场竞争力，同时尊重并合法利用他人的知识产权，根据国家有关知识产权的法律、法规，建设部和国家知识产权局于 2003 年 10 月颁发了《工程勘察设计咨询业知识产权保护与管理导则》（简称《导则》）。

面对日益激烈的市场竞争，我国勘察设计咨询业迫切需要增强自身知识产权保护意识，同时承认并尊重他人的知识产权及合法权益。《导则》指导全行业增强知识产权保护意识，做好知识产权保护工作，提高市场竞争能力。

该《导则》所称的知识产权包括：

（1）著作权及与著作权有关的权利（后者简称邻接权）；

（2）专利权；

（3）专有技术（又称技术秘密）；

（4）商业秘密权；

（5）商标专用权（简称商标权）及相关识别性标志权利；

（6）依照国家法律、法规规定，或者由合同约定由企业享有的其他知识产权。

## 一、知识产权的范围

### （一）勘察设计咨询业的著作权

勘察设计咨询业的著作权主要包括勘察、设计、咨询活动和科研活动中形成的，以各种载体所表现的文字作品、图形作品、模型作品、建筑作品等勘察设计咨询作品的著作权。勘察设计咨询作品包括以下内容。

（1）工程勘察投标方案、专业工程设计投标方案、建设工程设计投标方案（包括创意或概念性投标方案）、工程咨询投标方案等。

（2）工程勘察和工程设计阶段的原始资料、计算书、工程设计图及说明书、技术文件和工程总结报告等。

（3）工程咨询的项目建议书、可行性研究报告、专业性评价报告、工程评估书、监理大纲等。

（4）科研活动的原始数据、设计图及说明书、技术总结和科研报告等。

（5）企业自行编制的计算机软件、企业标准、导则、手册、标准设计等。

### （二）勘察设计咨询业的专利权

勘察设计咨询业的专利权是指获得授权并有效的发明专利权、实用新型专利权和外观设计专利权，包括各种具有新颖性、创造性和实用性的新工艺、新设备、新材料、新结构等新技术和新设计，以及对原有技术的新改进、新组合等的专利权。

### （三）勘察设计咨询业的专有技术权

勘察设计咨询业的专有技术权是指对没有申请专利，具有实用性，能为企业带来利益，并采取了保密措施，不为公众所知悉的技术享有的权利，包括各种新工艺、新设备、新材料、新结构、新技术、产品配方、各种技术诀窍及方法等。

### （四）勘察设计咨询业除技术秘密以外的其他商业秘密

勘察设计咨询业除技术秘密以外的其他商业秘密是指具有实用性，能为企业带来利益，并采取了保密措施，不为公众所知悉的经营信息，包括生产经营、企业管理、科技档案、客户名单、财务账册、统计报表等。

### （五）勘察设计咨询业的商标权及相关识别性标志权

勘察设计咨询业的商标权及相关识别性标志权是指企业名称、商品商标、服务标志，以及依照法定程序取得的各种资质证明等依法享有的权利。

### （六）其他

勘察设计咨询业其他受国家法律、法规保护的知识产权。

## 二、知识产权的归属

### （一）勘察设计咨询业著作权及邻接权的归属认定原则

勘察设计咨询业著作权及邻接权的归属一般按以下原则认定。

（1）执行勘察设计咨询企业的任务或主要利用企业的物质技术条件完成的，并由企业承担责任的工程勘察、设计、咨询的投标方案和各类文件等职务作品，其著作权及邻接权归企业所有。直接参加投标方案和文件编制的自然人（包括企业职工和临时聘用人员，下同）享有署名权。

建设单位（业主）按照国家规定支付勘察、设计、咨询费后所获取的工程勘察、设计、咨询的投标方案或各类文件，仅获得在特定建设项目上的一次性使用权，其著作权仍属于勘察设计咨询企业所有。

（2）勘察设计咨询企业自行组织编制的计算机软件、企业标准、导则、手册、标准设计等是职务作品，其著作权及邻接权归企业所有。直接参加编制的自然人享有署名权。

（3）执行勘察设计咨询企业的任务或主要利用企业的物质技术条件完成的，并由企业承担责任的科技论文、技术报告等职务作品，其著作权及邻接权归企业所有。直接参加编制的自然人享有署名权。

（4）勘察设计咨询企业职工的非职务作品的著作权及邻接权归个人所有。

（5）勘察设计咨询企业与其他企事业单位合作所形成的著作权及邻接权、专利权、专有技术权等知识产权，为合作各方所共有，合同另有规定的按照约定确定其权属。

（6）勘察设计咨询企业接受国家、企业、事业单位的委托，或者委托其他企事业单位所形成的著作权及邻接权、专利权、专有技术权等知识产权，按照合同确定其权属。没有合同约定的，其权属归完成方所有。

### （二）勘察设计咨询业专利权和专有技术权的归属

勘察设计咨询业专利权和专有技术权的归属一般按以下原则认定。

（1）执行勘察设计咨询企业的任务，或主要利用本企业的物质技术条件所完成的发明创造或技术成果，属于职务发明创造或职务技术成果，其专利申请权和专利的所有权、专有技术的所有权，以及专利和专有技术的使用权、转让权归企业所有。直接参加专利或专有技术开发、研制等工作的自然人依法享有署名权。

（2）勘察设计咨询企业职工的非职务专利或专有技术权归个人所有。

（3）勘察设计咨询企业在科研、生产、经营、管理等工作中所形成的，能为企业带来经济利益的，采取了保密措施不为公众所知悉的技术、经营、管理信息等商业秘密属于企业所有。

（4）勘察设计咨询企业的名称、商品商标、服务标志以及依法定程序取得的各种资质证明等的权利为企业所有。

（5）勘察设计咨询企业的人员，在离开企业期间形成的知识产权的归属一般按以下原则认定。

1）企业派遣出国开展合作设计、访问、进修、留学等，或者派遣到其他企事业单位短期工作的人员，在企业尚未完成的勘察、设计、咨询、科研等项目，在国外或其他单位完成而可能获得知识产权的，企业应当与派遣人员和接受派遣人员的单位共同签订协议，明确其知识产权的归属。

2）企业的离休、退休、停薪留职、调离、辞退等人员，在离开企业一年内形成的，且与其在原企业承担的工作或任务有关的各类知识产权归原企业所有。

3）勘察设计咨询企业接收的培训、进修、借用或临时聘用等人员，在接收企业工作或学习期间形成的职务成果的知识产权，按照接收企业与派出方的协议确定归属，没有协议的其权利属于接收企业。

## 三、侵权与处理

### （一）侵犯著作权行为

著作权及邻接权的权利人依法享有著作人身权和财产权，即发表权、署名权、修改权、保护作品完整权、复制权、发行权、改编权、信息网络传播权等。他人未经著作权人同意，不得发表、修改和使用其作品。发生以下行为或情况的为侵犯或者侵占他人的著作权。

（1）勘察设计咨询企业或工程技术人员不遵守行业道德和从业公约，抄袭、剽窃他人的勘察、设计、咨询文件（设计图）及其作品的。

（2）勘察设计咨询企业的职工，未经许可擅自将本企业的勘察设计文件（设计图）、工程技术资料、科研资料等复制、摘录、转让给其他单位或个人的。

（3）勘察设计咨询企业的职工，将职务作品或计算机软件作为非职务成果进行登记注册或转让的。

（4）勘察设计咨询企业的职工未经审查许可，擅自发表、出版本企业业务范围内的科技论文、作品，或许可他人发表的。

（5）任何单位或个人，未经著作权人同意或超出勘察设计咨询合同的规定，擅自复制、超范围使用、重复使用、转让他人的工程勘察、设计、咨询文件（设计图）及其他作品等。

### （二）侵犯专利权与专有技术权的行为

专利权人对其发明创造享有独占权。任何单位或个人未经专利权人许可不得进行为生产经营目的制造、使用、许诺销售、销售和进口其专利产品，或者未经专利权人许可为生产经营目的使用其专利方法，以及使用、许诺销售、销售和进口依照其专利方法直接获得的产品。

专有技术是受国家法律保护的具备法定条件的技术秘密，任何单位或个人不得以不正当手段获取、使用他人的技术秘密，不得以任何形式披露、转让他人的技术秘密。发生以下情况为侵犯或者侵占他人的专利权或专有技术权。

（1）勘察设计咨询企业的职工违反规定，在工程项目或科研工作完成后，不按时将有关勘察设计文件、设计图、技术资料等归档，私自保留、据为己有的。

（2）勘察设计咨询企业的职工违反规定，将应属于单位的职务发明创造和科技成果申请为非职务专利，或者将其据为己有的。

（3）勘察设计咨询企业的职工，擅自转让本企业或他人的专利或专有技术的。

（4）勘察设计咨询企业或工程技术人员，未经权利人允许，擅自在工程勘察设计中使用他人具有专利权或专有技术权的新工艺、新设备、新技术的。

（5）任何单位或个人，采用盗窃、利诱、胁迫或者其他不正当手段获取、使用或者披露他人含有专有技术标识的文件、设计图及说明的。

（6）任何单位或个人，违反双方保密约定，将含有专有技术标识的文件、设计图及说明转让给第三方，以及第三方明知是他人的保密文件、设计图及说明仍擅自使用等。

（三）侵犯商标权及相关识别性标志权的行为

商标权的所有人对其注册商标依法享有专用权。他人未经商标权人的同意，不得在经营活动中擅自使用。发生以下行为或情况的为侵犯他人的商标及相关识别性标志权。

（1）勘察设计咨询企业擅自在其勘察设计咨询文件上使用其他勘察设计咨询企业的名称、注册商标、资质证明、图签、出图专用章等企业标识的。

（2）任何单位或个人，未经勘察设计咨询企业授权，以勘察设计咨询企业的名义进行生产经营活动或其他活动的。

（四）侵犯商业秘密的行为

发生以下行为或情况的为侵犯他人的商业秘密。

（1）勘察设计咨询企业的职工，私自将与本企业签有正式业务合同的客户介绍给其他企业，给企业造成损失的。

（2）勘察设计咨询企业的职工，违反企业保守商业秘密的要求，泄露或私自许可他人使用其所掌握商业秘密的。

（3）第三人明知或应知有上述的违法行为，仍获取、使用或者披露他人的商业秘密等。

（五）其他侵犯知识产权行为

（1）勘察设计咨询企业的离休、退休、离职、停薪留职人员将离开企业一年内形成的，且与其在原企业承担的工作或任务有关的知识产权视为已有或转让给他人的，均为侵犯了企业的知识产权。

（2）勘察设计咨询企业的离休、退休、离职、停薪留职人员泄露在职期间知悉的企业商业秘密的，均为侵犯了企业的商业秘密权。

发生侵犯或侵占知识产权行为的，权利人在获得确切的证据后，可以直接向侵权者发出信函，要求其停止侵权，并说明侵权的后果。双方当事人可就赔偿等问题进行协商，达成协议的按照协议解决；达不成协议的，可以采取调解、仲裁或诉讼等方式解决。

## 习　题

**6-1 单选题**

1. 甲建设单位委托乙设计单位编制工程设计图，但未约定该设计著作权归属。乙设计单位注册建筑师王某被指派负责该工程设计，则该工程设计图许可使用权归（　　）享有。

   A. 甲建设单位　　B. 乙设计单位
   C. 注册建筑师王某　　D. 甲、乙两单位共同

2. 某建设单位委托设计单位进行工程设计，设计单位指定王某为建筑设计师，王某完成了设计方案并交付建设单位使用，其王某享有的权利是（　　）。

   A. 使用权　　B. 著作权　　C. 署名权　　D. 所有权

**6-2 多选题**

1. 在技术咨询合同、技术服务合同履行过程中，顾问方或者服务方利用委托方提供的技术资料和工作条件所完成的技术成果，在合同没有约定权属的情况下，该技术成果应属于（　　）所有。

   A. 顾问方　　B. 委托方　　C. 服务方　　D. 受益方
   E. 提供咨询的联合体

2. 县级以上人民政府有关行政主管部门对施工图设计文件的审查主要针对（　　）进行。

A. 公共利益　　B. 公众安全　　C. 强制性标准　　D. 人身健康

E. 卫生环境

**6-3 典型案例及分析**

1. 案例背景

某厂新建一车间，分别与市设计院和市某建筑公司签订设计合同和施工合同。工程竣工后，厂房北侧墙壁发生裂缝。为此该厂向法院起诉建筑公司。经勘验，裂缝是由于地基不均匀沉降引起，结论是结构设计图所依据的地质资料不准确，于是该厂又向法院起诉设计院。设计院答称，设计院是根据该厂提供的地质资料设计的，不应承担事故责任。经法院查证：该厂提供的地质资料不是新建车间的地质资料，而是与该车间相邻的某厂的地质资料，事故前设计院并不知道该情况。

2. 思考问题

本案中事故的责任者是谁？

3. 案例分析

该案例中，设计合同的主体是某厂和市设计院，施工合同的主体是该厂和某建筑公司。根据案情，由于设计图所依据的资料不准确，使地基不均匀沉降，最终导致墙壁裂缝事故。所以，事故涉及的是设计合同中的责权关系，而与施工合同无关，即建筑公司没有责任。在设计合同中，提供准确的资料是委托方的义务之一，而且要对资料的“可靠性负责”，所以委托方提供假地质资料是事故的根源，委托方是事故的责任者之一。市设计院接受对方提供的资料设计，似乎没有过错，但是直到事故发生前设计院仍不知道资料虚假，说明在整个设计过程中，设计院并未对地质资料进行认真的审查，使用了虚假资料进行设计，最终导致事故；否则，有可能防患于未然。所以，设计院也是责任者之一。由此可知，在此事故中，委托方（某厂）为直接责任者、主要责任者，承接方（设计院）为间接责任者、次要责任者。本案中经济损失和诉讼费主要应由该厂负担，市设计院也应承担一小部分。

# 7 建设工程合同法律制度

## 第一节 概　　述

### 一、合同概述

（一）合同的概念

合同是平等主体的自然人、法人、其他组织之间设立、变更、终止民事权利义务关系的协议。

（二）基本原则

1. 平等原则

当事人无论是有什么身份，其在合同关系中相互之间的法律地位是平等的，都是独立的、享有平等主体资格的合法当事人。法律地位平等是自愿原则的前提。

2. 自愿原则

合同当事人依法享有自愿订立合同的权利，不受任何单位和个人的非法干预，包括：合同当事人有订立合同或者不订立合同的自由，当事人有权选择合同相对人，合同当事人有权决定合同内容，合同当事人有权决定合同形式。

3. 公平原则

合同当事人应当遵循公平原则确定各方的权利和义务。在合同的订立和履行中，合同当事人应当正当行使合同权利和履行合同义务，兼顾他人利益，使当事人的利益能够均衡。

4. 诚实信用原则

诚实信用即讲究信用，恪守诺言，诚实不欺。

5. 遵守法律法规和公序良俗原则

（1）建设工程合同的当事人应当遵守法律法规。

（2）公序良俗原则要求当事人订立、履行合同时，不但应当遵守法律、行政法规，而且应当尊重社会公德，不得扰乱社会经济秩序，损害社会公共利益。这一原则在司法实践中体现为：如果出现了现行法律未能规定的情况或者按现行法律处理会损害社会公共利益，法官可据此进行价值补充。

（三）合同的种类

《民法典合同编》的基本分类为买卖合同，供用电、水、气、热力合同，赠予合同，借款合同，租赁合同，融资租赁合同，承揽合同，建设工程合同，运输合同，技术合同，保管合同，仓储合同，委托合同，行纪合同等共 19 种有名合同。

## 二、建设工程合同主要内容

《民法典合同编》规定，建设工程合同是承包人进行工程建设、发包人支付价款的合同。

建设工程合同实质上是一种特殊的承揽合同。《民法典合同编》第十八章“建设工程合同”中规定：“本章没有规定的，适用承揽合同的有关规定。”建设工程合同可分为建设工程勘察合同、建设工程设计合同和建设工程施工合同。

### （一）建设工程勘察、设计合同

1. 建设工程勘察、设计合同的概念

建设工程勘察、设计合同是委托人与承包人为完成一定的勘察、设计任务，明确双方权利、义务关系的协议。承包人应当完成委托人委托的勘察、设计任务，委托人则应接受符合约定要求的勘察、设计成果并支付报酬。一般情况下，建设工程勘察、设计合同是两个合同。但是，这两个合同的特点和管理内容相似，因此，往往将这两个合同统称为建设工程勘察、设计合同。

建设工程勘察、设计合同的委托人一般是项目业主（建设单位）或建设项目总承包单位；承包人是持有国家认可的勘察、设计证书，具有经过有关部门核准的资质等级的勘察、设计单位。合同的委托人、承包人均应具有法人地位。委托人必须是有国家批准建设项目，落实投资计划的企事业单位、社会团体；或者是获得总承包合同的建设项目总承包单位。

2. 建设工程勘察、设计合同的主要内容

（1）委托人提交有关基础资料的期限。这是对委托人提交有关基础资料在时间上的要求。勘察、设计的基础资料是指勘察、设计单位进行勘察、设计工作所依据的基础文件和情况。勘察的基础资料包括项目的可行性研究报告，工程需要勘察的地点、内容，勘察技术要求及附图等。设计的基础资料包括工程的选址报告等勘察资料，以及原料（或经过批准的资源报告）、燃料、水、电、运输等方面的协议文件，需要经过科研取得的技术资料等。

（2）勘察、设计单位提交勘察、设计文件的期限。这是指勘察、设计单位完成勘察设计工作，交付勘察或设计文件的期限。勘察、设计文件主要包括勘察、设计图及说明，材料设备清单和工程概预算等。勘察、设计文件是工程建设的依据，工程必须按照勘察设计文件进行施工，因此，勘察、设计文件的交付期限直接影响着工程建设的期限。所以，当事人在勘察或者设计合同中应当明确勘察、设计文件的交付期限。

（3）勘察、设计的质量要求。这主要是委托人对勘察、设计工作提出的标准和要求。勘察、设计单位应当按照确定的质量要求进行勘察、设计，按时提交符合质量要求的勘察、设计文件。勘察、设计的质量要求条款明确了勘察、设计成果的质量，也是确定勘察、设计单位工作责任的重要依据。

（4）勘察、设计费用。勘察、设计费用是指委托人支付勘察、设计单位完成勘察、设计工作的报酬。支付勘察、设计费是委托人在勘察、设计合同中的主要义务。双方应当明确勘察、设计费用的数额和计算方法，以及勘察、设计费用的支付方式、地点、期限等内容。

（5）双方的其他协作条件。其他协作条件是指双方当事人为了保证勘察、设计工作顺利完成所应当履行的相互协助的义务。委托人的主要协作义务是在勘察、设计人员进入现场工作时，为勘察、设计人员提供必要的工作条件和生活条件，以保证其正常开展工作。勘察、设计单位的主要协作义务是配合工程建设的施工，进行设计交底，解决施工中的有关设计问题，负责设计变更和修改预算，参加试车考核和工程验收等。

（6）违约责任。合同当事人双方应当根据国家的有关规定约定双方的违约责任。

3. 建设工程勘察、设计合同双方的义务

（1）委托人的义务。

1）向承包人提供开展勘察、设计工作所需要的有关基础资料，并对提供有关基础资料的时间、进度与资料的可靠性负责。委托勘查工作的，在勘查工作开展前，应提出勘察技术要求及附图。

委托初步设计的，在初步设计前，应提供经批准的设计任务书、选址报告，以及原料（或经批准的资源报告）、燃料、水、电、运输等方面的协议文件和能满足初步设计要求的勘察资料等。

委托施工图设计的，在施工图设计前，应提供经过批准的初步设计文件和能满足施工图设计要求的勘察资料、施工条件，以及有关设备的技术资料。

2）在勘察、设计人员进入现场作业或配合施工时，应负责提供必要的工作和生活条件。

3）委托配合引进项目的设计任务，从询价、对外谈判、国内外技术考察直至建成投产的各阶段，应吸收承担有关设计任务的单位参加。

4）按照国家有关规定支付勘察、设计费用。

5）维护承包人的勘察成果和设计文件，不得擅自修改，不得转让给第三方重复使用。

（2）承包人的义务。

1）勘察单位应按照现行的标准、规范、规程和技术条例，进行工程测量、工程地质、水文地质等勘查工作，并按合同规定的进度、质量提交勘查成果。

2）设计单位要根据批准的设计任务书或上一阶段设计的批准文件，以及有关设计技术经济协议文件、设计标准、技术规范、规程、定额等提出勘查技术要求和进行设计，并按合同规定的进度和质量提交设计文件。

3）初步设计经上级主管部门审查后，在原定任务书范围内的必要修改，由设计单位负责。原定任务书有重大变更而重做或修改设计时，须具有设计审批机关或设计任务书批准机关的意见书，经双方协商，另订合同。

4）设计单位对所承担设计任务的建设项目应配合施工，进行设计技术交底，解决施工过程中有关设计的问题，负责设计变更和修改预算，参加试车考核及工程竣工验收。对于大中型工业项目和复杂的民用工程应派现场设计代表，并参加隐蔽工程验收。

（二）建设工程施工合同

1. 建设工程施工合同的概念

建设工程施工合同即建筑安装工程承包合同，是发包人和承包人为完成商定的建筑安装工程，明确相互权利、义务关系的合同。按照建设工程施工合同，承包人应完成一定的建筑、安装工程任务，发包人应提供必要的施工条件并支付工程价款。建设工程施工合同是建设工程合同的一种，它与其他建设工程合同一样是双务合同，在订立时也应遵守平等、自愿、公平、诚实信用等原则。

建设工程施工合同是工程建设的主要合同，是施工单位进行工程建设质量管理、进度管理、费用管理等的主要依据之一。在市场经济条件下，建筑市场主体之间的相互权利、义务关系主要是通过合同确立的，因此，在建设领域加强对建设工程施工合同的管理具有十分重要的意义。国家立法机关、国务院、国家建设行政主管部门都十分重视建设工程施工合同的规范工作，2019 年 5 月 28 日第十三届全国人大第三次会议通过、2020 年 1 月 1 日施行的《中华人民共和国民法典合同编》对建设工程施工合同做了专章规定；《中华人民共和国建筑法》也有许多涉及建设工程施工合同的规定；建设部 1993 年 1 月 29 日发布《建设工程施工合同管理办法》，这些法律、法规、部门规章是我国工程建设施工合同管理的依据。最高人民法院审判委员会分别于 2004 年和 2018 年发布的最高人民法院《关于审理建设工程施工合同纠纷案件适用法律问题的解释》（以下简称《解释》）与《最高人民法院关于审理建设工程施工合同纠纷案件适用法律问题的解释(二)》，对司法实践中建设工程施工合同的一些纠纷与争议进行了解释。

2. 建设工程施工合同的主要内容

（1）工程范围。是指施工的界区，是施工人进行施工的工作范围。

（2）建设工期。是指施工人完成施工任务的期限。在实践中，有的发包人常常要求缩短工期，施工人为了赶进度，往往导致严重的质量问题。因此，为了保证工程质量，双方当事人应当在施工合同中确定合理的建设工期。

（3）中间交工工程的开工和竣工时间。中间交工工程是指施工过程中的阶段性工程。为了保证工程各阶段的交接，顺利完成工程建设，当事人应当明确中间交工工程的开工和竣工时间。

（4）工程质量。工程质量条款是明确施工人施工要求、确定施工人责任的依据。施工人必须按照工程设计图和施工技术标准施工，不得擅自修改工程设计，不得偷工减料。发包人也不得明示或者暗示施工人违反工程建设强制性标准，降低质量要求。

（5）工程造价。工程造价是指进行工程建设所需的全部费用，包括人工费、材料费、施工机械使用费、措施费等。在实践中，有的发包人为了获得更多的利益，往往压低工程造价，而施工人为了盈利或不亏本，不得不偷工减料、以次充好，结果导致工程质量不合格，甚至造成严重的工程质量事故。因此，为了保证工程质量，双方当事人应当合理确定工程造价。

（6）技术资料交付时间。技术资料主要是指勘察、设计文件以及其他施工人据以施工所必需的基础资料。当事人应当在施工合同中明确技术资料的交付时间。

（7）材料和设备供应责任。材料和设备供应责任是指由哪一方当事人提供工程所需材料和设备及其应承担的责任。材料和设备可以由发包人负责提供，也可以由施工人负责采购。如果按照合同约定由发包人负责采购建筑材料、构配件和设备的，发包人应当保证建筑材料、构配件和设备符合设计文件和合同要求。施工人则须按照工程设计要求、施工技术标准和合同约定，对建筑材料、构配件和设备进行检验。

（8）拨款和结算。拨款主要是指工程款的拨付；结算是指施工人按照合同约定和已完工程量向发包人办理工程款的清算。拨款和结算条款是施工人请求发包人支付工程款和报酬的依据。

(9) 竣工验收。竣工验收条款一般应当包括验收范围与内容、验收标准与依据、验收人员组成、验收方式和日期等内容。

(10) 质量保修范围和质量保证期。建设工程质量保修范围和质量保证期，应当按照《建设工程质量管理条例》的规定执行。

(11) 双方相互协作条款。双方相互协作条款一般包括双方当事人在施工前的准备工作，施工人及时向发包人提出开工通知书、施工进度报告，对发包人的监督检查提供必要协助等。

3. 建设工程施工合同发承包双方的主要义务

(1) 发包人的主要义务。

1) 不得违法发包。《民法典合同编》规定，发包人不得将应当由一个承包人完成的建设工程肢解成若干部分发包给几个承包人。

2) 提供必要施工条件。发包人未按照约定的时间和要求提供原材料、设备、场地、资金、技术资料的，承包人可以顺延工程日期，并有权要求停工、窝工等损失。

3) 及时检查隐蔽工程。隐蔽工程在隐藏以前，承包人应当通知发包人检查。发包人没有及时检查的，承包人可以顺延工期，并有权要求赔偿停工、窝工等损失。

4) 及时验收工程。建设工程竣工后，发包人应当根据施工图及说明书、国家颁发的施工验收规范和质量检验标准及时进行验收。

5) 支付工程价款。发包人应当按照合同约定的时间、地点和方式等，向承包人支付工程价款。

(2) 承包人的主要义务。

1) 不得转包和违法分包。承包人不得将其承包的全部建设工程转包给第三人，不得将其承包的全部建设工程肢解以后以分包的名义转包给第三人。禁止承包人将工程分包给不具备相应资质条件的单位。禁止分包单位将其承包的工程再分包。

2) 自行完成建设工程主体结构施工。建设工程主体结构的施工必须由承包人自行完成。承包人将建设工程主体结构的施工分包给第三人的，该分包合同无效。

3) 接受发包人的有关检查。发包人在不妨碍承包人正常作业的情况下，可以随时对作业进度、质量进行检查。隐蔽工程在隐蔽以前，承包人应当通知发包人检查。

4) 交付竣工验收合格的建设工程。建设工程竣工经验收合格后，方可交付使用：未经验收或者验收不合格的，不得交付使用。

5) 建设工程质量不符合约定的无偿修理。因施工人的原因致使建设工程质量不符合约定的，发包人有权要求施工人在合理期限内无偿修理或者返工、改建。经过修理或者返工、改建后，造成逾期交付的，施工人应当承担违约责任。

## 第二节 建设工程合同的订立与履行

### 一、建设工程合同的订立

按照合同的表现形式，合同可分为书面合同、口头合同及其他形式。

合同形式上的要求是以不要式为原则的。当然，这种合同形式的不要式原则并不排除对于一些特殊的合同，法律要求应当采用规定的形式（这种规定形式往往是书面形式），比如建设工程合同。

合同的内容由当事人约定，但一般应当包括主体，标的，数量，质量，价款或酬金，履行期限、地点和方式，违约责任，争议的解决方法。

（一）合同订立程序

《民法典合同编》规定："当事人订立合同，可以采取要约、承诺方式或者其他方式。"要约与承诺，是当事人订立合同必经的程序，也就是当事人双方就合同的一般条款经过协商一致并签署书面协议的过程。

1. 要约

要约是指当事人一方向另一方提出合同条件，希望另一方订立合同的意思表示。提出要约的一方称为要约人，另一方则称为受要约人。要约是以签订合同为目的的一种意思表示，其内容必须具体明确，并应当包括合同应具备的主要条款，要约具有法律约束力，要约到达受要约人时生效，要约生效后，要约人不得擅自撤回或更改。

在建设工程合同签订过程中，承包人向发包人递交投标文件的投标行为就是一种要约行为，投标文件中应包含建设工程合同具备的主要条款，如工程造价、工程质量、工程工期等内容，作为要约的投标对承包人具有法律约束力，表现在承包人在投标生效后无权修改或撤回投标以及一旦中标就必须与发包人签订合同，否则要承担相应责任等。

（1）要约邀请。要约邀请是指希望他人向自己发出要约的意思表示。要约邀请并不是合同成立过程中的必经过程，它是当事人订立合同的预备行为，在法律上无须承担责任。这种意思表示的内容往往不确定，不含有合同得以成立的主要内容，也不含有相对人同意后受其约束的表示。

在建设工程合同签订的过程中，发包人发布招标公告或招标邀请书的行为就是一种要约邀请行为，其目的在于邀请承包人投标。

（2）要约撤回。要约撤回是指要约在发生法律效力之前，欲使其不发生法律效力而取消要约的意思表示。要约人可以撤回要约，撤回要约的通知应当在要约到达受要约人之前或同时到达受要约人。

（3）要约撤销。要约撤销是指要约在发生法律效力之后，要约人欲使其丧失法律效力而取消该项要约的意思表示。要约可以撤销，撤销要约的通知应当在受要约人发出承诺通知之前到达受要约人。

但有下列情形之一的，要约不得撤销：第一，要约人确定承诺期限或者以其他形式明示要约不可撤销；第二，受要约人有理由认为要约是不可撤销，并已经为履行合同做了准备工作。可以认为，要约撤销是一种特殊的情况，且撤销通知必须在受要约人发生承诺通知之前到达受要约人。

2. 承诺

承诺是指受要约人完全同意要约的意思表示。

承诺必须由受要约人向要约人做出，它是受要约人愿意按照要约的内容与要约人订立合同的允诺。

承诺必须是在有效时间内做出。要约在其存续期间内才有效力，一旦受要约人承诺便可成立合同，因此承诺必须在此期间内做出。

承诺必须与要约的内容一致。承诺不能对要约的内容做出实质性（如标的、数量、质量、价款和酬金、履行期限、履行地点和方式、违约责任和争议解决办法等）变更。做出实质性变更的，视为新要约。

承诺应当以通知的方式做出，但根据交易习惯或者要约表明可以通过行为做出承诺的除外。这里所说的行为，通常是指履行行为，如预付价款、装运货物或者在工地上开工等。

（1）承诺超期。承诺超期是指受要约人在超过承诺期限而发出的承诺，即迟发的承诺，超过有效的承诺期限，要约已经失效，对于失效的要约发出承诺，不能发生承诺的效力，应视为新要约。

（2）承诺延误。承诺延误是指受要约人在承诺期限内发出承诺，按照通常情形能够及时到达要约人，但因其他原因承诺到达要约人时超过承诺期限的，对这样的承诺，如果要约人不愿意接受，即负有对承诺人发迟到通知的义务。要约人及时发出迟到通知后，该迟到的承诺不生效力、合同不成立。如果要约人怠于发迟到通知，则该迟到的承诺视为未迟到的承诺，具有承诺的效力，合同成立。

（3）承诺生效。承诺应当在要约确定的期限内到达要约人。承诺不需要通知的，根据交易习惯或者要约的要求做出承诺的行为时生效，承诺的通知到达要约人时生效，承诺生效时合同成立。

（4）承诺撤回。承诺撤回是指承诺人阻止或者消灭承诺发生法律效力的意思表示。承诺可以撤回，撤回承诺的通知应当在承诺通知到达要约人之前或者与承诺通知同时到达要约人。

**【例题 7-1】** 某施工企业向某玻璃厂发出购买玻璃的要约。要求玻璃厂 5 月 20 日之前确认，玻璃厂于 5 月 25 日答复同意。玻璃厂同意的行为应视为（　　）。

A. 要约邀请　　B. 承诺　　C. 承诺意向　　D. 新要约

［答案］D

（二）建设工程合同订立形式

《民法典合同编》规定，当事人订立合同，有书面形式、口头形式和其他形式。法律、行政法规规定采用书面形式的，应当采用书面形式。建设工程合同应采用书面形式。

《建筑法》和《招标投标法》也明确指出，建设工程的发包单位与承包单位应当依法订立书面合同，明确双方的权利和义务。

书面形式是指合同书、信件和数据电文（包括电报、电传、传真、电子数据交换和电子邮件）等可以有形地表现所载内容的形式。建设工程合同的订立一般采用合同书形式，主要为各类示范文本。

当事人采用合同书形式订立合同的，自双方当事人签字或者盖章时合同成立，双方当事人签字或者盖章的地点为合同成立的地点。

为切实保护当事人的合法权益以及根据合同实际履行原则。《民法典合同编》第四百九十条规定：“当事人采用合同书形式订立合同的，自当事人均签名、盖章或者按指印时合同成立。在签名、盖章或者按指印之前，当事人一方已经履行主要义务，对方接受时，该合同成立。法律、行政法规规定或者当事人约定合同应当采用书面形式订立，当事人未采用书面形式但是一方已经履行主要义务，对方接受时，该合同成立。”

（三）建设工程合同的缔约过失责任

1. 缔约过失责任的概念

缔约过失责任是指在合同订立过程中，一方当事人因过错而导致另一方信赖利益的损失所应承担的民事责任。

订立合同的当事人之间，在合同成立之前，自双方相互接触、洽商签订合同时起，就会产生诸如相互协助、相互保护、相互通知等附随义务，双方都应遵循诚实信用原则。当事人这种基于诚实信用原则而产生的缔约过程中的义务，是一种先合同义务（或称合同前义务）。《民法典合同编》对此有明确规定，违反上述义务的当事人，必须对对方的损失承担赔偿责任，即承担缔约过失责任。

2. 缔约过失责任的构成要件

（1）发生在合同订立过程中。缔约过失行为发生在当事人之间洽商订立合同的过程中，即当事人双方做出订立合同的意思表示，但合同尚未成立。

（2）当事人一方主观上有过错。主观上的过错行为包括主观上的故意行为、过失行为所引发的合同不成立。

（3）当事人一方受到实际损失。缔约当事人一方基于对另一方的信赖，本能够订立有效合同，却因对方的过错行为，致使合同不能成立而造成实际损失，有权依法得到保护，追究对方的缔约过失责任。

（4）过错行为与实际损失之间存在因果关系。缔约过程中，当事人一方的过错行为与另一方的实际损失之间存在客观上的因果关系是承担法律责任的前提条件。

缔约过失责任不属于合同中的违约责任，而是因为缔约过失责任人在合同订立过程中存在违反先合同义务的过错行为导致合同不成立而承担的法律责任。

## 二、建设工程合同的履行

（一）建设工程合同的履行原则和规则

合同履行是指合同当事人双方依据合同条款的约定，行使各自享有的权利并承担各自负有的义务的行为。

1. 建设工程合同的履行原则

《民法典合同编》第五百零九条规定：“当事人应当按照约定全面履行自己的义务。当事人应当遵循诚实信用原则，根据合同的性质、目的和交易习惯履行通知、协助、保密等义务。”这些原则对建设工程合同的履行同样适用。

（1）全面履行原则。全面履行原则是指合同当事人必须按照合同规定的标的、质量和数量、履行地点、履行价格、履行期限和履行方式，全面完成各自应承担的义务。

建设工程合同的全面履行就是合同当事人必须按照合同所规定的全部条款完成建设任务，包括履行标的（工程建设行为）、履行期限（建设工期）、履行地点（建设工程所在地）、履行价格（工程造价）等。

（2）实际履行原则。实际履行是指除非不可抗力，签订合同当事人应交付和接受标的，不得任意降低标的物的标准、变更标的物或以货币代替实物。

建设工程合同的实际履行就是合同当事人必须依据建设工程合同规定的标的不折不扣地实现其内容，承包方应按期保质地交付勘察设计成果和建设工程，发包方应及时予以接受并支付价款。

（3）诚实信用原则。诚实信用既是《民法典合同编》的一项主要原则，也是我国《民法典》的基本原则，它贯穿于合同的订立、履行、变更、终止的全过程。当事人在履行合同的过程中，要讲诚实、守信用，相互协作，并根据合同的性质、目的和交易习惯自觉地履行通知、协助和保密等附随义务，保证合同顺利履行。

2. 建设工程合同的履行规则

《民法典合同编》规定：合同生效后，当事人就质量、价款或者报酬、履行地点等内容没有约定或者约定不明确的，可以协议补充；不能达成补充协议，按照合同有关条款或者交易习惯确定。当事人就有关合同内容约定不明确，依照上述规定仍不能确定的，可以按照以下规则执行。

（1）质量要求不明确的，按照国家标准、行业标准履行；没有国家标准、行业标准的，按照通常标准或者符合建设工程合同目的的特定标准履行。

（2）价款或者报酬不明确的，按照订立建设工程合同时履行地的市场价格履行；依法应当执行政府定价或者政府指导价的，按照规定履行。

（3）履行地点不明确的，给付货币的，在接受货币一方所在地履行；交付不动产的，在不动产所在地履行；其他标的，在履行义务一方所在地履行。

（4）履行期限不明确的，债务人可以随时履行，债权人也可以随时要求履行，但应当给对方必要的准备时间。

（5）履行方式不明确的，按照有利于实现合同目的的方式履行。

（6）履行费用的负担不明确的，由履行义务一方负担。

### （二）建设工程合同履行的抗辩权

1. 抗辩权的概念

合同履行中的抗辩权是指在双务合同中，在满足一定的法定条件下，合同当事人一方可以对抗对方当事人的履行要求，暂时拒绝履行合同义务的权利。它是法律为确保双务合同履行而特别设定的制度，对合同的履行具有重要的意义。双务合同履行中的抗辩权可分为同时履行抗辩权和异时履行抗辩权。

2. 同时履行抗辩权

同时履行是指合同没有约定双方履行义务的先后顺序，而是在一定期限内，双方当事人不分先后地履行各自义务的行为。这里的“同时”是指一定期限内，而不能机械地理解为某一时刻。

同时履行抗辩权是指同时履行义务的双务合同当事人一方在对方未为对待给付之前，有权对抗对方履行的要求，拒绝自己履行合同义务的权利。《民法典合同编》第五百二十五条规定：“当事人互负债务，没有先后履行顺序的，应当同时履行。一方在对方履行之前有权拒绝其履行要求。一方在对方履行债务不符合约定时，有权拒绝其相应的履行要求。”

3. 异时履行抗辩权

异时履行是指合同已明确约定双方当事人履行义务的先后顺序。异时履行抗辩权分为先履行抗辩权和不安履行抗辩权两种。

(1) 先履行抗辩权。《民法典合同编》规定，先履行一方应当先行履行自己的义务，当其未予履行，或虽已履行但不符合合同的约定时，后履行的一方可以行使抗辩权，拒绝先履行一方的履行要求。

(2) 不安履行抗辩权。不安履行抗辩权是指按合同约定，本应先行履行义务的一方，在有确切证据证明对方的财产明显减少或难以对待给付时，有权拒绝先行履行。这是法律对先履行一方当事人合法权益的有力保护。

为防止滥用不安履行抗辩权，保证合同的顺利履行，《民法典合同编》对不安履行抗辩权的行使做出了限制。只有当对方出现下述情形时，方可行使不安履行抗辩权。

1) 经营状况严重恶化。

2) 转移财产、抽逃资金，以逃避债务。

3) 丧失商业信誉。

4) 有丧失或可能丧失履行债务能力的其他情形。

这种限制还表现在以下三个方面：一是要有确切证据，当事人没有确切证据而中止履行的，应认定为违约并承担相应责任；二是依法中止履行时，应及时通知对方当事人，否则应当承担违约责任；三是中止履行后，一旦对方当事人提供了适当担保，应当恢复履行，否则仍将被认定为违约。中止履行后，若对方当事人在合理期限内未恢复履行能力并且未提供适当担保的，中止履行的一方可以解除合同。

值得注意的是，行使不安履行抗辩权是建设工程合同当事人依法享有的权利，不以对方当事人同意为必要，但是，权利人应及时通知对方当事人。同时，行使不安履行抗辩权的当事人还负有证明对方财产恶化等足以危及自己获得对待给付的现实危险的举证义务，如不能证明而中止履行建设工程合同的，将构成违约。

## 第三节　建设工程合同的效力

### 一、建设合同的效力表现

建设工程合同的效力是指建设工程合同依法成立后所具有的法律约束力，表现为对内效力和对外效力。

(一) 对内效力

建设工程合同的效力首先表现为在合同当事人之间产生特定的权利和义务关系，当事人应依照合同约定正确行使自己的权利，履行自己的义务，当事人有违反合同约定的行为，应承担相应的违约责任。

(二) 对外效力

依法成立的建设工程合同对当事人以外的第三人也会产生一定的法律约束力。依法成立的建设工程合同不受任何非法干预就是其对外效力的具体体现，任何单位和个人不得利用任何方式非法阻挠当事人依照合同约定所享有的权利和应履行的义务，更不得用行政命令解除建设工程合同。

## 二、有效的建设工程合同

有效的建设工程合同是指当事人双方依法订立，受国家法律保护，具有法律约束力的合同。

建设工程合同的生效条件如下。

(1) 主体合格。建设工程合同的当事人必须符合法律规定的要求，如满足经营范围、生产许可、资质等级等约束条件。

(2) 内容合法。建设工程合同中约定的当事人权利义务必须合法，凡是涉及法律、法规强制性或禁止性规定的，必须符合有关规定。

(3) 意思表示真实。建设工程合同必须贯彻平等互利、协商一致原则，任何一方不得将自己的意志强加给对方。

(4) 符合法定或约定的形式要件。《民法典合同编》规定，当事人采用合同书形式订立合同的，自双方当事人签字或者盖章时合同成立，依法成立的合同，自成立时生效。依照法律规定或合同约定应当履行公证、鉴证、登记、批准等手续的，履行完上述手续后合同生效。附生效条件的合同，自条件成就时生效。附生效期限的合同，自期限届至时合同生效。例如，《建设工程设计合同示范文本》(2017 年版) 第 8.9 款规定“本合同经双方签章并在发包人向设计人支付订金后生效”，发包人向设计人支付订金即为该合同生效的附加条件。

## 三、无效的建设工程合同

无效的建设工程合同是指建设工程合同虽然已经订立（或成立），但从订立（或成立）时起即不具有法律约束力，不受国家法律保护。“不具法律约束力”的实质是指不发生履行效力，但无效合同仍然会引起一定的法律后果，只是因为合同无效，所引发的法律后果非当事人双方订立合同时的意愿。

### （一）导致合同无效的情形

《民法典合同编》规定，下列情形会导致合同的无效。

(1) 一方以欺诈、胁迫的手段订立合同，损害国家利益。

(2) 恶意串通，损害国家、集体或者第三人利益。

(3) 以合法形式掩盖非法目的。

(4) 损害社会公共利益。

(5) 违反法律、行政法规的强制性规定。

因建设工程合同自身的特殊性，最高人民法院在《解释》中对建设工程施工合同效力的认定做了进一步的明确。凡具有下列情形之一的，合同无效。

(1) 承包人未取得建筑施工企业资质或者超越资质等级的。

(2) 没有资质的实际施工人借用有资质的施工企业名义的。

(3) 建设工程必须进行招标而未进行招标或者中标无效的。

(4) 承包人非法转包、违法分包建设工程的。

### （二）确认建设工程合同无效的规则

合同无效包括整体无效和部分无效两种情况。《民法典合同编》规定，合同部分无效，不影响其他部分效力的，其他部分仍然有效。

#### 1. 建设工程合同中的部分条款无效

若无效条款部分与合同中的其他条款相比较是相对独立的，该无效部分与合同整体具有可分性，可认定无效条款不影响其他条款的效力。若无效条款部分与合同整体具有不可分性，则应认定合同整体无效。

《民法典合同编》规定合同中的下列免责条款无效。

（1）造成对方人身伤害的。

（2）因故意或者重大过失造成对方财产损失的。

（3）提供格式条款一方免除其责任、加重对方责任、排除对方主要权利的。

#### 2. 建设工程合同整体无效

若建设工程合同的订立程序或目的违法以及违反社会公共利益和国家利益的，应认定合同整体无效。一般来讲，《民法典合同编》规定的合同无效情形以及《招标投标法》规定的中标无效情形均将导致合同整体无效。

### （三）主张建设工程合同无效的主体和时间

根据引起合同无效的原因，无效合同可归纳为侵害合同当事人或特定第三人利益的无效合同以及违反社会公共利益和国家利益的无效合同两种。

对于只涉及当事人之间利益的无效合同，主张该合同无效应受主体和时间的限制，即主张合同无效的主体只能是合同当事人，申请无效应受我国《民法典总则编》时效制度的约束。当无效合同涉及第三人利益，对第三人构成侵权时，第三人有权主张合同无效，同样应受时效限制。

对于违反社会公共利益和国家利益的无效合同，主张合同无效的主体不应受限制，也不受《民法典总则编》时效制度的限制。

### （四）确认建设工程合同无效的机构

在我国，关于合同效力的纠纷只能由人民法院或仲裁机构予以裁决，其他任何单位和个人都无权确认建设工程合同有效或无效。

### （五）合同无效的法律后果

无效合同从订立时起，就没有法律约束力，不产生履行效力。合同被确认无效后，尚未履行的，不得履行；已经部分履行的，应当立即终止履行。建设工程合同无效，不影响合同中独立存在的有关争议解决方法的条款的效力。

无效合同应承担的法律后果主要有以下几种情形。

#### 1. 返还财产或折价补偿

返还财产或折价补偿以使当事人的财产关系恢复到建设工程合同签订前的状态，这是消除无效合同所造成财产后果的一种法律手段，而非惩罚措施。合同被确认无效后，当事人依据建设工程合同所实际取得的财产应返还给对方，不能返还的或者没有必要返还的，应按照所取得的财产减值进行折算，以金钱的方式补偿给对方当事人。

2. 赔偿损失

赔偿损失是指过错方给对方造成损失时，应赔偿对方因此而遭受的损失，双方都有过错的，应各自承担相应的责任。

3. 收归国有或返还集体、第三人

当事人恶意串通，损害国家利益的，因此取得的财产收归国家所有；损害集体或者第三人利益的，因此取得的财产返还集体、第三人。

最高人民法院在《解释》的第四条做出了关于无效建设工程施工合同的处理规定："承包人非法转包、违法分包建设工程或者没有资质的实际施工人借用有资质的建筑施工企业名义与他人签订建设工程施工合同的行为无效。"

## 第四节　建设工程合同的变更、撤销、解除与终止

### 一、《民法典》关于合同变更与撤销的规定

《民法典》第五百四十三条规定："当事人协商一致，可以变更合同。"合同变更有广义和狭义两种。广义的合同变更包括合同内容的变更及合同主体的变更；狭义的合同变更仅指合同内容的变更，即在合同主体不变的前提下，对某些合同条款进行修改和补充。

（一）合同变更或撤销的情形

变更或撤销合同必须具备一定的法律事实。合同订立存在下列情形的，当事人一方有权请求人民法院或者仲裁机构变更或者撤销。

（1）双方当事人在重大误解情形下订立的合同。

重大误解的构成一般应符合下列条件：1）重大误解是合同当事人自己的误解；2）重大误解与合同的订立或合同条件存在因果关系；3）误解可能造成的预期损失必须是重大的。

（2）双方当事人在显失公平情形下订立的合同。

在订立合同时，合同当事人之间现有的权利和承担的义务严重不对等，如价款与标的价值相差过于悬殊、责任或风险承担明显不合理等，都构成显失公平。

一般认为，构成合同显失公平的客观要件是指合同成立时当事人双方的物质利益显著不均衡；主观要件是指一方当事人利用信息优势或利用对方没有经验，致使双方的权利义务关系明显违反公平和等价有偿原则。

（3）一方以欺诈、胁迫的手段或者乘人之危，使对方违背真实意思的情况下订立的合同。

以上三种情形下订立的合同，受损害方有权请求人民法院或者仲裁机构变更或者撤销。

（二）合同撤销的法律后果

合同被撤销后，因该合同取得的财产，应当予以返还，不能返还或者没有必要返还的，应当折价补偿。有过错的一方应当赔偿对方因此所受到的损失，双方都有过错的，应当各自承担相应的责任。合同被撤销后，不影响合同中独立存在的有关解决争议方法的条款的效力。

对于可变更或可撤销的合同，如果当事人没有向人民法院或者仲裁机构提出申请要求变更或撤销，则该合同仍然有效。只有在当事人提出了申请，人民法院或者仲裁机构做出变更或撤销的判决或者裁决后，被变更部分或被撤销部分的合同才无效；当事人只请求变更合同的，人民法院或者仲裁机构不得撤销。

## 二、建设工程合同的变更

我国《民法典合同编》《建筑法》和《招标投标法》中都明确规定，承包人不得将其承包的全部任务转包给第三方。所以，建设工程合同的变更属于狭义的合同变更，即在合同主体不变的前提下，对合同内容的修改与补充。

建设工程合同的变更主要通过补充协议或工程签证的方式加以确认。所谓工程签证，实际上就是工程发包方和承包方在履行合同过程中对支付费用、顺延工期、赔偿损失等事项通过协商达成一致的书面文件，具有同原合同同等的法律效力，并构成整个工程合同文件的组成部分。

## 三、建设工程合同的解除

建设工程合同的解除是指依法成立的有效建设工程合同，在履行完毕前，因一定的法定事由发生而使合同的权利义务关系归于消灭的行为。

### （一）建设工程合同解除的条件

（1）协商解除。当事人协商一致并且不因此损害国家利益和社会公共利益的可以解除。

（2）约定解除。当事人可以约定一方解除合同的条件，解除合同的条件成立时，解除权人可以解除合同。

（3）不可抗力。由于不可抗力致使建设工程合同的全部义务不能履行的，允许解除建设工程合同，部分不能履行的，允许变更建设工程合同。

不可抗力是指不能预见、不能避免并且无法克服的客观情况。一般包括自然原因和社会原因，前者如台风、地震等，后者如战争、暴乱、禁运等。不可抗力的具体范围，可由双方当事人在合同中约定；如无约定，则依法律规定并结合合同履行时的具体情况来确定是否属于不可抗力。

（4）违约行为。《民法典合同编》规定，有下列违约行为的，当事人可以解除建设工程合同。

1）在履行期限届满之前，当事人一方明确表示或者以自己的行为表明不履行主要债务。例如，由于发包人原因造成建设工程停建或缓建的，承包人有权解除合同。

2）当事人一方迟延履行主要债务，经催告后在合理期限内仍未履行。

3）当事人一方迟延履行债务或者有其他违约行为致使建设工程合同的目的无法实现。

《解释》中的第八条规定，承包人具有下列情形之一，发包人请求解除建设工程施工合同的，应予支持。

1）明确表示或者以行为表明不履行合同主要义务的。

2）合同约定的期限内没有完工，且在发包人催告的合理期限内仍未完工。

3）已经完成的建设工程质量不合格，并拒绝修复的。

4）将承包的建设工程非法转包、违法分包的。

《解释》中的第九条规定，发包人具有下列情形之一，致使承包人无法施工，且在催告的合理期限内仍未履行相应义务，承包人请求解除建设工程施工合同的，应予支持。

1）未按约定支付工程价款的。

2）提供的主要建筑材料、建筑构配件和设备不符合强制性标准的。

3）不履行合同约定的协助义务的。

（二）建设工程合同解除的程序

（1）通知。在法定或约定的合同解除情形出现后，当事人一方主张解除合同的，应以书面形式向对方发出解除合同的通知，通知到达对方时合同解除。《建设工程施工合同（示范文本）》（2017 年版）规定，施工合同的解除应在发出通知前 7 天告知对方。

（2）答复。当事人一方收到另一方解除合同的书面通知后，应当在法定或约定的时间内予以答复，答复可以是同意，也可以是不同意，还可以是部分同意、部分不同意。如果在约定或法定的期限不答复，则应视为默认。《民法典合同编》规定，对方对解除合同有异议的，可以请求人民法院或者仲裁机构确认解除合同的效力。

（3）协议。双方协商解除合同的，应形成书面协议。对方违约的情况下，单方解除合同的不需要形成书面协议。

（三）建设工程合同解除的法律后果

《民法典合同编》规定，合同解除后，尚未履行的，终止履行；已经履行的，根据履行情况和合同性质，当事人可以要求恢复原状、采取其他补救措施，并有权要求赔偿损失。

《解释》中的第十条规定，建设工程施工合同解除后，已经完成的建设工程质量合格的，发包人应当按照约定支付相应的工程价款。因一方违约导致合同解除的，违约方应当赔偿因此给对方造成的损失。

### 四、建设工程合同的终止

建设工程合同的终止是指由于一定的法定事由的发生而使合同的权利义务关系归于消灭的行为。合同终止的情形包括：债务已经按照约定履行，建设工程合同解除，债务相互抵消，债务人依法将标的物提存，债权人免除债务，债权债务同归于一人，法律规定或者当事人约定终止的其他情形。

合同的解除只是合同终止的一种情形，合同的权利义务终止后，当事人应当遵循诚实信用原则，根据交易习惯履行通知、协助、保密等义务。

根据《民法典合同编》规定，合同的权利义务关系终止，不影响合同中结算和清理条款的效力，也不影响合同中独立存在的有关解决争议方法的条款的效力。对于建设工程合同来说，合同终止后，合同中的索赔条款、价款结算条款等并不因此失效。

## 第五节　违约责任

### 一、建设工程合同违约责任概述

建设工程合同违约责任是指合同一方不履行合同义务或履行合同义务不符合约定所应

承担的民事责任。对于建设工程合同而言，违约方不仅要承担民事责任，而且还可能要依法承担行政责任和刑事责任，即违反建设工程合同的法律责任包括民事责任（违约责任）、行政责任和刑事责任。

（一）违约类型

违约行为是指当事人违反合同义务的客观表现，包括作为和不作为两种表现。依照我国现行《民法典合同编》，建设工程合同违约行为可以归纳为履行不能、迟延履行、不适当履行和部分不履行四种类型。

1. 履行不能

履行不能是指履行期限届至时，建设工程合同义务人无正当理由不能履行合同义务的行为。履行不能是最严重的违约行为。一般认为，履行不能违反了信守给付的义务，可构成积极侵害债权，债务人不仅未为给付，并无给付的意思。

2. 迟延履行

迟延履行是指义务人能够履行，但在履行期限届满时却未能履行义务，包括给付迟延（义务人迟延）和受领迟延（权利人迟延）。这两种迟延在性质上都违背了建设工程合同义务，属于违约行为。

3. 不适当履行

不适当履行是指当事人虽然履行了合同义务，但其履行行为与建设工程合同的约定不完全相符，包括履行方法不适当、履行地点不适当；提供的标的在质量、品质、规格、型号等方面不符合建设工程合同的约定。

4. 部分不履行

部分不履行是指建设工程合同当事人履行义务不全面，也称量的不完全履行。附随义务不履行也属于部分不履行的一种表现，即建设工程合同基本义务之外不影响合同目的实现的义务不履行，如违反重要事项通知义务等。

（二）承担违约责任的方式

1. 采取补救措施

当事人一方违约，应守约方的要求，可采取补救措施这一承担违约责任的形式。如质量不符合约定的，受损害方根据标的的性质及损失大小，可选择要求对方采取修理、更换、重做、退货、减少价款或者酬金等补救措施。

2. 赔偿损失

当事人一方不履行或履行建设工程合同义务不符合约定的，在采取补救措施后，对方还有其他损失的，应当赔偿损失。损失赔偿额应当相当于因违约所造成的损失，包括合同履行后可以获得的利益，但不得超过违反合同一方订立合同时预见或者应当预见的应违反合同可能造成的损失。

3. 违约金或定金

《民法典合同编》规定，当事人可以约定一方违约时应当根据违约情况向对方支付一定数额的违约金，也可以约定因违约产生的损失赔偿额的计算方法。当事人既约定违约金，又约定定金的，一方违约时，对方可以选择适用违约金或者定金条款。

约定的违约金低于造成的损失的，当事人可以请求人民法院或者仲裁机构予以增加；约定的违约金过分高于造成的损失的，当事人可以请求人民法院或者仲裁机构予以适当减少。当事人就迟延履行约定违约金的，违约方支付违约金后，还应当履行债务。

4. 继续履行

继续履行是承担上述违约责任的补充，一方违约后，另一方要求违约方继续履行合同时，违约方在承担上述违约责任后仍应继续履行合同。但有下列情形之一的除外。

（1）法律上或者事实上不能履行。

（2）债务的标的不适于强制履行或者履行费用过高。

（3）债权人在合理期限内未要求履行。

继续履行与自觉履行的性质是不同的，自觉履行是合同当事人的守约行为，而继续履行是承担违约责任的方式。违约情形发生后，建设工程合同是否继续履行完全取决于权利受害一方的意志，既可以选择继续履行，也可以选择其他承担违约责任的方式。

（三）不承担违约责任的情形

在法律规定或合同约定且这种约定不与法律、法规相抵触的情况下，允许免除或部分免除不履行或不完全履行合同的违约责任。主要包括：

（1）不可抗力。但当事人迟延履行后发生不可抗力的，不能免除其违约责任。

（2）货物本身的自然性质所引起的合理损耗。

（3）对方当事人的原因引起。

（4）当事人一方违约后，对方应当采取适当措施防止损失的扩大，没有采取适当措施致使损失扩大的，不得就扩大的损失要求赔偿。

（5）双方约定免除的其他情形。

## 二、建设工程勘察、设计合同的违约责任

（一）发包方的违约责任

《民法典合同编》规定，因发包人变更计划，提供的资料不准确，或者未按期提供必需的勘察、设计工作条件而造成勘察、设计的返工、停工或者修改设计，发包人应当按照勘察、设计人实际消耗的工作量增付费用。

（1）发包人提供的技术资料不准确或变更计划，致使勘察、设计工作无法正常进行的，勘察、设计人有权停工、顺延工期，停工的损失应当由发包人承担。发包人重新提供的技术资料有重大修改，需要勘察、设计人返工、修改设计的，发包人应当按照勘察、设计人实际消耗的返工、修改工作量相应增付勘察、设计费。

（2）发包人未能按照合同约定提供勘察、设计工作所需工作条件，致使勘察、设计工作无法正常进行的，勘察、设计人有权停工、顺延工期，并要求发包人承担勘察、设计人停工期间的损失。

（3）勘察、设计成果按期、按质、按量交付后，发包方应按合同约定，按期、按量交付勘察、设计费，发包方未按约定支付费用的，应承担相应的违约责任。

合同中一般约定，每逾期一天，应承担迟延支付金额2‰的逾期违约金。逾期30天以上的，勘察、设计人有权暂停履行下一阶段工作，并书面通知发包人。

（4）在履行合同期间，由于工程停建而终止合同或因发包人自身原因要求解除合同时，勘察、设计人未开始勘察、设计工作的，不退还发包人已付的定金；已开始勘察、设计工作的，发包人应根据勘察、设计人已进行的实际工作量，不足50%的，按该阶段设计费的50%支付；超过50%的，按该阶段设计费的全部支付。

（二）承包方的违约责任

《民法典合同编》规定，勘察、设计的质量不符合要求或者未按照期限提交勘察、设计文件拖延工期，造成发包人损失的，勘察、设计人应当继续完善勘察、设计，减收或者免收勘察、设计费并赔偿损失。

（1）勘察、设计人提交的勘察、设计文件不符合质量要求的，发包人可以要求勘察、设计人继续完善勘察、设计文件，并视造成的损失浪费大小减收或免收勘察、设计费并赔偿损失。若勘察人无力补充完善，需要发包人另行委托其他单位时，勘察人应承担全部勘察费用。如果勘察、设计人提交的勘察、设计文件质量严重不符合合同约定或有其他违约行为致使合同目的不能实现的，发包人可以解除合同。

（2）因勘察、设计错误造成工程质量事故损失，勘察、设计人除负责采取补救措施外，应免收直接受损失部分的勘察设计费，并根据损失程度向发包人支付赔偿金，赔偿金数额由双方在合同中商定为实际损失的百分比。

（3）勘察、设计人迟延提交勘察、设计文件，致使工期拖延给发包人造成损失的，发包人可以要求勘察、设计人赔偿损失。

合同一般约定，每延期交付一天，减收该项目应收勘察、设计费的2‰。如果勘察、设计人在催告后的合理期限内仍未能提交勘察、设计文件，严重影响工程进度的，发包人可以解除合同。

另外，在勘察、设计合同中一般约定发包人向勘察、设计人支付一定比例的定金。双方违约时，可适用定金罚则，即发包人不履行合同时，无权要求返还定金；勘察人不履行合同时，应双倍返还定金。

## 三、建设工程施工合同的违约责任

（一）发包人的违约责任

1. 发包人未按约定提供原材料、设备、资金、技术、场地的违约责任

《民法典合同编》规定，合同中约定由发包人提供的原材料、设备，发包人应当按照约定的原材料、设备的种类、规格、数量、单价、质量等级和时间、地点向承包人提供。如果发包人未按照约定提供的，承包人可以中止施工并顺延工期，因此造成承包人停工、窝工损失的，由发包人承担违约责任。

合同约定由发包人负责提供场地条件的，发包人应按照合同约定向承包人提供施工、操作、运输、堆放材料、设备所需的场地条件，发包人未能提供符合约定的场地条件致使承包人无法开展施工的，因此造成承包人停工、窝工损失的，由发包人承担赔偿责任。

实行工程预付款的，双方应当在专用条款内约定发包人向承包人预付工程款的时间和数额，发包人不按约定预付，承包人在约定预付时间7天后向发包人发出要求预付的通

知，发包人收到通知后仍不能按要求预付，承包人可在发出通知后 7 天停止施工，发包人应从约定应付之日起向承包人支付应付款的贷款利息，并承担违约责任。

合同约定发包人按工程进度支付进度款的，发包人不按合同约定支付工程进度款，双方又未达成延期付款协议，导致施工无法进行的，承包人可停止施工，由发包人承担违约责任。

发包人收到竣工结算报告及结算资料后 28 天内无正当理由不支付工程竣工结算价款的，从第 29 天起按承包人同期银行贷款利率支付拖欠工程价款的利息，并承担违约责任。

合同约定由发包人提供有关工程建设技术资料的，发包人应按照合同约定的时间和份数向发包人提供。技术资料主要包括勘察数据、设计文件、施工图及说明书等。如果发包人未能按照约定提供技术资料致使承包人无法正常开展工作的，承包人应通知发包人并有权暂停工作，顺延工期，发包人承担因停工、窝工所造成的损失。

2. 发包人的原因造成工程停建、缓建的责任

《民法典合同编》规定，因发包人的原因致使工程中途停建、缓建的，发包人应当采取措施或者减少损失，赔偿承包人因此造成的停工、窝工、倒运、机械设备调迁、材料和构件的积压等损失和实际费用。

工程实践中，发包人的原因一般包括下列情况：

（1）发包人提供的设计文件等技术资料有错误或者发包人变更设计文件。

（2）发包人未能按照约定及时提供建筑材料、设备或者资金。

（3）发包人未能及时进行中间工程和隐蔽工程的验收。

（4）发包人未能按照合同的约定保障现场施工所需的工作条件等。

当发生上述情况，致使工程建设无法正常进行时，承包人应及时通知发包人，并要求发包人赔偿损失。发包人应当承担违约责任并采取必要措施弥补或减少损失。

承包人在停建、缓建期间应当采取合理措施减少和避免损失，妥善保护好已完工程和做好已购材料、设备的保护和移交工作，将自有机械和人员撤出施工现场，发包人应当为承包人的撤出提供必要的条件。

3. 其他违约责任

其他违约责任包括发包人在对作业进度、质量进行检察时，妨碍承包人正常作业的情况下所应承担的违约责任，如不适当地随意停工检查等。

《解释》中的第十二条规定，发包人具有下列情形之一，造成建设工程质量缺陷，应当承担过错责任。

（1）提供的设计有缺陷。

（2）提供或指定购买的建筑材料、建筑构配件、设备不符合强制性标准。

（3）直接指定分包人分包专业工程。

（二）承包方的违约责任

1. 建设工程质量不符合约定的违约责任

《民法典合同编》规定，因施工人的原因致使建设工程质量不符合约定的，发包人有权要求施工人在合理的期限内无偿修理或者返工、改建。经过修理或者返工、改建后，造成逾期交付的，施工人应当承担违约责任。修理或者返工、改建属于采取补救措施的违约责任方式。

关于施工质量不符合约定的违约责任，《解释》中的第十一条规定，因承包人的过错造成建设工程质量不符合约定，承包人拒绝修理、返工或者改建，发包人请求减少工程价款的，应予支持。

2. 建设工程合理使用期内造成人身和财产损失的赔偿责任

《民法典合同编》规定，因承包人的原因致使建设工程合同在合理使用期限内造成人身和财产损害的，承包人应当承担损害赔偿责任。

承包人承担损害赔偿责任应具备以下三个条件。

（1）造成了人身和财产损害的实际结果。

（2）人身、财产损害是因承包人违反质量安全要求所致。

（3）人身、财产损害是发生在建设工程合理使用期限内。

造成人身、财产损害的受损方不仅包括建设工程合同的对方当事人即发包人，还包括建设工程的最终用户以及因该建设工程而受到损害的第三人。建设工程的合理使用期限一般在设计合同或设计文件中注明，自建设工程竣工验收合格之日起计算，建设工程的承包人应当在该期限内对施工质量安全承担责任。

## 第六节　建设工程合同纠纷案件司法解释及运用

### 一、建设工程施工合同的效力问题

目前我国建筑市场上，无效建设工程合同大量存在，无效建设工程合同与有效合同的处理原则和处理结果有着根本的区别。有效合同受法律保护，一方违反合同约定，应当承担违约责任；无效合同不受法律保护，合同中约定的权利义务无效，所以，无效合同不存在追究违约责任的问题。

（一）无效合同的种类

（1）承包人未取得建筑施工企业资质而签订的建设工程施工合同。

（2）承包人承接的建设工程项目超越其资质等级所签订的建设工程施工合同。

（3）没有资质的实际施工人借用有资质的建设施工企业名义所签订的建设工程施工合同。

（4）建设工程必须进行招标而未招标所签订的建设工程施工合同。

（5）根据《招标投标法》认定中标无效而签订的建设工程施工合同。

根据《招标投标法》，无效的中标结果所签订的施工承包合同无效的情形有以下几种。

（1）招标代理机构泄露应当保密的与招标投标有关的情况影响中标所签订的建设工程施工合同。

（2）招标代理机构与招标人、投标人串通损害国家利益、社会公共利益或者他人利益并影响中标结果所签订的建设工程施工合同。

（3）依法必须进行招标的项目的招标人向他人透露标底等情况影响中标结果所签订的建设工程施工合同。

(4) 投标人相互串通、投标人与招标人相互串通、投标人以向招标人或评标委员会成员行贿而中标所签订的建设工程施工合同。

(5) 投标人以他人名义投标或者以其他弄虚作假方式骗取中标所签订的建设工程施工合同。

(6) 依法必须进行招标的项目招标人违反规定与投标人就实质性内容进行谈判影响中标结果所签订的建设工程施工合同。

(7) 招标人在评标委员会推荐的中标候选人以外确定中标人所签订的建设工程施工合同。

(二) 建设工程施工合同被认定无效后的处理原则

根据合同履行程度及已完在建工程质量这两个因素，建设工程施工合同无效处理可分为以下几种情形：

1. 工程项目尚未开工的情形

在签订了工程施工承包合同后，发现合同无效，若工程尚未开工（或开工不久），则可以采用恢复原状原则处理，双方返还因该合同取得的财产，发包方退还施工方质量保证金或承包方退还工程预付款等。

若完全是施工单位的过错造成施工合同无效（例如，施工方在招标投标过程中，使用虚假资质欺骗评标委员会而中标所签订的施工承包合同），则发包可以向施工方提出要求赔偿所造成的损失。

2. 工程项目已竣工的情形

(1) 验收合格。工程质量是建设工程的生命，因此，项目竣工验收合格的，其折价补偿的计算标准则参照该无效合同中约定的支付工程款的标准来计算。

(2) 验收不合格。分为以下几种情况。

1) 修复后验收合格。法律法规规定，建设工程经验收不合格的，承包人应当承担返修义务，返修费用由承包人自行承担。如果承包人拒绝承担返修义务或者双方基于丧失合作基础的情况，可以由第三人进行修复工作，发包人可以要求承包人承担修复费用。

建设工程质量验收不合格的，但经承包人或第三人修复合格后，发包人应当参照无效合同中约定的支付工程款的标准来支付工程款。若修复是由承包人完成的，则修复费用由承包人自己承担。

2) 不合格的已完工程质量经修复后仍然不合格的。施工合同解除后，承包人已完成的建设工程质量不合格的，经承包人或第三人修复后仍不合格的，出现这种情况，承包人没有请求支付工程价款的权利。

3. 情况类似但不属于无效合同的情形

《解释》同时规定了不予支持的无效合同请求：

(1) 竣工前取得相应资质的。由于企业的资质并不是一成不变的，有的时候可能会出现承包商在超越资质承揽工程后取得相应资质的情形。对于这种情况，需要区分其资质取得的时间来分别予以处理：如果该资质是在工程竣工后取得，则该承包合同依然按照上述无效合同处理；如果该资质是在工程竣工前取得，适用《解释》第五条的规定："承包人超越资质等级许可的业务范围签订建设工程施工合同，在建设工程竣工前取得相应资质等级，当事人请求按照无效合同处理的，不予支持。"

（2）承揽全部劳务作业的劳务分包合同。劳务作业分包，是指施工总承包企业或者专业承包企业将其承包工程中的劳务作业发包给劳务分包企业完成的活动，其签订的分包合同即是劳务分包合同。

劳务分包的分包单位仅仅提供劳务作业，不涉及工程建设的技术问题。因此，我国工程建设法律、法规并没有限制劳务作业的分包人承揽全部建设工程的劳务作业。因此，《解释》规定："具有劳务作业法定资质的承包人与总承包人、分包人签订的劳务分包合同，当事人以转包建设工程违反法律规定为由请求确认无效的，不予支持"。

## 二、建设工程质量纠纷及处置办法

### （一）因承包人过错导致质量不符合约定的处理

《解释》规定："因承包人的过错造成建设工程质量不符合约定，承包人拒绝修理、返工或者改建，发包人请求减少支付工程价款的，应予支持。"

常见承包人应当承担工程质量责任情况包括以下几种。

（1）偷工减料，或者因材料不合格导致工程质量不合格。

（2）未按图施工，未按施工技术标准施工。

（3）工人技能低、质量管理差。

（4）对于发包人供应材料，未经检验合格或者明知不合格而使用。

（5）对于设计方案和设计图，应当能够判断其缺陷，没有判断或者没有提出。

（6）承包人不具备施工资质，因资金、技术、设备、管理造成工程质量问题。

### （二）发包人对质量缺陷的责任

《解释》规定，发包人具有下列情形之一，造成建设工程质量缺陷，应当承担过错责任。

（1）提供的设计有缺陷。

（2）提供或者指定购买的建筑材料、建筑构配件、设备不符合强制性标准。

（3）直接指定分包人分包专业工程。

承包人有过错的，也应当承担相应的过错责任。这里所说承包人的过错是指以下几种情形。

（1）承包人知道或应当知道工程设计缺陷，没有提出，继续施工的。

（2）承包人对发包人提供或指定购买的建筑材料、建筑构配件和设备，未进行检验或经检验不合格仍然使用的。

（3）对发包人提出的违反法律、法规和建设工程质量安全标准规定，降低工程质量的要求不予拒绝的。

因勘察、设计造成的工程质量缺陷，属于承包人的免责范围，应当由发包人先对承包人承担责任，再由发包人依据约定向勘察、设计方主张权利。

对于工程质量缺陷原因不明的，要通过鉴定，查明原因，分清责任主体。

### （三）发包人擅自使用建设工程后出现质量问题的处理

《解释》规定："建设工程未经竣工验收，发包人擅自使用后，又以使用部分质量不符合约定为由主张权利的，不予支持；但是承包人应当在建设工程的合理使用寿命内对地基基础工程和主体结构质量承担民事责任。”

【例题 7-2】 下列关于建设工程未经竣工验收，发包人擅自使用后又以使用部分质量不符合约定为由主张权利的说法，正确的是（　　）。

A. 发包人以装饰工程质量不符合约定主张索赔的，应予支持

B. 凡不符合合同约定或者验收规范的工程质量问题，承包人均应当承担责任

C. 承包人应当在工程的合理使用寿命内对地基基础和主体结构质量承担责任

D. 承包人的保修责任可以免除

[答案] C

### 三、实际竣工时间的确定

由于确定实际竣工日期涉及发包人和承包人的利益，对于工程竣工日期的争议时有发生。我国《建设工程施工合同（示范文本）》（GF—2017—0201）规定，工程经竣工验收合格的，以承包人提交竣工验收申请报告之日为实际竣工日期，并在工程接收证书中载明；因发包人原因，未在监理人收到承包人提交的竣工验收申请报告 42 天内完成竣工验收，或完成竣工验收不予签发工程接收证书的，以提交竣工验收申请报告的日期为实际竣工日期。但是在实际操作过程中却容易出现一些特殊的情形并最终导致关于竣工日期的争议的产生。

（1）由于建设单位和施工单位对于工程质量是否符合合同约定产生争议而对竣工日期产生争议。

《解释》第十五条规定：“建设工程竣工前，当事人对工程质量发生争议，工程质量经鉴定合格的，鉴定期间为顺延工期期间。”从这个规定可以看出，应该以提交竣工验收报告之日为实际竣工日期。

（2）由于发包人拖延验收而产生的对实际竣工日期的争议。

由于主观或者客观原因，发包人没能按照约定的时间组织竣工验收，施工单位和建设单位就实际竣工之日产生争议。

《解释》第十四条规定：“建设工程经竣工验收合格的，以竣工验收合格之日为竣工日期。承包人已经提交竣工验收报告，发包人拖延验收的，以承包人提交验收报告之日为竣工日期。”

（3）由于发包人擅自使用工程而产生的对实际竣工验收日期的争议。

《解释》第十四条规定：“建设工程未经竣工验收，发包人擅自使用的，以转移占有建设工程之日为竣工日期。”

### 四、对计价方法的争议问题

在建设工程合同中，当事人双方会约定计价方法，这是发包人向承包人支付工程款的基础。如果合同双方对于计价方法产生了纠纷且不能得到及时妥善的解决，必然会影响到当事人的切身利益。

（一）因变更引起的纠纷

1. 工程量的变化导致价格的纠纷

调整单价时会涉及两个因素：一是工程量增减幅度达到多少就要调整单价；二是将单价调整到多少。如果在承包合同中没有对此进行约定，就会导致纠纷。

2. 工程质量标准的变化导致价格的纠纷

由于工程质量标准的多样性，就会导致工程标准发生变化而导致纠纷的产生。对于由于变更而引起的计价方法的纠纷，《解释》第十六条规定：“当事人对建设工程的计价标准或者计价方法有约定的，按照约定结算工程价款。因设计变更导致建设工程的工程量或者质量标准发生变化，当事人对该部分工程价款不能协商一致的，可以参照签订建设工程施工合同时当地建设行政主管部门发布的计价方法或者计价标准结算工程价款。”

3. 其他

当事人约定按照固定价结算工程价款，一方当事人请求对建设工程造价进行鉴定的，不予支持。

（二）工程拖欠款利息

所谓工程价款是指发包人用以支付承包人按时保质完成建设工程的物化劳动和活劳动以及承担质量保修责任的合理造价。一般工程价款包括工程预付款、工程进度款和工程竣工结算余款。

发包人按时足额支付工程款，应该理解为按时足额支付预付款、进度款和竣工结算余款。法律规定，当发包人未按时足额支付工程款，则除支付工程款外，还应支付应欠付工程款的利息。

（三）工程垫资款利息

所谓工程垫资是指承包方在合同签订后，未要求发包方先支付工程款或者支付部分工程款，而是利用自有资金或融资资金先进场进行施工，待工程施工一定阶段或者工程全部完成后，由发包方再支付垫付的工程款。施工方垫资则是国际建筑行业的惯例，因此，《解释》中肯定了垫资的合法性。

在处理垫资及利息返还上，分三种情况处理。

(1) 当事人对垫资和垫资利息有约定的按约定处理，但约定的利息计算标准，不得超过中国人民银行发布的同期同类贷款利率，超过部分无效，法律不予支持。

(2) 当事人对垫资没有约定的，按照工程欠款处理。

(3) 当事人对垫资利息没有约定的，视为不支付利息，当事人就此起诉到人民法院的，人民法院不予支持。

（四）计息时间

(1) 若建设工程已实际交付的，工程竣工结算欠款的应付时间为建设工程实际交付之日。

(2) 若建设工程没有交付的，工程竣工结算欠款的应付时间为提交竣工结算文件之日。

(3) 若建设工程既没有交付，又没有完成工程价款的结算，工程竣工结算欠款的应付时间为当事人起诉之日。

由此可见，施工企业应该注意建设工程实际交付日期；如果建设工程没有交付的，应该特别注意提交竣工结算文件日期；如果建设工程既没有交付，工程价款也未结算的，施工企业应该尽快向人民法院提起民事诉讼，以维护自己的合法权益。

【例题 7-3】 根据《解释》。关于解决工程价款结算争议的说法，正确的是(　　)。

A. 欠付工程款的利息从当事人起诉之日起算

B. 当事人约定垫资利息，承包人请求按照约定支付利息的，不予支持

C. 发包人拖欠工程款，不支付工程款利息

D. 当事人对欠付工程款利息计付标准没有约定的，按照中国人民银行发布的是同期同类贷款利率计息

[答案] D

[解析] 选项 A 错误，利息从应付工程价款之日计付。选项 B 错误，当事人对垫资和垫资利息有约定，承包人请求按照约定返还垫资及其利息的，应予支持，但是约定的利息计算标准高于中国人民银行发布的同期同类贷款利率的部分除外。当事人对垫资利息没有约定，承包人请求支付利息的，不予支持。选项 C 错误，应支付利息。

## 五、阴阳合同问题

阴阳合同是指在建设工程招标投标中，当事人在签订中标合同前后，就同一工程项目又签订一份或多份与中标合同的工程价款等主要内容不一致的合同。《解释》第二十一条规定：“当事人就同一建设工程另行订立的建设工程施工合同与经过备案的中标合同实质性内容不一致的，应当以备案的中标合同作为结算工程价款的根据。”如果当事人在签订承包合同后，合同在实际履行中发生了变更合同的法定事由，双方协商一致后，可以变更合同内容，但合同变更的内容，应及时到有关部门备案，否则，就不能作为结算工程款的依据。这里的变更合同内容，是指“实质性内容不一致"，主要包括工程价款、工程质量和工程期限，至于其他内容的修改、变更，不会涉及双方利益的重大调整，一般不认为属于“阴阳合同”的问题。

## 六、建设工程价款优先受偿权问题

《民法典合同编》第八百零七条规定：“发包人未按照约定支付价款的，承包人可以催告发包人在合理期限内支付价款。发包人逾期不支付的，除按照建设工程的性质不宜折价、拍卖的以外，承包人可以与发包人协议将该工程折价，也可以申请人民法院将该工程依法拍卖。建设工程的价款就该工程折价或者拍卖的价款优先受偿。”这就意味着，如果建设单位不及时支付工程款，则施工单位可以将建成的建设项目折价、拍卖并将所得占有。

2002 年 6 月 11 日，最高人民法院审判委员会第 1225 次会议通过了《最高人民法院关于建设工程价款优先受偿权问题的批复》(以下简称《批复》)，做出了如下解释：

(1) 人民法院在审理房地产纠纷案件和办理执行案件中，应当依照《民法典合同编》第八百零七条的规定，认定建设工程的承包人的优先受偿权优于抵押权和其他债权。

(2) 消费者交付购买商品房的全部或者大部分款项后，承包人就该商品房享有的工程价款优先受偿权不得对抗买受人。

（3）建设工程价款包括承包人为建设工程应当支付的工作人员报酬、材料款等实际支出的费用，不包括承包人因发包人违约所造成的损失。

（4）建设工程承包人行使优先权的期限为 6 个月，自建设工程竣工之日或建设工程合同约定的竣工之日起计算。

**【例题 7-4】** 发包人和承包人在合同中约定垫资但没有约定垫资利息，后双方因垫资返还发生纠纷诉至法院。关于该垫资的说法，正确的是（　　）。

A. 法律规定禁止垫资，双方约定的垫资条款无效

B. 发包人应返还承包人垫资，但可以不支付利息

C. 双方约定的垫资条款有效，发包人应返还承包人垫资并支付利息

D. 垫资违反相关规定，应予以没收

[答案] B

**【例题 7-5】** 某商品房开发工程因故停建，承包人及时起诉要求结算工程款并胜诉。法院在对该项目进行拍卖执行中，有许多债权人主张权利。各债权人的清偿顺序依法应为（　　）。

A. 承包人、抵押权人、普通债权人、全款购房人

B. 抵押债权人、普通债权人、全款购房人、承包人

C. 普通债权人、全款购房人、承包人、抵押债权人

D. 全款购房人、承包人、抵押债权人、普通债权人

[答案] D

**【例题 7-6】** 2021 年 10 月 20 日工程实际竣工。由于发包人未按约定支付工程款，承包人欲行使工程价款优先受偿权，其最迟必须在（　　）前行使。

A. 2021 年 9 月 1 日　　B. 2021 年 4 月 1 日

C. 2021 年 4 月 20 日　　D. 2021 年 10 月 20 日

[答案] C

[解析] 建设工程经竣工验收合格的，以竣工验收合格之日为竣工日期，建设工程承包人行使优先权的期限为 6 个月，自建设工程竣工之日或者建设工程合同约定的竣工之日起计算。2021 年 10 月 20 日实际竣工，到 2021 年 4 月 20 日为 6 个月。

## 习　题

### 7-1 单选题

1. 施工企业根据材料供应商寄送的价目表发出了一个建筑材料采购清单，后因故又发出加急通知取消了该采购清单。如果施工企业后发出的取消通知先于采购清单到达材料供应商处，则该取消通知从法律上称为（　　）。

A. 要约撤回　　B. 要约撤销　　C. 承诺撤回　　D. 承诺撤销

2. 施工单位向电梯生产公司订购两部 A 型电梯，并要求 5 日内交货。电梯生产公司回函表示如果延长一周可如约供货。根据《民法典合同编》，电梯生产公司的回函属于（　　）。

A. 要约邀请　　B. 承诺　　C. 新要约　　D. 部分承诺

3. 承包商为赶工期，向水泥厂发函紧急订购500t某强度等级的水泥，要求3日内运送至工地，并要求当日承诺。承包商的订购行为（　　）。

A. 属于要约邀请，随时可以撤销

B. 属于要约，在水泥运抵施工现场前可以撤回

C. 属于要约，在水泥运抵施工现场前可以撤销

D. 属于要约，而且不可撤销

4. 水泥厂在承诺有效期内，对施工单位订购水泥的要约做出了完全同意的答复，则该水泥买卖合同成立的时间为（　　）。

A. 施工单位订购水泥的要约到达水泥厂时

B. 水泥厂的答复文件达到施工单位时

C. 施工单位发出订购水泥的要约时

D. 水泥厂发出答复文件时

5. 下列关于格式条款的说法中，正确的是（　　）。

A. 格式条款和非格式条款不一致的，应以格式条款为准

B. 只要合同中写明，提供格式条款的一方无须提请对方注意限制其责任的条款

C. 对格式条款的理解发生争议的，应当按通常理解予以解释

D. 对格式条款有两种以上解释的，应做出有利于条款起草方的解释

6. 某贸易公司与某建材供应商签订合同，约定供应商于合同签订后7日内将3000t钢筋运至某工地，向施工单位履行交货义务。合同签署后，供应商未按合同约定交货，则（　　）。

A. 施工单位与贸易公司应共同向供应商追究违约责任

B. 供应商应向施工单位承担违约责任

C. 供应商应向贸易公司承担违约责任

D. 施工单位与贸易公司均可向供应商追究违约责任

7. 在施工合同履行过程中，当事人一方可以免除违约责任的情形是（　　）。

A. 因为建设单位拖延提供设计图，导致建筑公司未能按合同约定时间开工

B. 因为建筑公司自有设备损坏，导致工期拖延

C. 因为发生洪灾，建筑公司无法在合同约定的工期内竣工

D. 因为“三通一平”工期拖延，建设单位不能在合同约定的时间内提供施工场地

8. 甲是乙的债务人，乙是丙的债务人，由于乙怠于行使自己对甲的到期的债权导致无法偿还对丙的债务，则下列说法正确的是（　　）。

A. 丙可以行使代位权　　B. 丙必须以乙名义行使乙的债权

C. 丙可以行使不安抗辩权　　D. 甲可以行使代位权，直接向丙偿还债务

9. 甲在受到欺诈的情况下与乙订立了合同，后经甲向人民法院申请，撤销了该合同，则该合同自（　　）起不发生法律效力。

A. 人民法院决定撤销之日　　B. 合同订立时

C. 人民法院受理请求之日　　D. 权利人知道可撤销之日

10. 某工程在9月10日发生了地震灾害迫使承包人停止施工。9月15日发包人与承包人共同检查工程的损害程度，并一致认为损害程度严重，需要拆除重建。9月17日发包人将依法单方解除合同的通知送达承包人，9月18日发包人接到承包人同意解除合同的回复。依据《民法典合同编》的规定，该施工合同解除的时间应为（　　）。

A. 9月10日　　B. 9月15日　　C. 9月17日　　D. 9月18日

11. 下列属于应当承担缔约过失责任的情形是（　　）。

A. 施工单位没有按照合同约定的时间完成工程

B. 建设单位没有按照合同约定的时间支付工程款

C. 施工单位在投标时借用了其他企业的资质，在资格审查时没有通过审查

D. 建设单位在发出中标通知书后，改变了中标人

12. 保证合同是（　　）订立的合同。

A. 债权人与债务人　　B. 债务人与保证人

C. 债权人与保证人　　D. 债权人与债务人和保证人

13. 下列关于保证担保的说法，正确的是（　　）。

A. 保证人须向债权人证明其有清偿能力

B. 保证方式没有约定的，保证人承担连带保证责任

C. 保证人可能是主合同的当事人

D. 保证期间债务人转让债务的，须取得保证人书面同意

14. 甲乙双方签订买卖合同，丙为乙的债务提供保证，但保证合同中未约定保证方式及保证期间，下列说法正确的是（　　）。

A. 丙的保证方式为一般保证

B. 保证期间与买卖合同的诉讼时效相同

C. 如果甲在保证期间内未要求丙承担保证责任，则丙免除保证责任

D. 如果甲在保证期间内未经丙书面同意将主债务转让给丁，则丙继续承担保证责任

15. 某发包人负责材料采购，欠供应商 100 万元。在工程实施过程中，为了筹措资金又将工程抵押给银行。工程竣工后，施工单位经多次催促，发包人始终无法支付结算价款，最后不得不向法院申请拍卖该工程。供应商和银行也起诉。在拍卖完成后，最先受偿的应是（　　）。

A. 甲材料供应商　　B. 施工单位

C. 银行　　D. 按生效判决先后确定

16. 发包人与承包人约定按照固定价结算工程款，因承包人投标报价时出现少算、漏项等情形导致亏损，承包人请求进行造价鉴定据实结算的，则人民法院对承包人的请求应（　　）。

A. 予以支持　　B. 不予支持

C. 征求发包人意见　　D. 要求承包人提供证据

17. 乙施工单位通过招标程序中标了某公司的一个施工项目。签约前，某公司要求乙让利 5%，否则不签施工合同。后双方按中标价进行了合同备案，同时签订了让利 5%的补充协议。竣工结算时，甲按让利协议扣减结算总价 5%，乙以自己亏损为由不同意让利并向法院提起诉讼，要求按中标价结算。下列说法正确的是（　　）。

A. 应以备案合同作为结算工程价款依据

B. 该补充协议属于可撤销合同

C. 应以补充协议作为结算工程价款依据

D. 乙的行为构成合同违约

**7-2 多选题**

1. 当事人一方可以解除合同的情形有（　　）。

A. 作为当事人一方的公民死亡

B. 由于不可抗力致使合同不能履行

C. 当事人一方延迟履行主要债务，经催告后在合理期限内仍未履行

D. 法定代表人变更

E. 当事人一方发生合并、分立

2. 甲施工企业与乙起重机厂签订了一份购置起重机的买卖合同，约定 4 月 1 日甲付给乙 100 万元预付款，5 月 12 日乙向甲交付两辆起重机。但到了 4 月 1 日，甲经调查发现乙已全面停产，经营状况严重

恶化。此时甲可以（　　），以维护自己的合法权益。

A. 行使同时履行抗辩权　　B. 终止合同
C. 中止履行合同并通知对方　　D. 请求对方提供适当担保
E. 转让合同

3. 缔约过失责任的构成要件有（　　）。

A. 发生在订立合同过程中　　B. 当事人违反了诚实信用原则所要求的义务
C. 在订立合同时显失公平　　D. 受害方的信赖利益遭受损失
E. 合同被确认无效

4. 根据《民法典物权编》的有关规定，禁止抵押的财产有（　　）。

A. 土地所有权　　B. 宅基地使用权
C. 荒山承包经营权　　D. 学校图书馆
E. 被扣押的汽车

5. 关于违约金条款的适用，下列说法正确的有（　　）。

A. 约定的违约金低于造成的损失的，当事人可以请求人民法院或者仲裁机构予以增加
B. 违约方支付迟延履行违约金后，另一方仍有权要求其继续履行
C. 当事人既约定违约金，又约定定金，一方违约时，对方可以选择适用违约金条款或定金条款
D. 当事人既约定违约金，又约定定金，一方违约时，对方可以同时适用违约金条款及定金条款
E. 约定的违约金高于造成的损失的，当事人可以请求人民法院或者仲裁机构按实际损失金额调减

6. 工程施工合同履行过程中，建设单位迟延支付工程款，则施工单位要求建设单位承担违约责任的方式可以是（　　）。

A. 继续履行合同　　B. 降低工程质量标准
C. 提高合同价款　　D. 提前支付所有工程款
E. 支付逾期利息

7. 因不可抗力不能履行合同的当事人的义务包括（　　）。

A. 通知对方　　B. 继续履行　　C. 赔偿损失
D. 解除合同　　E. 提供相关证明

8. 合同解除的法律后果包括（　　）。

A. 终止履行　　B. 恢复原状　　C. 采取补救措施　　D. 赔偿损失
E. 财产收归国有

9. 施工单位与建设单位签订施工合同，双方没有约定付款时间，后因利息计算产生争议，则下列有关工程价款应支付日期的表述正确的有（　　）。

A. 建设工程没有交付的，为提交验收报告之日
B. 建设工程已实际交付的，为交付之日
C. 建设工程没有交付的，为提交竣工结算文件之日
D. 建设工程未交付，工程价款也未结算的，为人民法院判决之日
E. 建设工程未交付，工程价款也未结算的，为当事人起诉之日

## 7-3 典型案例及分析

1. 案例背景

2021 年 4 月，陕西省西安市某宾馆与陕西省西安市某装饰设计工程公司签订了建设工程装修合同，约定由西安市某装饰设计工程公司承包西安市某宾馆内部装修工程和设备安装调试工作。合同约定承包方式为概算加增减账；付款方式为按工程进度拨付工程款；工程价款暂估为 14414000 元；并且在合同中约定由施工单位西安市某装饰设计工程公司负责该工程的组织验收工作。合同签订后，西安市某装饰设计工程公司即按合同约定进行施工，并于同年 7 月完工。随后西安市某宾馆即开始营业，施工单位西安

市某装饰设计工程公司多次书面告知其该工程未经验收不能使用，否则由其承担责任，但建设单位西安市某宾馆仍继续营业，并以未经验收为由拒不支付尚欠工程款 2800000 元。在此情况下，施工单位西安市某装饰设计工程公司多次与西安市某宾馆协商，请其组织验收，但建设单位西安市某宾馆以合同约定由施工单位组织验收，表明应由西安市某装饰设计工程公司负责组织验收工作，否则就不支付尚欠工程款。就此西安市某装饰设计工程公司向人民法院提起诉讼。

2. 审裁结果

一审法院根据我国《建筑法》以及《民法典合同编》的规定判决被告西安市某宾馆支付尚欠工程款 2800000 元，本案诉讼费由被告承担。被告不服判决，提出上诉。二审法院驳回上诉，维持原判。

3. 案例分析

本案的焦点在于工程竣工后由谁来负责组织验收和建设单位擅自使用未验收的工程谁来承担法律责任。

(1) 关于工程竣工后组织验收工作的责任。

工程竣工后，发包人与承包人有明确的责任分工，组织有关部门进行竣工验收是发包人的责任。因为工程属于发包人的财产，故涉及建设工程合同当事人之外的第三人应当由发包人负责处理。如果从建设工程合同本身来看，承包任务完成后，工程项目由承包人交付给发包人，也应当由发包人组织竣工验收。《建设工程质量管理条例》第十六条规定："建设单位收到建设工程竣工报告后，应当组织设计、施工、工程监理等有关单位进行竣工验收。"《民法典合同编》第七百九十九条规定，"建设工程竣工后，发包人应当根据施工图及说明书、国家颁发的施工验收规范和质量检验标准及时进行验收。"从上述法律规定来看，组织竣工验收既是发包人的义务，又是发包人的权利。发包人对已竣工的工程必须及时进行验收，这是发包人的义务，而且这一义务不能转移给承包人。因此，由于发包人没有及时组织验收而给施工单位造成损失的应由发包人承担责任。

(2) 关于发包人擅自使用未验收工程的法律责任。

关于发包人擅自使用未验收工程的法律责任，是我国在法律实践和理论上都存在较大争议的问题。但目前的法律规定逐渐明确。《建筑法》第六十一条第二款规定："建设工程竣工验收合格后，方可使用；未经验收或者验收不合格的，不得交付使用。"《民法典合同编》第七百九十九条规定："建设工程竣工验收合格后，方可交付使用，未经验收或者验收不合格的，不得交付使用。"这是法律强制性的规定，该规定既对发包人权力有所限制，又维护了发包人的最终利益。若发包人强行使用未经验收或验收不合格的工程，出现质量或其他问题，就很难分清责任，因此只能由发包人自己承担责任。本案中发包人擅自使用未经验收的工程，施工单位多次书面告知，请其停止使用，但发包人依然决定继续使用，已经违反了我国《建筑法》和《民法典合同编》的规定，应视为施工单位已向发包人交付所建工程。

综上，本案中发包人将组织验收的义务转嫁给施工单位，同时又擅自未经竣工验收使用该工程，却又以该工程未经验收为由拒不支付工程款，其申诉理由不能成立。

# 8 工程建设其他相关法律制度

## 第一节 工程建设环境保护法律制度

工程施工可能对环境造成的影响有大气污染、室内空气污染、水污染、土壤污染、噪声污染、光污染、垃圾污染等。对这些污染源均应按有关环境保护的法律、法规和相关规定进行预防和防治。《中华人民共和国环境保护法》以下简称《环境保护法》（2014年修订）规定新建、改建、扩建的建设项目，必须遵守国家有关建设项目环境保护管理的规定。

### 一、环境保护法的基本制度

（一）环境规划制度

环境规划制度是调整有关环境规划的编制、审批、实施等活动的实体和程序方面的法律规定的总称，是环境规划工作的制度化、法制化。

（二）环境标准制度

国家为维护环境质量，控制污染，从而保护人们健康、社会财富和生态平衡。我国的环境标准分为五大类：环境质量标准、污染物排放标准、环境基础标准、环境方法标准和环境样品标准。

（三）环境监测制度

环境监测制度指依法从事环境监测的机构及其工作人员，运用物理、化学、生物等科学技术手段，对反映环境质量的各种物质和现象进行监督、测定的活动。

（四）环境影响评价制度

环境影响评价是指对拟建的开发建设项目及其他影响环境的活动可能会对有关地区的环境产生的影响进行调查、预测和评价，并提出预防环境污染和破坏的措施。

环境影响评价制度是指在进行建设活动之前，对建设项目的选址、设计和建成投产使用后可能对周围环境产生的不良影响进行调查、预测和评定，提出防治措施，并按照法定程序进行报批的法律制度。国家根据建设项目对环境的影响程度，按照下列规定对建设项目的环境保护实行分类管理。

（1）建设项目对环境可能造成重大影响的，应当编制建设项目环境影响报告书，对建设项目产生的污染和对环境的影响进行全面、详细的评价。

（2）建设项目对环境可能造成轻度影响的，应当编制环境影响报告表，对建设项目产生的污染和对环境的影响进行分析或者专项评价。

（3）项目对环境影响很小，不需要进行环境影响评价的，应当填报环境影响登记表。

《环境保护法》规定：建设单位未依法提交建设项目环境影响评价文件或者环境影响评价文件未经批准，擅自开工建设的，由负有环境保护监督管理职责的部门责令停止建设，处以罚款，并可以责令恢复原状。

《环境保护法》规定：对依法应当编制环境影响报告书的建设项目，建设单位应当在编制时向可能受影响的公众说明情况，充分征求意见。负责审批建设项目环境影响评价文件的部门在收到建设项目环境影响报告书后，除涉及国家秘密和商业秘密的事项外，应当全文公开；发现建设项目未充分征求公众意见的，应当责成建设单位征求公众意见。

(五)“三同时”制度

“三同时”制度是指各种建设工程项目中对环境有影响的一切基本建设项目、技术改造项目和区域开发项目，其中的环境保护设施必须与主体工程同时设计、同时施工、同时投产的制度。它是我国环境管理的基本制度之一，也是我国所独创的一项环境法律制度，同时还是控制新污染的产生、实现预防为主原则的一条重要途径。

(六)环境许可证制度

环境许可证制度指凡是对于环境有不良影响的各种规划、开发、建设项目、排污设施或经营活动，其建设者或经营者需要事先提出申请，经主管部门批准，颁发许可证后才能从事该项活动的制度。

(七)排污收费制度

排污收费制度指政府环境保护行政主管部门依法对向环境排放污染物或超过国家标准排放污染物的单位和个人，按污染物种类、数量和浓度征收一定数额费用的制度。其目的是促进排污者节约和综合利用资源，负担其因利用环境而给环境造成破坏的恢复治理费用，实现社会公平，减轻国家和社会负担。需要指出的是，排污费的性质是对因排放污染物所造成环境损失的补偿，并不因此而免除其应当承担的其他有关因污染环境造成他人人身、财产损害责任以及依法应当履行的其他有关环境保护法律规定的义务。

## 二、工程建设环境保护专项法的规定

(一)固体废物污染环境防治法律制度

(1)产生固体废物的单位和个人，应当采取措施，防止或者减少固体废物对环境的污染。

(2)收集、储存、运输、利用、处置固体废物的单位和个人，必须采取防扬散、防流失、防渗漏或者其他防止污染环境的措施。不得在运输过程中沿途丢弃、遗撒固体废物。

禁止任何单位或者个人向江河、湖泊、运河、渠道、水库及其最高水位线以下的滩地和岸坡等法律、法规规定禁止倾倒、堆放废弃物的地点倾倒、堆放固体废物。

(3)产品和包装物的设计、制造，应当遵守国家有关清洁生产的规定。防止过度包装造成环境污染。

(4)在国务院和国务院有关主管部门及省、自治区、直辖市人民政府划定的自然保护区、风景名胜区、生活饮用水源地和其他需要特别保护的区域内，禁止建设工业固体废物集中储存、处置设施、场所和生活垃圾填埋场。

（5）转移固体废物出省、自治区、直辖市行政区域储存、处置的，应当向固体废物移出地的省级人民政府环境保护行政主管部门报告，并经固体废物接受地的省级人民政府环境保护行政主管部门许可。

（6）禁止中国境外的固体废物进境倾倒、堆放、处置。

（7）国家禁止进口不能用作原料的固体废物，限制进口可以用作原料的固体废物。

（8）露天储存冶炼渣、化工渣、燃煤灰渣、废矿石、尾矿和其他工业固体废物的，应当设置专用的储存设施、场所。

（9）施工单位应当及时清运、处置建筑施工过程中产生的垃圾，并采取措施，防止污染环境。

（10）施工现场固体废物的减量化和回收再利用。

加强建筑垃圾的回收再利用，力争建筑垃圾的再利用和回收率达到30%，建筑物拆除产生的废弃物的再利用和回收率大于40%。对于碎石类、土石方类建筑垃圾，可采用地基填埋、铺路等方式提高再利用率，力争再利用率大于50%。

（二）环境噪声污染防治法律制度

《中华人民共和国环境噪声污染防治法》（2018年修改，以下简称《环境噪声污染防治法》）规定：环境噪声污染，是指所产生的环境噪声超过国家规定的环境噪声排放标准，并干扰他人正常生活、工作和学习的现象。

建设项目可能产生环境噪声污染的，建设单位必须提出环境影响报告书，制定环境噪声污染的防治措施，并按照国家规定的程序报生态环境主管部门批准。环境影响报告书中，应当有该建设项目所在地单位和居民的意见。

建设项目的环境噪声污染防治设施必须与主体工程同时设计、同时施工、同时投产使用。

建设项目在投入生产或者使用之前，其环境噪声污染防治设施必须按照国家规定的标准和程序进行验收；达不到国家规定要求的，该建设项目不得投入生产或者使用。

1. 建筑施工噪声排放标准

噪声排放是指噪声源向周围生活环境辐射噪声。在城市市区范围内向周围生活环境排放建筑施工噪声的，应当符合国家规定的建筑施工场界环境噪声排放标准。

建筑施工噪声应当符合建筑施工场界环境噪声排放标准。建筑施工场界环境噪声排放限值，昼间70dB（A），夜间55dB（A）。夜间噪声最大声级超过限值的幅度不得高于15dB（A）。昼间指6：00~22：00之间的时段；夜间指22：00~次日6：00之间的时段。

2. 使用机械设备环境噪声污染的申报

《环境噪声污染防治法》规定，在城市市区范围内，建筑施工过程中使用机械设备，可能产生环境噪声污染的，施工单位必须在工程开工15日以前向工程所在地县级以上地方人民政府生态环境主管部门申报该工程的项目名称、施工场所和期限、可能产生的环境噪声值以及所采取的环境噪声污染防治措施的情况。

3. 禁止夜间进行产生环境噪声污染的施工作业

《环境噪声污染防治法》规定，在城市市区噪声敏感建筑物集中区域内，禁止夜间进行产生环境噪声污染的建筑施工作业，但抢修、抢险作业和因生产工艺上要求或者特殊需要必须连续作业的除外。

因特殊需要必须连续作业的，必须有县级以上人民政府或者其有关主管部门的证明并必须公告附近居民。

**【案例 8-1】**

1. 案例背景

2021 年 4 月 19 日 23 时，某市环境保护行政主管部门接到居民投诉，称某项目工地有夜间施工噪声扰民情况。执法人员立刻赶赴施工现场，并在施工场界进行了噪声测量。经现场勘查，施工噪声源主要是商品混凝土运输车、混凝土输送泵和施工电梯等设备的施工作业噪声，施工场界噪声经测试为 72. 4dB。通过调查，执法人员核实了此次夜间施工作业既不属于抢修、抢险作业，也不属于因生产工艺要求必须进行的连续作业，并且没有有关主管部门出具的因特殊需要必须连续作业的证明。

2. 思考问题

(1) 本案中，施工单位的夜间施工作业行为是否合法?

(2) 对本案中施工单位夜间施工作业的行为应如何处理?

3. 案例分析

(1) 本案中，施工单位夜间施工作业的行为构成了环境噪声污染违法行为。《环境噪声污染防治法》第三十条规定：“在城市市区噪声敏感建筑物集中区域内，禁止夜间进行产生环境噪声污染的建筑施工作业，但抢修、抢险作业和因生产工艺上要求或者特殊需要必须连续作业的除外。因特殊需要必须连续作业的，必须有县级以上人民政府或者其有关主管部门的证明。前款规定的夜间作业，必须公告附近居民。”经执法人员核实，该施工单位夜间作业既不属于抢修、抢险作业，也不属于因生产工艺上要求必须进行的连续作业，并且没有有关主管部门出具的因特殊需要必须连续作业的证明。

另外，《环境噪声污染防治法》第二十八条规定：“在城市市区范围内向周围生活环境排放建筑施工噪声的，应当符合国家规定的建筑施工场界环境噪声排放标准。”经执法人员检测，施工场界噪声为 72. 4dB，超过了《建筑施工场界环境噪声排放标准》(GB 12523—2011) 关于夜间噪声限制 55dB 的标准。

(2) 依据《环境噪声污染防治法》第五十六条规定：“在城市市区噪声敏感建筑物集中区城内，夜间进行禁止进行的产生环境噪声污染的建筑施工作业的，由工程所在地县级以上地方人民政府环境保护行政主管部门责令改正，可以并处罚款。”据此，应由该市环境保护行政主管部门依法对该施工单位责令改正，可以并处罚款。

(三) 施工现场废气污染防治

企业事业单位和其他生产经营者应当采取有效措施，防止、减少大气污染，对所造成的损害依法承担责任。

(1)《中华人民共和国大气污染防治法》以下简称《大气污染防治法》(2018 年修

改）规定：建设单位应当将防治扬尘污染的费用列入工程造价，并在施工承包合同中明确施工单位扬尘污染防治责任。

暂时不能开工的建设用地，建设单位应当对裸露地面进行覆盖。超过3个月的，应当进行绿化、铺装或遮盖。

（2）施工单位应当制定具体的施工扬尘污染防治实施方案。施工单位应当在施工工地设置硬质围挡，并采取覆盖、分段作业、择时施工、洒水抑尘、冲洗地面和车辆等有效防尘降尘措施。建筑土方、工程渣土、建筑垃圾应当及时清运；在场地内堆存的，应当采用密闭式防尘网遮盖。工程渣土、建筑垃圾应当进行资源化处理。施工单位应当在施工工地公示扬尘污染防治措施、负责人、扬尘监督管理主管部门等信息。

城市范围内主要路段的施工工地应设置高度不小于2.5m的封闭围挡，一般路段的施工工地应设置高度不小于1.8m的封闭围挡。

（3）土方和建筑垃圾运输应采用封闭式运输车辆或采取覆盖措施。建筑物内施工垃圾的清运，应采用器具或管道运输。

（4）施工现场严禁焚烧各类废弃物。施工现场出入口应设置车辆冲洗设施，并对驶出车辆进行清洗。施工现场土方作业应采取防止扬尘措施，主要道路应定期清扫、洒水。拆除建筑物或构筑物时，应采用隔离、洒水等降噪、降尘措施，并应及时清理废弃物。施工进行切割等作业时，应采取有效防扬尘措施；灰土和无机料应采用预拌进场，碾压过程中应洒水降尘。

（5）从事房屋建筑、市政基础设施建设、河道整治以及建筑物拆除等的施工单位，应当向负责监督管理扬尘污染防治的主管部门备案。

（6）企业事业单位和其他生产经营者违反法律法规规定排放大气污染物，造成或者可能造成严重大气污染，或者有关证据可能灭失或者被隐匿的，县级以上人民政府生态环境主管部门和其他负有大气环境保护监督管理职责的部门，可以对有关设施、设备、物品采取查封、扣押等行政强制措施。

（四）水污染的防治

《中华人民共和国水污染防治法》以下简称《水污染防治法》（2017年修改）规定：新建、改建、扩建直接或者间接向水体排放污染物的建设项目和其他水上设施，应当依法进行环境影响评价。

建设单位在江河、湖泊新建、改建、扩建排污口的，应当取得水行政主管部门或者流域管理机构同意。

建设项目的水污染防治设施，应当与主体工程同时设计、同时施工、同时投入使用。水污染防治设施应当符合经批准或者备案的环境影响评价文件的要求。

从事开发建设活动，应当采取有效措施，维护流域生态环境功能，严守生态保护红线。

（1）向水体排放污染物的企业事业单位和其他生产经营者，应当按照法律、行政法规和国务院环境保护主管部门的规定设置排污口；在江河、湖泊设置排污口的，还应当遵守国务院水行政主管部门的规定。

（2）禁止向水体排放油类、酸液、碱液或者剧毒废液。禁止在水体清洗装储过油类或者有毒污染物的车辆和容器。

禁止向水体排放、倾倒工业废渣、城镇垃圾和其他废弃物。禁止将含有汞、镉、砷、铬、铅、氰化物、黄磷等的可溶性剧毒废渣向水体排放、倾倒或者直接埋入地下。存放可溶性剧毒废渣的场所，应当采取防水、防渗漏、防流失的措施。

禁止在江河、湖泊、运河、渠道、水库最高水位线以下的滩地和岸坡堆放、存储固体废物和其他污染物。

（3）在饮用水水源保护区内，禁止设置排污口。禁止在饮用水水源一级保护区内新建、改建、扩建与供水设施和保护水源无关的建设项目；已建成的与供水设施和保护水源无关的建设项目，由县级以上人民政府责令拆除或者关闭。禁止在饮用水水源二级保护区内新建、改建、扩建排放污染物的建设项目；已建成的排放污染物的建设项目，由县级以上人民政府责令拆除或者关闭。禁止在饮用水水源准保护区内新建、扩建对水体污染严重的建设项目；改建建设项目，不得增加排污量。

（4）兴建地下工程设施或者进行地下勘探、采矿等活动，应当采取防护性措施，防止地下水污染。人工回灌补给地下水，不得恶化地下水质。

（5）施工过程水污染的防治措施：禁止将有毒有害废弃物作土方回填；施工现场搅拌站废水，现制水磨石的污水、电石的污水必须经沉淀池沉淀合格后再排放，最好将沉淀水用于工地洒水降尘或采取措施回收利用；现场存放油料，必须对库房地面进行防渗处理；施工现场100人以上的临时食堂，污水排放时可设置简易有效的隔油池，定期清理，防止污染；化学用品、外加剂等要妥善保管，库内存放，防止污染环境。

**【案例 8-2】**

1. 案例背景

2020年12月7日，某市环保局执法人员巡查发现某路段有大面积的积水，便及时上报该局。不久，市政部门派人来疏通管道，从管道中清出大量的泥沙、水泥块，还发现井口内有一个非市政部门设置的排水口，其方向紧靠某工地一侧。经执法人员调查确认，该工地的排水管道于2003年1月份打桩时铺设，工地内设有沉淀池，施工废水通过沉淀后排放到工地外，工地的排污口是通向该路段一侧的雨水井，但未办理任何审批手续。

2. 思考问题

（1）本案中，施工单位向道路雨水井排放施工废水的行为是否构成水污染违法行为？

（2）施工单位向道路雨水井排放施工废水的行为应受到何种处罚？

3. 案例分析

（1）施工单位向道路雨水井排放施工废水的行为构成了水污染违法行为。《水污染防治法》第二十一条规定：“直接或者间接向水体排放污染物的企业事业单位和个体工商户，应当按照国务院环境保护主管部门的规定，向县级以上地方人民政府环境保护主管部门申报登记拥有的水污染物排放设施、处理设施和在正常作业条件下排放水污染物的种类、数量和浓度，并提供防治水污染方面的有关技术资料。企业事业单位和个体工商户排放水污染物的种类、数量和浓度有重大改变的，应当及时申报登记；其水污染物处理设施应当保持正常使用；拆除或者闲置水污染物处理设施的，应当事先报县级以上地方人民政府环境保护主管部门批准。”本案中的施工单位，没有依法申报登记水污染物的情况和提供防治水污染方面的有关技术资料。

《水污染防治法》规定：“向水体排放污染物的企业事业单位和个体工商户，应当按照法律、行政法规和国务院环境保护主管部门的规定设置排污口；在江河、湖泊设置排污口的，还应当遵守国务院水行政主管部门的规定。禁止私设暗管或者采取其他规避监管的方式排放水污染物。”本案中的施工单位私自设置排水口排放水污染物，没有办理相应的审批手续。

《水污染防治法》规定：“禁止向水体排放、倾倒工业废渣、城镇垃圾和其他废弃物。”本案中的施工单位虽然设置了沉淀池，但其向雨水井中排放的施工废水含有大量的泥沙、水泥块等废弃物。

(2) 依据《水污染防治法》的规定，市环保局应当责令该施工单位限期改正，限期拆除私自设置的排污口，并可对该施工单位处 2 万元以上 10 万元以下的罚款；逾期不拆除的，强制拆除，所需费用由违法者承担，处 10 万元以上 50 万元以下的罚款。

### 三、《环境保护法》规定的法律责任

(1) 企业事业单位和其他生产经营者违法排放污染物，受到罚款处罚，被责令改正，拒不改正的，依法做出处罚决定的行政机关可以自责令改正之日的次日起，按照原处罚数额按日连续处罚。前款规定的罚款处罚，依照有关法律法规按照防治污染设施的运行成本、违法行为造成的直接损失或者违法所得等因素确定的规定执行。

地方性法规可以根据环境保护的实际需要，增加上述规定的按日连续处罚的违法行为的种类。

(2) 企业事业单位和其他生产经营者超过污染物排放标准或者超过重点污染物排放总量控制指标排放污染物的，县级以上人民政府环境保护主管部门可以责令其采取限制生产、停产整治等措施；情节严重的，报经有批准权的人民政府批准，责令停业、关闭。

(3) 建设单位未依法提交建设项目环境影响评价文件或者环境影响评价文件未经批准，擅自开工建设的，由负有环境保护监督管理职责的部门责令停止建设，处以罚款，并可以责令恢复原状。

(4) 违反《环境保护法》规定，重点排污单位不公开或者不如实公开环境信息的，由县级以上地方人民政府环境保护主管部门责令公开，处以罚款，并予以公告。

(5) 企业事业单位和其他生产经营者有下列行为之一，尚不构成犯罪的，除依照有关法律法规规定予以处罚外，由县级以上人民政府环境保护主管部门或者其他有关部门将案件移送公安机关，对其直接负责的主管人员和其他直接责任人员，处 10 日以上 15 日以下拘留；情节较轻的，处 5 日以上 10 日以下拘留。

1) 建设项目未依法进行环境影响评价，被责令停止建设，拒不执行的。

2) 违反法律规定，未取得排污许可证排放污染物，被责令停止排污，拒不执行的。

3) 通过暗管、渗井、渗坑、灌注或者篡改、伪造监测数据，或者不正常运行防治污染设施等逃避监管的方式违法排放污染物的。

4）生产、使用国家明令禁止生产、使用的农药，被责令改正，拒不改正的。

（6）因污染环境和破坏生态造成损害的，应当依照我国《侵权责任法》的有关规定承担侵权责任。

（7）环境影响评价机构、环境监测机构以及从事环境监测设备和防治污染设施维护、运营的机构，在有关环境服务活动中弄虚作假，对造成的环境污染和生态破坏负有责任的，除依照有关法律法规规定予以处罚外，还应当与造成环境污染和生态破坏的其他责任者承担连带责任。

（8）提起环境损害赔偿诉讼的时效期间为 3 年，从当事人知道或者应当知道其受到损害时起计算。

（9）上级人民政府及其环境保护主管部门应当加强对下级人民政府及其有关部门环境保护工作的监督。发现有关工作人员有违法行为，依法应当给予处分的，应当向其任免机关或者监察机关提出处分建议。

依法应当给予行政处罚，而有关环境保护主管部门不给予行政处罚的，上级人民政府环境保护主管部门可以直接做出行政处罚的决定。

（10）地方各级人民政府、县级以上人民政府环境保护主管部门和其他负有环境保护监督管理职责的部门有下列行为之一的，对直接负责的主管人员和其他直接责任人员给予记过、记大过或者降级处分；造成严重后果的，给予撤职或者开除处分，其主要负责人应当引咎辞职。

1）不符合行政许可条件准予行政许可的。

2）对环境违法行为进行包庇的。

3）依法应当做出责令停业、关闭的决定而未做出的。

4）对超标排放污染物、采用逃避监管的方式排放污染物、造成环境事故以及不落实生态保护措施造成生态破坏等行为，发现或者接到举报未及时查处的。

5）违反环境保护法规定，查封、扣押企业事业单位和其他生产经营者的设施、设备的。

6）篡改、伪造或者指使篡改、伪造监测数据的。

7）应当依法公开环境信息而未公开的。

8）将征收的排污费截留、挤占或者挪作他用的。

9）法律法规规定的其他违法行为。

10）违反环境保护法规定，构成犯罪的，依法追究刑事责任。

## 第二节 土地管理法

为了加强土地管理，维护土地的社会主义公有制，保护、开发土地资源，合理利用土地，切实保护耕地，促进社会、经济的可持续发展，1986 年 6 月 25 日，全国人大常委会通过了《中华人民共和国土地管理法》以下简称《土地管理法》，并在 1988 年、1998 年和 2004 年进行了三次修改，2019 年 8 月 26 日第十三届全国人大常委会第十二次会议通过对《中华人民共和国土地管理法》做出修改，自 2020 年 1 月 1 日起施行。1998 年国务院还发布了《土地管理法实施条例》《基本农田保护条例》等配套法规。

## 一、我国土地所有法律制度

我国的土地所有权分为国家所有土地和集体所有土地两种。

国家所有土地包括：城市市区的土地；农村和城市郊区被国家依法没收、征收、征购的土地；国家依法征用的集体所有的土地；依法不属于集体所有的林地、草地、荒地、滩涂及其他土地；农村集体经济组织全部成员转为城镇居民的，原属于其成员集体所有的土地；因国家组织移民、自然灾害等原因，农民成建制的集体迁移后，不再使用的原属于迁移农民集体所有的土地。

国家土地所有权的主体由《宪法》规定，国家土地所有权由国务院代表国家行使，国务院可以通过制定行政法规或发布行政命令授权地方人民政府或其职能部门行使国家土地所有权。

集体所有土地包括农村和城市郊区的土地，除由法律规定属于国家所有的以外，集体土地所有权是以符合法律规定的农村集体经济组织的农民集体为所有权人，对归其所有的土地所享有的受法律限制的支配性权利。

## 二、土地流转和使用制度

### (一) 国家对集体所有土地的征用

征用土地是指国家为公共利益的需要，依法将原来属于集体所有的土地，转为国有土地的过程。国家征用权，是国家固有、强制将一切产业用于公共目的的权力，是主权国家固有的权力。国家在行使这一权力时，通常予以合理的补偿。在我国，征用土地权，是指国家为公共利益的需要，依法将农民集体所有的土地征为国家所有。

征收下列土地的，由国务院批准：(1) 永久基本农田；(2) 永久基本农田以外的耕地超过 $35hm^2$ 的；(3) 其他土地超过 $70hm^2$ 的。

征收上述规定以外的土地的，由省、自治区、直辖市人民政府批准。

征收农用地的，应当先行办理农用地转用审批。其中，经国务院批准农用地转用的，同时办理征地审批手续，不再另行办理征地审批；经省、自治区、直辖市人民政府在征地批准权限内批准农用地转用的，同时办理征地审批手续，不再另行办理征地审批，超过其征地批准权限的，应当另行办理征地审批。

### (二) 土地使用制度

#### 1. 土地转让制度

《土地管理法》规定："任何单位和个人不得侵占、买卖或者以其他形式非法转让土地。土地使用权可以依法转让。"

#### 2. 国有土地有偿使用制度

国有土地有偿使用，是指国家作为土地所有者通过有偿的方式向单位和个人提供土地使用权的行为。目前，国有土地有偿使用的形式包括三种：国有土地使用权出让；国有土地租赁；国有土地使用权作价入股，可以依法转让、出租和抵押。

#### 3. 土地用途管制制度

土地用途管制，是指国家为保证土地资源的合理利用，经济、社会和环境的协调发展，通过编制土地利用规划划定土地利用区，确定土地使用限制条件，土地的所有者、使用者必须严格按照国家确定的用途利用土地，违者将受到严厉处罚的制度。国家编制土地利用总体规划，划定土地用途，将土地分为农用地、建设用地和未利用地，严格限制农用地转为建设用地，控制建设用地总量，对耕地实行特殊保护。农用地是指直接用于农业生产的土地，包括耕地、林地、草地、农田水利用地、养殖水面等；建设用地是指建造建筑物、构筑物的土地，包括城乡住宅和公共设施用地、工矿用地、交通水利设施用地、旅游用地、军事设施用地等；未利用地是指农用地和建设用地以外的土地。使用土地的单位和个人必须严格按照土地利用总体规划确定的用途使用土地。

4. 土地使用权

（1）国有土地使用权。《土地管理法》规定，国有土地可以依法出让、划拨给单位或者个人使用，单位或者个人依法取得国有土地使用权，在法律规定的范围和限度内行使其使用权。

（2）集体土地使用权。《土地管理法》规定，集体土地使用权可以确定给个人使用，同时，也可以确定给单位使用。这一规定使我国农村普遍存在的乡镇企业使用集体所有土地的现象在法律上得到了认可，为乡镇企业的进一步发展和农村经济的振兴提供了法律保障。

## 三、建设用地

建设用地是指建造建筑物、构筑物的土地，建设用地按其使用土地性质的不同，可分为农业建设用地和非农业建设用地；按其土地权属、建设内容不同，又分为国家建设用地、乡（镇）建设用地、外商投资企业用地和其他建设用地。建设用地供应，分为存量和增量两部分。增量部分，主要通过农地转为建设用地的供应，即所谓“一级市场”；存量部分即通过现有土地使用者之间的交易的供应，即所谓“二级市场”。

### （一）国有建设用地使用权的取得

1. 农用地转为建设用地的审批

（1）永久基本农田转为建设用地的，由国务院审批。

（2）在土地利用总体规划确定的城市和村庄、集镇建设用地规模范围内，为实施该规划而将农用地转为建设用地的，按土地利用年度计划分批次由原批准土地利用总体规划的机关批准。在已批准的农用地转用范围内，具体建设项目用地可以由市、县人民政府批准。

（3）上述两种情形以外的建设项目占用土地，涉及农用地转为建设用地的，由省、自治区、直辖市人民政府批准。

2. 有偿使用国有土地及划拨使用

（1）使用国有土地原则上以有偿使用方式取得。《土地管理法》规定：“建设单位使用国有土地，应当以出让等有偿使用方式取得。”土地有偿使用方式，包括土地使用权的出让，也包括租赁制等。

（2）适用划拨使用国有土地的条件。土地使用权划拨，是指县级以上人民政府依法批准，在土地使用者缴纳补偿、安置等费用后将该幅土地交付其使用，或者将土地使用权无偿交付给土地使用者使用的行为。

下列建设用地，经县级以上人民政府依法批准，可以以划拨方式取得：

1）国家机关用地和军事用地；2）城市基础设施用地和公益事业用地；3）国家重点扶持的能源、交通、水利等基础设施用地；4）法律、行政法规规定的其他用地。

3. 土地收益的缴纳和使用

《土地管理法》规定："以出让等有偿使用方式取得国有土地使用权的建设单位，按照国务院规定的标准和办法，缴纳土地使用权出让金等土地有偿使用费和其他费用后，方可使用土地。自本法施行之日起，新增建设用地的土地有偿使用费，30%上缴中央财政，70%留给有关地方人民政府。"

4. 其他

建设单位使用国有土地的，应当按照土地使用权出让等有偿使用合同的约定或者土地使用权划拨批准文件的规定使用土地；确需改变该幅土地建设用途的，应当经有关人民政府土地行政主管部门同意，报原批准用地的人民政府批准。其中，在城市规划区内改变土地用途的，在报批前，应当先经有关城市规划行政主管部门同意。

（二）乡（镇）村建设用地

乡（镇）村建设用地是指兴办乡镇企业、村民建设住宅或者进行乡（镇）村公共设施和公益事业建设所需要的农民集体所有土地。包括原有的农村集体土地中的建设用地、经依法办理了农用地转用手续的农用地。申请乡（镇）村建设用地，应按《土地管理法》的有关规定办理审批手续。农村村民一户只能拥有一处宅基地，农村村民出卖、出租住房后，再申请宅基地的，不予批准。

土地利用总体规划、城乡规划确定为工业、商业等经营性用途，并经依法登记的集体经营性建设用地，土地所有权人可以通过出让、出租等方式交由单位或者个人使用，并应当签订书面合同，载明土地界址、面积、动工期限、使用期限、土地用途、规划条件和双方其他权利义务。

通过出让等方式取得的集体经营性建设用地使用权可以转让、互换、出资、赠予或者抵押，但法律、行政法规另有规定或者土地所有权人、土地使用权人签订的书面合同另有约定的除外。

集体经营性建设用地的出租，集体建设用地使用权的出让及其最高年限、转让、互换、出资、赠予、抵押等，参照同类用途的国有建设用地执行。具体办法由国务院制定。

（三）临时建设用地

临时建设用地是指在建设项目施工和地质勘查中需要暂时使用，使用完毕后即恢复土地原状，归还给土地所有人或者使用人的土地。临时用地既包括使用国有土地，也包括使用集体所有的土地。

临时使用土地，一是要经过县级以上人民政府的土地行政主管部门的批准；二是临时使用人要根据土地权属，与土地行政主管部门或者农村集体经济组织、村民委员会签订临时使用土地的合同，并按照合同的约定支付临时使用土地的土地补偿费。

对任何一块临时用地，用地单位都只有临时的使用权，而没有长期的使用权。因此，临时使用土地的使用者，应当按照临时使用土地的合同的约定用途使用土地，并不得修建永久性建筑物。

临时使用土地的期限一般不超过2年。

## 四、国有土地使用权的收回

### (一) 国有土地使用权收回

国有土地使用权收回，是指政府依法收回用地单位和个人国有土地使用权的行为。根据《土地管理法》的规定，对于下列五种情形之一的，由有关人民政府自然资源主管部门报经原批准用地的人民政府或者有批准权的人民政府批准，可以收回国有土地使用权：

(1) 为实施城市规划进行旧城区改建以及其他公共利益需要，确需使用土地的。

(2) 土地出让等有偿使用合同约定的土地使用期限届满，土地使用者未申请续期或者申请续期未获批准的。

(3) 因单位撤销、迁移等原因，停止使用原划拨的国有土地的。

(4) 公路、铁路、机场、矿场等经核准报废的。

对以上第 (1) 种情形下收回国有土地使用权的，对土地使用人应当给予适当的补偿。

### (二) 因土地使用者不履行土地使用权出让合同而收回土地使用权

土地使用者不履行土地使用权出让合同而收回土地使用权有两种情况：一是未如期支付地价款的，在签约时应缴地价款的一定比例作为定金，60 日内应支付全部地价款，逾期未全部支付地价款的，出让方依照法律和合同约定，收回土地使用权并不退定金；二是土地使用者未按合同约定的期限和条件开发和利用土地，由县以上人民政府土地管理部门予以纠正，并根据情节可以给予警告、罚款，直至无偿收回土地使用权，这是对不履行合同的义务人采取的无条件取消其土地使用权的处罚形式。

### (三) 司法机关决定收回土地使用权

土地使用者触犯国家法律，不能继续履行合同或司法机关决定没收其全部财产，收回土地使用权。

## 五、集体土地使用权的收回

《土地管理法》规定，有下列情形之一的，农村集体经济组织经原批准用地的人民政府批准，可以收回土地使用权。

(1) 不按照批准的用途使用土地的。

(2) 因撤销、迁移等原因而停止使用土地的。

(3) 为乡（镇）村公共设施和公益事业建设，需要使用土地的。但是，在此种情形下收回农民集体所有的土地的，对土地使用权人应当给予适当补偿。

## 六、法律责任

(1) 买卖或者以其他形式非法转让土地的，由县级以上人民政府自然资源主管部门没收违法所得；对违反土地利用总体规划擅自将农用地改为建设用地的，限期拆除在非法转让的土地上新建的建筑物和其他设施，恢复土地原状，对符合土地利用总体规划的，没收在非法转让的土地上新建的建筑物和其他设施；可以并处罚款；对直接负责的主管人员和其他直接责任人员，依法给予处分；构成犯罪的，依法追究刑事责任。

（2）违反《土地管理法》规定，占用耕地建窑、建坟或者擅自在耕地上建房、挖砂、采石、采矿、取土等，破坏种植条件的，或者因开发土地造成土地荒漠化、盐渍化的，由县级以上人民政府自然资源、农业农村主管部门责令限期改正或者治理，可以并处罚款；构成犯罪的，依法追究刑事责任。

（3）违反《土地管理法》规定，拒不履行土地复垦义务的，由县级以上人民政府自然资源主管部门责令限期改正；逾期不改正的，责令缴纳复垦费，专项用于土地复垦，可以处以罚款。

（4）未经批准或者采取欺骗手段骗取批准，非法占用土地的，由县级以上人民政府自然资源主管部门责令退还非法占用的土地，对违反土地利用总体规划擅自将农用地改为建设用地的，限期拆除在非法占用的土地上新建的建筑物和其他设施，恢复土地原状，对符合土地利用总体规划的，没收在非法占用的土地上新建的建筑物和其他设施，可以并处罚款；对非法占用土地单位的直接负责的主管人员和其他直接责任人员，依法给予处分；构成犯罪的，依法追究刑事责任。超过批准的数量占用土地，多占的土地以非法占用土地论处。

（5）农村村民未经批准或者采取欺骗手段骗取批准，非法占用土地建住宅的，由县级以上人民政府农业农村主管部门责令退还非法占用的土地，限期拆除在非法占用的土地上新建的房屋。超过省、自治区、直辖市规定的标准，多占的土地以非法占用土地论处。

（6）无权批准征收、使用土地的单位或者个人非法批准占用土地的，超越批准权限非法批准占用土地的，不按照土地利用总体规划确定的用途批准用地的，或者违反法律规定的程序批准占用、征收土地的，其批准文件无效，对非法批准征收、使用土地的直接负责的主管人员和其他直接责任人员，依法给予处分；构成犯罪的，依法追究刑事责任。非法批准、使用的土地应当收回，有关当事人拒不归还的，以非法占用土地论处。非法批准征收、使用土地，对当事人造成损失的，依法应当承担赔偿责任。

（7）侵占、挪用被征收土地单位的征地补偿费用和其他有关费用，构成犯罪的，依法追究刑事责任；尚不构成犯罪的，依法给予行政处分。

（8）依法收回国有土地使用权当事人拒不交出土地的，临时使用土地期满拒不归还的，或者不按照批准的用途使用国有土地的，由县级以上人民政府自然资源主管部门责令交还土地，处以罚款。

（9）擅自将农民集体所有的土地通过出让、转让使用权或者出租等方式用于非农业建设，或者违反《土地管理法》规定，将集体经营性建设用地通过出让、出租等方式交由单位或者个人使用的，由县级以上人民政府自然资源主管部门责令限期改正，没收违法所得，并处罚款。

（10）依照《土地管理法》规定，责令限期拆除在非法占用的土地上新建的建筑物和其他设施的，建设单位或者个人必须立即停止施工，自行拆除；对继续施工的，做出处罚决定的机关有权制止。建设单位或者个人对责令限期拆除的行政处罚决定不服的，可以在接到责令限期拆除决定之日起 15 日内，向人民法院起诉；期满不起诉又不自行拆除的，由做出处罚决定的机关依法申请人民法院强制执行，费用由违法者承担。

（11）自然资源、农业农村主管部门的工作人员玩忽职守、滥用职权、徇私舞弊，构成犯罪的，依法追究刑事责任；尚不构成犯罪的，依法给予行政处分。

## 第三节　工程建设消防法规

1998 年 4 月 29 日，第九届全国人民代表大会常务委员会第二次会议通过了《中华人民共和国消防法》（以下简称《消防法》），2008 年 10 月 28 日第十一届全国人民代表大会常务委员会第五次会议修订，自 2009 年 5 月 1 日起施行。2019 年 4 月 23 日，全国人大常委会第十次会议对《消防法》做出修改，修改后的《消防法》将公安部指导建设工程消防设计审查职责划入住房和城乡建设部。建设工程的消防设计、施工必须符合国家工程建设消防技术标准。建设、设计、施工、工程监理等单位依法对建设工程的消防设计、施工质量负责。

### 一、建设工程消防设计审查验收制度

按照国家工程建设消防技术标准需要进行消防设计的建设工程，实行建设工程消防设计审查验收制度。

国务院住房和城乡建设主管部门规定的特殊建设工程，建设单位应当将消防设计文件报送住房和城乡建设主管部门审查，住房和城乡建设主管部门依法对审查的结果负责。其他建设工程，建设单位在申请领取施工许可证或者申请批准开工报告时应当提供满足施工需要的消防设计图及技术资料。

特殊建设工程未经消防设计审查或者审查不合格的，建设单位、施工单位不得施工；其他建设工程，建设单位未提供满足施工需要的消防设计图及技术资料的，有关部门不得发放施工许可证或者批准开工报告。

### 二、建设工程消防设计的验收和公众聚集场所使用的安全检查

国务院住房和城乡建设主管部门规定应当申请消防验收的建设工程竣工，建设单位应当向住房和城乡建设主管部门申请消防验收。其他建设工程，建设单位在验收后应当报住房和城乡建设主管部门备案，住房和城乡建设主管部门应当进行抽查。

依法应当进行消防验收的建设工程，未经消防验收或者消防验收不合格的，禁止投入使用；其他建设工程经依法抽查不合格的，应当停止使用。

公众聚集场所在投入使用、营业前，建设单位或者使用单位应当向场所所在地的县级以上地方人民政府消防救援机构申请消防安全检查。消防救援机构应当自受理申请之日起 10 个工作日内，根据消防技术标准和管理规定，对该场所进行消防安全检查。未经消防安全检查或者经检查不符合消防安全要求的，不得投入使用、营业。

### 三、工程建设中应采取的消防安全措施

（1）机关、团体、企业、事业单位应当履行下列消防安全职责。

1）落实消防安全责任制，制定本单位的消防安全制度、消防安全操作规程，制定灭火和应急疏散预案。

2）按照国家标准、行业标准配置消防设施、器材，设置消防安全标志，并定期组织检验、维修，确保完好有效。

3）对建筑消防设施每年至少进行一次全面检测，确保完好有效，检测记录应当完整准确，存档备查。

4）保障疏散通道、安全出口、消防车通道畅通，保证防火防烟分区、防火间距符合消防技术标准。

5）组织防火检查，及时消除火灾隐患。

6）组织进行有针对性的消防演练。

（2）生产、储存、经营易燃易爆危险品的场所不得与居住场所设置在同一建筑物内，并应当与居住场所保持安全距离。生产、储存、经营其他物品的场所与居住场所设置在同一建筑物内的，应当符合国家工程建设消防技术标准。

（3）禁止在具有火灾、爆炸危险的场所吸烟、使用明火。因施工等特殊情况需要使用明火作业的，应当按照规定事先办理审批手续，采取相应的消防安全措施；作业人员应当遵守消防安全规定。

进行电焊、气焊等具有火灾危险作业的人员和自动消防系统的操作人员，必须持证上岗，并遵守消防安全操作规程。

（4）生产、储存、运输、销售、使用、销毁易燃易爆危险品，必须执行消防技术标准和管理规定。

（5）消防产品必须符合国家标准；没有国家标准的，必须符合行业标准。禁止生产、销售或者使用不合格的消防产品以及国家明令淘汰的消防产品。

（6）建筑构件、建筑材料和室内装修、装饰材料的防火性能必须符合国家标准；没有国家标准的，必须符合行业标准。人员密集场所室内装修、装饰，应当按照消防技术标准的要求，使用不燃、难燃材料。

（7）电器产品、燃气用具的产品标准，应当符合消防安全的要求。电器产品、燃气用具的安装、使用及其线路、管路的设计、敷设、维护保养、检测，必须符合消防技术标准和管理规定。

（8）任何单位、个人不得损坏、挪用或者擅自拆除、停用消防设施、器材，不得埋压、圈占、遮挡消火栓或者占用防火间距，不得占用、堵塞、封闭疏散通道、安全出口、消防车通道。人员密集场所的门窗不得设置影响逃生和灭火救援的障碍物。

同一建筑物由两个以上单位管理或者使用的，应当明确各方的消防安全责任，并确定责任人，对共用的疏散通道、安全出口、建筑消防设施和消防车通道进行统一管理。

住宅区的物业服务企业应当对管理区域内的共用消防设施进行维护管理，提供消防安全防范服务。

## 第四节　劳　动　法

### 一、劳动法概述

劳动法是国家为了保护劳动者的合法权益，调整劳动关系，建立和维护适应社会主义市场经济的劳动制度，促进经济发展和社会进步，根据宪法而制定颁布的法律。从狭义上讲，我国《劳动法》是指1994年7月5日八届人大通过，1995年1月1日起施行的《中华人民共和国劳动法》（以下简称《劳动法》）；从广义上讲，《劳动法》是调整劳动关系的法律法规，以及调整与劳动关系密切联系的其他社会关系的法律规范的总称。

## 二、劳动法的调整对象

劳动法的调整对象是劳动关系和与劳动关系密切联系的其他社会关系。

### （一）劳动法调整劳动关系的范围

（1）企业和个体经济组织中形成的劳动关系——劳动法调整的主要对象。

（2）一定范围的国家机关、事业组织、社会团体通过与劳动者签订劳动合同建立的劳动关系。

1）国家机关、事业组织、社会团体与实行劳动合同制度的以及按规定应实行劳动合同制度的工勤人员之间的劳动关系。

2）实行企业化管理的事业组织与其职工之间形成的劳动关系。

3）其他劳动者通过签订劳动合同与国家机关、事业组织、社会团体建立的劳动关系。

4）未纳入《劳动法》调整的劳动关系。

①公务员和比照公务员制度的事业组织和社会团体的工作人员适用《公务员法》。

②农村劳动者（乡镇企业职工和进城务工经商的农民除外）。

③现役军人。

④家庭保姆、自然人用工。

⑤在中华人民共和国境内享有外交特权和豁免权的外国人。

5）劳动法调整劳动关系范围的发展(《劳动合同法》的相关规定)。

①将民办非企业单位与其劳动者的劳动关系纳入劳动法调整对象。民办非企业单位是指企业事业单位、社会团体和其他社会力量以及公民个人利用非国有资产举办的，从事非营利性社会服务活动的社会组织。

②将事业单位的劳动关系有条件地纳入劳动法调整对象。

③将社会团体的劳动关系基本上都纳入劳动法调整对象。将工会、共青团、妇联等人民团体和群众团体以外的其他社会团体与其劳动者的劳动关系，纳入《劳动合同法》调整，进而被纳入劳动法的适用范围。

④将劳务派遣、非全日制用工形式的部分类型的非标准劳动关系纳入劳动法调整对象。

⑤用人单位不合格的劳动关系、劳动者不合格的劳动关系已被纳入《劳动合同法》的适用范围，进而被纳入劳动法的适用范围。

⑥将退休人员重新受聘的劳动关系有条件地纳入劳动法调整对象。达到退休年龄的劳动者若不享受基本养老保险待遇，退休人员重新就业的劳动关系由劳动法调整；否则，作为民事雇佣关系由民法调整。

⑦将个人承包经营中的劳动关系有条件地纳入劳动法调整对象。在个人承包经营中，承包个人招用了劳动者，一旦违反《劳动合同法》的规定，视为劳动者与发包人建立了劳动关系，发包人要承担赔偿责任。

⑧《劳动合同法》仍然不调整农村劳动者、现役军人、家庭保姆、自然人用工等性质的劳动关系。

（二）与劳动关系密切联系的其他社会关系

（1）劳动行政关系。

（2）劳动服务关系。

（3）劳动团体关系。

（4）处理劳动争议方面的社会关系。

（5）劳动监督检查方面的社会关系。

## 三、劳动合同

《中华人民共和国劳动合同法》（以下简称《劳动合同法》）由第十届全国人大常委会第二十八次会议于2007年6月29日通过，自2008年1月1日起施行，本法于2012年修订。

（一）劳动合同的订立

劳动合同是劳动者与用人单位确立劳动关系、明确双方权利和义务的协议。

1. 劳动合同当事人

劳动合同的当事人为用人单位和劳动者。

劳动者是具有劳动能力，以从事劳动获取合法劳动报酬的自然人。根据《劳动法》的规定，劳动者的法定最低就业年龄为16周岁。除法律另有规定以外（指文艺、体育和特种工艺单位招用未满16周岁的未成年人），任何单位不得与未满16周岁的未成年人发生劳动法律关系。

用人单位是指依法使用和管理劳动者并付给其报酬的单位。在我国，用人单位可以是依法成立的企业、国家机关、事业组织、社会团体以及个体经济组织。

2. 订立劳动合同的时间限制

已建立劳动关系，未同时订立书面劳动合同的，应当自用工之日起一个月内订立书面劳动合同。

（1）因劳动者的原因未能订立劳动合同的法律后果。自用工之日起一个月内，经用人单位书面通知后，劳动者不与用人单位订立书面劳动合同的，用人单位应当书面通知劳动者终止劳动关系，无需向劳动者支付经济补偿，但是应当依法向劳动者支付其实际工作时间的劳动报酬。

（2）因用人单位的原因未能订立劳动合同的法律后果。用人单位自用工之日起超过一个月不满一年未与劳动者订立书面劳动合同的，应当依照《劳动合同法》规定向劳动者每月支付2倍的工资，并与劳动者补订书面劳动合同；劳动者不与用人单位订立书面劳动合同的，用人单位应当书面通知劳动者终止劳动关系，并依照《劳动合同法》的规定支付经济补偿。

用人单位自用工之日起满一年未与劳动者订立书面劳动合同的，自用工之日起满一个月的次日至满一年的前一日应当依照《劳动合同法》的规定向劳动者每月支付2倍的工资，并视为自用工之日起满一年的当日已经与劳动者订立无固定期限劳动合同，应当立即与劳动者补订书面劳动合同。

3. 劳动合同的生效

劳动合同由用人单位与劳动者协商一致，并经用人单位与劳动者在劳动合同文本上签字或者盖章生效。

4. 劳动合同的类型

劳动合同分为固定期限劳动合同、无固定期限劳动合同和以完成一定工作任务为期限的劳动合同。

5. 劳动合同的条款

劳动合同应当具备以下条款。

(1) 用人单位的名称、住所和法定代表人或者主要负责人。

(2) 劳动者的姓名、住址和居民身份证或者其他有效身份证件号码。

(3) 劳动合同期限。

(4) 工作内容和工作地点。

(5) 工作时间和休息休假。

(6) 劳动报酬。

(7) 社会保险。

(8) 劳动保护、劳动条件和职业危害防护。

(9) 法律、法规规定应当纳入劳动合同的其他事项。

劳动合同除前款规定的必备条款外，用人单位与劳动者可以约定试用期、培训、保守秘密、补充保险和福利待遇等其他事项。

劳动合同对劳动报酬和劳动条件等标准约定不明确，引发争议的，用人单位与劳动者可以重新协商；协商不成的，适用集体合同规定；没有集体合同或者集体合同未规定劳动报酬的，实行同工同酬；没有集体合同或者集体合同未规定劳动条件等标准的，适用国家有关规定。

6. 试用期

(1) 试用期的时间长度限制。劳动合同期限 3 个月以上不满 1 年的，试用期不得超过 1 个月，劳动合同期限 1 年以上不满 3 年的，试用期不得超过 2 个月；3 年以上固定期限和无固定期限的劳动合同，试用期不得超过 6 个月。

(2) 试用期的次数限制。同一用人单位与同一劳动者只能约定一次试用期。以完成一定工作任务为期限的劳动合同或者劳动合同期限不满 3 个月的，不得约定试用期。试用期包含在劳动合同期限内。劳动合同仅约定试用期的，试用期不成立，该期限为劳动合同期限。

(3) 试用期内的最低工资。《劳动合同法》规定，劳动者在试用期的工资不得低于本单位相同岗位最低档工资或者劳动合同约定工资的 80%，并不得低于用人单位所在地的最低工资标准。

(4) 试用期内合同解除条件的限制。在试用期中，劳动者患病或者非因工负伤，在规定的医疗期满后不能从事原工作，也不能从事由用人单位另行安排的工作的；劳动者不能胜任工作，经过培训或者调整工作岗位，仍不能胜任工作的。除上述情形外，用人单位不得在试用期内解除劳动合同。用人单位在试用期解除劳动合同的，应当向劳动者说明理由。

7. 服务期

用人单位为劳动者提供专项培训费用，对其进行专业技术培训的，可以与该劳动者订立协议，约定服务期。劳动合同期满，但是用人单位与劳动者依照《劳动合同法》的规定约定的服务期尚未到期的，劳动合同应当续延至服务期满；双方另有约定的，从其约定。

劳动者违反服务期约定的，应当按照约定向用人单位支付违约金。违约金的数额不得超过用人单位提供的培训费用。用人单位要求劳动者支付的违约金不得超过服务期尚未履行部分所应分摊的培训费用。

《劳动合同法实施条例》对于培训费用进一步做出了规定：包括用人单位为了对劳动者进行专业技术培训而支付的有凭证的培训费用、培训期间的差旅费用以及因培训产生的用于该劳动者的其他直接费用。

用人单位与劳动者约定了服务期，劳动者依照《劳动合同法》规定解除劳动合同的，不属于违反服务期的约定，用人单位不得要求劳动者支付违约金。

有下列情形之一，用人单位与劳动者解除约定服务期的劳动合同的，劳动者应当按照劳动合同的约定向用人单位支付违约金。

（1）劳动者严重违反用人单位的规章制度的。

（2）劳动者严重失职，营私舞弊，给用人单位造成重大损害的。

（3）劳动者同时与其他用人单位建立劳动关系，对完成本单位的工作任务造成严重影响，或者经用人单位提出，拒不改正的。

（4）劳动者以欺诈、胁迫的手段或者乘人之危，使用人单位在违背真实意思的情况下订立或者变更劳动合同的。

（5）劳动者被依法追究刑事责任的。

用人单位与劳动者约定服务期的，不影响按照正常的工资调整机制提高劳动者在服务期期间的劳动报酬。

8. 保密协议与竞业限制条款

用人单位与劳动者可以在劳动合同中约定保守用人单位的商业秘密和与知识产权相关的保密事项。

对负有保密义务的劳动者，用人单位可以在劳动合同或者保密协议中与劳动者约定竞业限制条款，并约定在解除或者终止劳动合同后，在竞业限制期限内按月给予劳动者经济补偿。劳动者违反竞业限制约定的，应当按照约定向用人单位支付违约金。

竞业限制的人员限于用人单位的高级管理人员、高级技术人员和其他负有保密义务的人员。竞业限制的范围、地域、期限由用人单位与劳动者约定，竞业限制的约定不得违反法律、法规的规定。

在解除或者终止劳动合同后。上述规定的人员到与本单位生产或者经营同类产品，从事同类业务的有竞争关系的其他用人单位，或者自己开业生产或者经营同类产品、从事同类业务的竞业限制期限，不得超过2年。

除关于服务期规定和关于保密协议与竞业限制条款规定的情形外，用人单位不得与劳动者约定由劳动者承担违约金。

9. 劳动合同的无效

下列劳动合同无效或者部分无效。

（1）以欺诈、胁迫的手段或者乘人之危，使对方在违背真实意思的情况下订立或者变更劳动合同的。

（2）用人单位免除自己的法定责任、排除劳动者权利的。

（3）违反法律、行政法规强制性规定的。

对劳动合同的无效或者部分无效有争议的，由劳动争议仲裁机构或者人民法院确认。

劳动合同部分无效，不影响其他部分效力的，其他部分仍然有效。

劳动合同被确认无效，劳动者已付出劳动的，用人单位应当向劳动者支付劳动报酬。劳动报酬的数额，参照本单位相同或者相近岗位劳动者的劳动报酬确定。

（二）劳动合同的履行和变更

1. 劳动合同的履行

用人单位与劳动者应当按照劳动合同的约定，全面履行各自的义务。

用人单位应当按照劳动合同约定和国家规定，向劳动者及时足额支付劳动报酬。

用人单位拖欠或者未足额支付劳动报酬的，劳动者可以依法向当地人民法院申请支付令，人民法院应当依法发出支付令。

用人单位应当严格执行劳动定额标准，不得强迫或者变相强迫劳动者加班。用人单位安排加班的，应当按照国家有关规定向劳动者支付加班费。

劳动者拒绝用人单位管理人员违章指挥、强令冒险作业的，不视为违反劳动合同。

劳动者对危害生命安全和身体健康的劳动条件，有权对用人单位提出批评、检举和控告。

2. 劳动合同的变更

用人单位变更名称、法定代表人、主要负责人或者投资人等事项，不影响劳动合同的履行。

用人单位发生合并或者分立等情况，原劳动合同继续有效，劳动合同由承继其权利和义务的用人单位继续履行。

用人单位与劳动者协商一致，可以变更劳动合同约定的内容。变更劳动合同，应当采用书面形式。

变更后的劳动合同文本由用人单位和劳动者各执一份。

（三）劳动合同的解除及终止

1. 劳动合同的解除

用人单位与劳动者协商一致，可以解除劳动合同。用人单位向劳动者提出解除劳动合同并与劳动者协商一致解除劳动合同的，用人单位应当向劳动者给予经济补偿。

劳动者提前 30 日以书面形式通知用人单位，可以解除劳动合同。劳动者在试用期内提前 3 日通知用人单位，可以解除劳动合同。

（1）劳动者可以解除劳动合同的情形。

《劳动合同法》规定，用人单位有表 8-1 情形之一的，劳动者可以解除劳动合同，用人单位应当向劳动者支付经济补偿。

**表 8-1　劳动者单方解除劳动合同的情形**

| 解除类型 | 预告解除 | 立即解除 |
|---|---|---|
| 通知方式 | ①劳动者提前 30 日以书面形式通知用人单位；<br>②试用期内提前 3 日通知用人单位 | 不需事先告知用人单位 |
| 具体情形 | ①未按约定提供劳动保护或者劳动条件的；<br>②未及时足额支付劳动报酬的；<br>③未依法为劳动者缴纳社会保险费的；<br>④用人单位的规章制度违反法律、法规的规定，损害劳动者权益的；<br>⑤因以欺诈、胁迫的手段或者乘人之危，使对方在违背真实意思的情况下订立或者变更劳动合同的规定的情形致使劳动合同无效的 | ①用人单位以暴力、威胁或者非法限制人身自由的手段强迫劳动者劳动的；<br>②用人单位违章指挥、强令冒险作业危及劳动者人身安全的 |

（2）用人单位可以解除劳动合同的情形。

用人单位单方解除劳动合同，应当事先将理由通知工会。用人单位违反法律、行政法规规定或者劳动合同约定的，工会有权要求用人单位纠正。用人单位应当研究工会的意见，并将处理结果书面通知工会。

除用人单位与劳动者协商一致，用人单位可以与劳动者解除合同外，表 8-2 所列情形，用人单位也可以与劳动者解除合同。

**表 8-2　用人单位解除劳动合同情形**

| 解除类型 | 预告解除 | 随时解除 |
|---|---|---|
| 通知及补偿 | ①用人单位提前 30 日以书面形式通知劳动者；<br>②额外支付 1 个月工资 | ①用人单位可随时解除；<br>②不支付补偿 |
| 具体情形 | ①劳动者患病或非因工负伤，医疗期满后不能从事原工作，也不能从事另行安排工作的；<br>②劳动者不能胜任工作，经过培训或调整工作岗位仍不能胜任的；<br>③原劳动合同订立时所依据的客观情况发生重大变化，致使合同无法履行，未能就变更合同达成协议的 | ①在试用期间被证明不符合录用条件的；<br>②严重违反劳动纪律或单位规章制度的；<br>③严重失职、营私舞弊，对用人单位造成重大损害的；<br>④劳动者同时与其他用人单位建立劳动关系，对完成本单位工作造成严重影响，经过提出拒不改正的；<br>⑤以欺诈胁迫手段或乘人之危与单位订立劳动合同，致使劳动合同无效的；<br>⑥被依法追究刑事责任的 |

（3）经济性裁员。

有下列情形之一，需要裁减人员 20 人以上或者裁减不足 20 人但占企业职工总数 10% 以上的，用人单位提前 30 日向工会或者全体职工说明情况，听取工会或者职工的意见后，裁减人员方案经向劳动行政部门报告，可以裁减人员，用人单位应当向劳动者支付经济补偿：1）依照企业破产法规定进行重整的；2）生产经营发生严重困难的；3）企业转产、重大技术革新或者经营方式调整，经变更劳动合同后，仍需裁减人员的；4）其他因劳动合同订立时所依据的客观经济情况发生重大变化，致使劳动合同无法履行的。

裁减人员时，应当优先留用下列人员：1）与本单位订立较长期限的固定期限劳动合同的；2）与本单位订立无固定期限劳动合同的；3）家庭无其他就业人员，有需要扶养的老人或者未成年人的。

用人单位依照规定裁减人员，在6个月内重新招用人员的，应当通知被裁减的人员，并在同等条件下优先招用被裁减的人员。

（4）用人单位不得解除劳动合同的情形。

劳动者有下列情形之一的，用人单位不得解除劳动合同：1）从事接触职业病危害作业的劳动者未进行离岗前职业健康检查，或者疑似职业病病人在诊断或者医学观察期间的；2）在本单位患职业病或者因工负伤并被确认丧失或者部分丧失劳动能力的；3）患病或者非因工负伤，在规定的医疗期内的；4）女职工在孕期、产期、哺乳期的；5）在本单位连续工作满15年，且距法定退休年龄不足5年的；6）法律、行政法规规定的其他情形。

**【例题 8-1】** 劳动者的下列情形中，用人单位可以随时解除劳动合同的是（　　）。

A. 在试用期后被证明不符合录用条件　　B. 严重违反用人单位的规章制度

C. 被起诉有大量欠债　　D. 经常生病不能从事岗位工作

［答案］B

**【例题 8-2】** 下列情形中，用人单位可以解除劳动合同的是（　　）。

A. 职工患病，在规定的医疗期内　　B. 女职工在孕期内

C. 女职工在哺乳期内　　D. 在试用期间被证明不符合录用条件

［答案］D

**【例题 8-3】** 劳动合同履行过程中，劳动者不需事先告知用人单位，可以立即与用人单位解除劳动合同的情形有（　　）。

A. 在试用期

B. 用人单位濒临破产

C. 用人单位未依法缴纳社会保险费

D. 用人单位违章指挥、强令冒险作业危及劳动者人身安全

E. 用人单位以暴力、威胁手段强迫劳动者劳动

［答案］D、E

**【例题 8-4】** 用人单位可以解除劳动合同，但是应当提前30日以书面形式通知劳动者本人或者额外支付劳动者一个月工资的情况有（　　）

A. 严重违反用人单位规章制度的

B. 劳动者患病或者非因工负伤，在规定的医疗期满后不能从事原工作，也不能从事由用人单位另行安排工作的

C. 严重失职，营私舞弊，对用人单位造成重大损害的

D. 劳动者不能胜任工作，经过培训或者调整工作岗位，仍不能胜任工作的

E. 劳动合同订立时所依据的客观情况发生重大变化，致使劳动合同无法履行，经当事人协商不能就变更劳动合同内容达成协议的

［答案］B、D、E

2. 劳动合同终止

《劳动合同法》规定，有下列情形之一的，劳动合同终止。用人单位与劳动者不得在《劳动合同法》规定的劳动合同终止情形之外约定其他的劳动合同终止条件。

（1）劳动者达到法定退休年龄的，劳动合同终止。

（2）劳动合同期满的。除用人单位维持或者提高劳动合同约定条件续订劳动合同，劳动者不同意续订的情形外，依照本项规定终止同定期限劳动合同的，用人单位应当向劳动者支付经济补偿。

（3）劳动者开始依法享受基本养老保险待遇的。

（4）劳动者死亡，或者被人民法院宣告死亡或者宣告失踪的。

（5）用人单位被依法宣告破产的；依照本项规定终止劳动合同的，用人单位应当向劳动者支付经济补偿。

（6）用人单位被吊销营业执照、责令关闭、撤销或者用人单位决定提前解散的；依照本项规定终止劳动合同的，用人单位应当向劳动者支付经济补偿。

（7）法律、行政法规规定的其他情形。

3. 终止劳动合同的经济补偿

（1）经济补偿的情形。

1）以完成一定工作任务为期限的劳动合同终止的补偿。以完成一定工作任务为期限的劳动合同因任务完成而终止的，用人单位应当依照规定向劳动者支付经济补偿。

2）工伤职工的劳动合同终止的补偿。用人单位依法终止工伤职工的劳动合同的，除依照规定支付经济补偿外，还应当依照国家有关工伤保险的规定支付一次性工伤医疗补助金和伤残就业补助金。

3）违反《劳动合同法》的规定解除或者终止劳动合同的补偿。用人单位违反《劳动合同法》的规定解除或者终止劳动合同，依照《劳动合同法》规定的经济补偿标准的 2 倍向劳动者支付赔偿金的，不再支付经济补偿。赔偿金的计算年限自用工之日起计算。

（2）补偿标准。

经济补偿按劳动者在本单位工作的年限，每满 1 年支付 1 个月工资的标准向劳动者支付。6 个月以上不满 1 年的，按 1 年计算；不满 6 个月的，向劳动者支付半个月工资的经济补偿。

劳动者月工资高于用人单位所在直辖市、设区的市级人民政府公布的本地区上年度职工月平均工资 3 倍的，向其支付经济补偿的标准按职工月平均工资 3 倍的数额支付，向其支付经济补偿的年限最高不超过 12 年。

月工资是指劳动者在劳动合同解除或者终止前 12 个月的平均工资。按照劳动者应得工资计算，包括计时工资或者计件工资以及奖金、津贴和补贴等货币性收入。劳动者在劳动合同解除或者终止前 12 个月的平均工资低于当地最低工资标准的，按照当地最低工资标准计算。劳动者工作不满 12 个月的，按照实际工作的月数计算平均工资。

4. 违约与赔偿

用人单位违反《劳动合同法》规定解除或者终止劳动合同，劳动者要求继续履行劳动合同的，用人单位应当继续履行；劳动者不要求继续履行劳动合同或者劳动合同已经不能继续履行的，用人单位应当依照《劳动合同法》规定的经济补偿标准的 2 倍向劳动者支付赔偿金。

（四）劳动争议的处理

2008 年 5 月 1 日开始施行的《中华人民共和国劳动争议调解仲裁法》（以下简称《劳动争议调解仲裁法》）规定："发生劳动争议，当事人不愿协商、协商不成或者达成和解协议后不履行的，可以向调解组织申请调解；不愿调解、调解不成或者达成调解协议后不履行的，可以向劳动争议仲裁委员会申请仲裁；对仲裁裁决不服的，除本法另有规定的外，可以向人民法院提起诉讼。"

1. 协商解决

发生劳动争议，劳动者可以与用人单位协商，也可以请工会或者第三方共同与用人单位协商，达成和解协议。

2. 调解解决

发生劳动争议，当事人可以到下列调解组织申请调解：

（1）企业劳动争议调解委员会。

（2）依法设立的基层人民调解组织。

（3）在乡镇、街道设立的具有劳动争议调解职能的组织。

经调解达成协议的，应当制作调解协议书。

调解协议书由双方当事人签名或者盖章，经调解员签名并加盖调解组织印章后生效，对双方当事人具有约束力，当事人应当履行。

自劳动争议调解组织收到调解申请之日起 15 日内未达成调解协议的，当事人可以依法申请仲裁。

达成调解协议后，一方当事人在协议约定期限内不履行调解协议的，另一方当事人可以依法申请仲裁。

因支付拖欠劳动报酬、工伤医疗费、经济补偿或者赔偿金事项达成调解协议，用人单位在协议约定期限内不履行的，劳动者可以持调解协议书依法向人民法院申请支付令。人民法院应当依法发出支付令。

3. 劳动争议仲裁

（1）劳动争议仲裁的原则。

1）一次裁决原则。即劳动争议仲裁实行一次裁决制度，一次裁决即为终局裁决。当事人如不服仲裁裁决，只能依法向人民法院起诉，不得向上一级仲裁委员会申请复议或要求重新处理。

2）合议原则。仲裁庭裁决劳动争议案件，实行少数服从多数的原则。合议原则是民主集中制在仲裁工作中的体现，其目的是为了保证仲裁裁决的公正性。

3）强制原则。劳动争议仲裁实行强制原则，主要表现为：当事人申请仲裁无须双方达成一致协议，只要一方申请，仲裁委员会即可受理；在仲裁庭对争议调解不成时，无须得到当事人的同意，可直接行使裁决权；对发生法律效力的仲裁文书，可申请人民法院强制执行。

（2）劳动争议仲裁的申请与受理。

1）申请。劳动争议申请仲裁的时效期间为一年。仲裁时效期间从当事人知道或者应当知道其权利被侵害之日起计算。

仲裁时效，因当事人一方向对方当事人主张权利，或者向有关部门请求权利救济，或者对方当事人同意履行义务而中断，从中断时起，仲裁时效期间重新计算。

因不可抗力或者有其他正当理由，当事人不能在规定的仲裁时效期间申请仲裁的，仲裁时效中止。从中止时效的原因消除之日起，仲裁时效期间继续计算。

劳动关系存续期间因拖欠劳动报酬发生争议的，劳动者申请仲裁不受规定的仲裁时效期间的限制；但是，劳动关系终止的，应当自劳动关系终止之日起 1 年内提出。

申请人申请仲裁应当提交书面仲裁申请。

2）受理。劳动争议仲裁委员会收到仲裁申请之日起 5 日内，认为符合受理条件的，应当受理，并通知申请人；认为不符合受理条件的，应当书面通知申请人不予受理，并说明理由。对劳动争议仲裁委员会不予受理或者逾期未做出决定的，申请人可以就该劳动争议事项向人民法院提起诉讼。

被申请人收到仲裁申请书副本后，应当在 10 日内向劳动争议仲裁委员会提交答辩书。劳动争议仲裁委员会收到答辩书后，应当在 5 日内将答辩书副本送达申请人。被申请人未提交答辩书的，不影响仲裁程序的进行。

（3）审理。

申请人收到书面通知，无正当理由拒不到庭或者未经仲裁庭同意中途退庭的，可以视为撤回仲裁申请。被申请人收到书面通知，无正当理由拒不到庭或者未经仲裁庭同意中途退庭的，可以缺席裁决。

仲裁庭裁决劳动争议案件，应当自劳动争议仲裁委员会受理仲裁申请之日起 45 日内结束。案情复杂需要延期的，经劳动争议仲裁委员会主任批准，可以延期并书面通知当事人，但是延长期限不得超过 15 日。逾期未做出仲裁裁决的，当事人可以就该劳动争议事项向人民法院提起诉讼。

（4）执行。

当事人对仲裁裁决不服的，自收到裁决书之日起 15 日内，可以向人民法院起诉；期满不起诉的，裁决书即发生法律效力。但是，下列劳动争议，除《劳动争议调解仲裁法》另有规定的外，仲裁裁决为终局裁决，裁决书自做出之日起发生法律效力。

1）追索劳动报酬、工伤医疗费、经济补偿或者赔偿金，不超过当地月最低工资标准 12 个月金额的争议。

2）因执行国家的劳动标准在工作时间、休息休假、社会保险等方面发生的争议。

当事人对发生法律效力的调解书和裁决书，应当依照规定的期限履行。一方当事人逾期不履行的，另一方当事人可以依照民事诉讼法的有关规定向人民法院申请强制执行。

4. 诉讼

人民法院受理劳动争议案件的条件有两个：其一是争议案件已经过劳动争议仲裁委员会仲裁；其二是争议案件的当事人在接到仲裁决定书之日起 15 日内向法院提起。人民法院处理劳动争议适用《民事诉讼法》规定的程序，由各级人民法院民庭受理，实行两审终审。

## 四、劳动保护

### （一）劳动保护概念

它是指根据国家法律、法规，依靠技术进步和科学管理，采取组织措施和技术措施，消除危及人身安全健康的不良条件和行为，防止事故和职业病，保护劳动者在劳动过程中的安全与健康，其内容包括劳动安全、劳动卫生、未成年工保护、女职工保护等制度。

### （二）劳动保护内容

#### 1. 劳动安全保护

为了保护劳动者的劳动安全，防止和消除劳动者在劳动和生产过程中的伤亡事故，以及防止生产设备遭到破坏，我国《劳动法》和其他相关法律、法规制定了劳动安全技术规程。安全技术规程主要包括：（1）机器设备的安全；（2）电气设备的安全；（3）锅炉、压力的容器的安全；（4）建设工程的安全；（5）交通道路的安全。企业必须按照这些安全技术规程使各种生产设备达到安全标准，切实保护劳动者的劳动安全。

#### 2. 劳动卫生保护

为了保护劳动者在劳动生产过程中的身体健康，避免有毒、有害物质的危害，防止、消除职业中毒和职业病，我国制定了有关劳动卫生方面的法律、法规：《劳动法》《环境保护法》《工厂安全卫生规程》《国务院关于加强防尘防毒工作的规定》《关于防止厂矿企业中粉尘危害的决定》《工业企业设计卫生标准》《工业企业噪声卫生标准》《防暑降温暂行办法》《中华人民共和国关于防治尘肺病条例》等。这些法律、法规都制定了相应的劳动卫生规程，主要包括以下内容：（1）防止粉尘危害；（2）防止有毒、有害物质的危害；（3）防止噪声和强光的刺激；（4）防暑降温和防冻取暖；（5）通风和照明；（6）个人保护用品的供给。企业必须按照这些劳动卫生规程达到劳动卫生标准，才能切实保护劳动者的身体健康。

#### 3. 未成年工保护

未成年工是指年满16周岁不满18周岁的劳动者。由于未成年工的身体还没有完全发育成熟，从事某些工作会危害生长发育和身体健康，因此，国外对未成年人就业做出了一些保护性的规定，主要包括：

（1）用人单位不得安排从事矿山井下及有毒有害的工作；

（2）不得安排从事重体力劳动；

（3）不得安排从事其他禁忌从事的劳动，包括森林业伐木、归楞及流放作业、高空作业、放射性物质超标的作业以及其他会影响生长发育的作业；

（4）要对未成年工定期进行健康检查。一般说来，这些未成年人虽然已经可以参加工作，但是生理上和心理上还不成熟，家长最好不要让他们过早参加工作。如果能让他们在就业之前参加一两年的职业技术培训，掌握一些实用技术，在外出以后就能发挥自己的优势。

#### 4. 女职工劳动保护规定

（1）为维护女职工的合法权益，减少和解决女职工在劳动和工作（以下统称劳动）中因生理特点造成的特殊困难，保护其健康，以利于社会主义现代化建设，特定本规定。

（2）本规定适用于中华人民共和国境内一切国家机关、人民团体、企业、事业单位（以下统称单位）的女职工。

（3）凡适合妇女从事劳动的单位，不得拒绝招收女职工。

（4）不得在女职工怀孕期、产期、哺乳期降低其基本工资，或者解除劳动合同。

（5）禁止安排女职工从事矿山井下、国家规定的第四级体力劳动强度的劳动和其他女职工禁忌从事的劳动。

（6）女职工在月经期间，所在单位不得安排其从事高空、低温、冷水和国家规定的第三级体力劳动强度的劳动。

（7）女职工在怀孕期间，所在单位不得安排其从事国家规定的第三级体力劳动强度的劳动和孕期禁忌从事的劳动，不得在正常劳动日以外延长劳动时间，对不能胜任原劳动的，应当根据医务部门的证明，予以减轻劳动量或者安排其他劳动。

怀孕 7 个月以上（含 7 个月）的女职工，一般不得安排其从事夜班劳动，在劳动时间内应安排一定的休息时间。

怀孕的女职工，在劳动时间内进行产前检查，应当算作劳动时间。

（8）女职工产假为 90 天，其中产前休假 15 天。难产的，增加产假 15 天。多胞胎生育的，每多生 1 个婴儿，增加产假 15 天。

女职工怀孕流产的，其所在单位应当根据医务部门的证明，给予一定时间的产假。

（9）有不满 1 周岁婴儿的女职工，其所在单位应当在每班劳动时间内给予其两次哺乳（含人工喂养）时间，每次 30 分钟。多胞胎生育的，每多哺乳 1 个婴儿，每次哺乳时间增加 30 分钟。女职工每班劳动时间内的两次哺乳时间，可以合并使用，哺乳时间和在本单位内哺乳往返途中的时间，算作劳动时间。

（10）女职工在哺乳期内，所在单位不得安排其从事国家规定的第三级体力劳动强度的劳动和哺乳期禁忌从事的劳动，不得延长其劳动时间，一般不得安排其从事夜班劳动。

（11）女职工比较多的单位应当按照国家有关规定，以自办或者联办的形式，逐步建立女职工卫生室、孕妇休息室、哺乳室、托儿所、幼儿园等设施，并妥善解决女职工在生理卫生、哺乳、照料婴儿方面的困难。

（12）女职工劳动保护的权益受到侵害时，有权向所在单位的主管部门或者当地劳动部门提出申诉。受理申诉的部门应当自收到申诉书之日起 30 日内作出处理决定，女职工对处理决定不服的，可以在收到处理决定书之日起 15 日内向人民法院起诉。

（13）对违反本规定侵害女职工劳动保护权益的单位负责人及其直接责任人员，其所在单位的主管部门，应当根据情节轻重，给予行政处分，并责令该单位给予被侵害女职工合理的经济补偿；构成犯罪的，由司法机关依法追究刑事责任。

（14）各级劳动部门负责对本规定的执行进行检查。

各级卫生部门和工会、妇联组织有权对本规定的执行进行监督。

（15）女职工违反国家有关计划生育规定的，其劳动保护应当按照国家有关计划生育规定办理，不适用本规定。

（16）女职工因生理特点禁忌从事劳动的范围由劳动部规定。

（17）省、自治区、直辖市人民政府可以根据规定，制定具体办法。

（18）本规定由劳动部负责解释。

（19）本规定自1988年9月1日起施行。1953年1月2日政务院修正发布的《中华人民共和国劳动保险条例》中有关女工人、女职员生育待遇的规定和1955年4月26日《国务院关于女工作人员生产假期的通知》同时废止。

## 第五节 经 济 法

### 一、公司法

#### （一）公司法概念与调整范围

1. 公司法的概念

公司法是调整公司在其设立、经营、变更、终止过程中所发生的经济关系的法律规范的总称。《中华人民共和国公司法》（以下简称《公司法》）于1993年12月29日由第八届全国人民代表大会常务委员会第五次会议通过。2013年12月28日第十二届全国人民代表大会常务委员会第六次会议修订，《公司法》对确定公司这一市场主体的法律地位，规范公司的组织和行为，保护公司、股东和债权人的合法权益，维护社会经济秩序，促进社会主义市场经济的发展，有着重要的意义。

2. 公司法的调整范围

《公司法》第二条规定：“本法所称的公司是指依照本法在中国境内设立的有限责任公司和股份有限公司。”因此，我国《公司法》的调整范围只包括有限责任公间和股份有限公司，对其他公司没有做出规定。

#### （二）有限责任公司

1. 有限责任公司概念

有限责任公司是指依照《公司法》在中国境内设立的，由50个以下的股东共同出资，股东以其认缴的出资额对公司承担有限责任，公司以其全部资产对公司的债务承担责任的企业法人。

2. 有限责任公司特征

（1）公司资本的不等额性。

有限责任公司的全部资本不必划分为等额股份，股东按协议确定出资比例，按出资比例享有权利、承担义务和风险，股东的股权表现形式是公司签发的出资证明书。

（2）股东人数的相对稳定性。

有限责任公司股东人数的最高限额均由法律严格规定，使得股东人数相对稳定，而不像股份有限公司股东人数是无上限的。股东人数的相对稳定性，决定了股东间的关系较为密切，股东出资的转让也受到严格限制。

（3）股权转让的限制性。

《公司法》第七十二条规定，股东向股东以外的人转让股权，应当经其他股东过半数同意。股东应就其股权转让事项书面通知其他股东征求同意，其他股东自接到书面通知之日起满30日未答复的，视为同意转让。其他股东半数以上不同意转让的，不同意的股东应当购买该转让的股权；不购买的视为同意转让。经股东同意转让的股权，在同等条件下其他股东有优先购买权。

（4）设立程序的简便性。

由于有限责任公司不发行股票，不向社会公开募集资本，这决定了它的设立方式只有发起设立，即由股东共同制定章程，规定全体股东认缴的出资额，最后由指定的代表或委托的代理人向公司登记机关申请设立登记，公司即告成立。

3. 有限责任公司设立条件

（1）股东符合法定人数。

《公司法》规定，有限责任公司由50个以下股东出资设立。

（2）有符合公司章程规定的全体股东认缴的出资额。

有限责任公司的注册资本为在公司登记机关登记的全体股东认缴的出资额。法律、行政法规以及国务院决定对有限责任公司注册资本实缴注册资本最低限额另有规定的，从其规定。

（3）股东共同制订的公司章程。

公司章程是公司设立及活动的基本规则，是公司依法确立公司的内外部法律关系及股东权利和义务的基本法律文件。设立公司必须依法制订公司章程。公司章程对公司、股东、董事、监事、高级管理人员具有约束力。

公司章程应当载明下列事项：

1）公司名称和住所；2）公司经营范围；3）公司注册资本；4）股东的姓名或者名称；5）股东的出资方式、出资额和出资时间；6）公司的机构及其产生办法、职权、议事规则；7）公司法定代表人；8）股东会会议认为需要规定的其他事项。

股东应当在公司章程上签名、盖章。

（4）有公司名称，建立符合有限责任公司要求的组织机构。

公司的名称是公司的标志。依法设立的有限责任公司，必须在公司名称中标明有限责任公司或者有限公司字样；同时，有限责任公司还必须建立与法律规定相一致的组织机构，即设立股东会、董事会或执行董事、监事会或监事。

（5）有公司住所。

公司要有固定的住所，公司的住所是公司主要办事机构所在地：一方面是进行正常生产经营活动的需要；另一方面也便于国家有关部门对其生产经营活动进行必要的监督管理。

4. 有限责任公司股东会

（1）股东会的性质和职权。

有限责任公司的股东会由全体股东组成。

根据《公司法》的规定，有限责任公司股东会是公司的权力机构，是公司的最高决策机关，对公司的重大问题进行决策。有限责任公司的股东会行使下列职权：

1）决定公司的经营方针和投资计划；

2）选举和更换非由职工代表担任的董事监事，决定有关董事监事的报酬事项；

3）审议批准董事会的报告；

4）审议批准监事会或者监事会的报告；

5）审议批准公司的年度财务预算方案、决算方案；

6）审议批准公间的利润分配方案和弥补亏损方案；

7）对公司增加或者减少注册资本作出决议；

8）对发行公司债券作出决议；

9）对公司合并、分立、解散、清算或者变更公司形式做出决议；

10）修改公司章程；

11）公司章程规定的其他职权。

对上款所列事项股东以书面形式一致表示同意的，可以不召开股东会会议，直接作出决定，并由全体股东在决定文件上签名、盖章。

股东会或者股东大会要求董事、监事、高级管理人员列席会议的，董事、监事、高级管理人员应当列席并接受股东的质询。董事、高级管理人员违反法律、行政法规或者公司章程的规定，损害股东利益的，股东可以向人民法院提起诉讼。

（2）股东会的议事规则。

首次股东会会议由出资最多的股东召集和主持。有限责任公司设立董事会或执行董事后，股东会会议分为定期会议和临时会议。

定期会议应当依照公司章程的规定按时召开。代表1/10以上表决权的股东，1/3以上的董事、监事会或者不设监事会的公司的监事提议召开临时会议的，应当召开临时会议。

召开股东会议，应当于会议召开15日前通知全体股东，但是，公司章程另有规定或者全体股东另有约定的除外。

有限责任公司设立董事会的，股东会议由董事会召集，董事长主持；董事长不能履行职务或者不履行职务的，由副董事长主持；副董事长不能履行职务或者不履行职务的，由半数以上董事共同推举1名董事主持；有限责任公司不设董事会的，股东会会议由执行董事召集和主持。

董事会或者执行董事不能履行或者不履行召集股东会会议职责的，由监事会或者不设监事会的公司的监事召集和主持；监事会或者监事不召集和主持的，代表1/10以上表决权的股东可以自行召集和主持。

股东会会议由股东按照出资比例行使表决权；但是，公司章程另有规定的除外。

股东会会议作出修改公司章程、增加或者减少注册资本的决议，以及公司合并、分立、解散或者变更公司形式的决议，必须经代表2/3以上表决权的股东通过。

股东会应当对所议事项的决定作成会议记录，出席会议的股东应当在会议记录上签名。

5. 有限责任公司董事会

（1）董事会的设立及职权。

有限责任公司设董事会，其成员为3~13人；但是，设有执行董事的除外。

两个以上的国有企业或者两个以上的其他国有投资主体投资设立的有限责任公司，其董事会成员中应当有公司职工代表；其他有限责任公司董事会成员中可以有公司职工代表。董事会中的职工代表由公司职工通过职工代表大会、职工大会或者其他形式民主选举产生。

董事会设董事长1人，可以设副董事长。董事长、副董事长的产生办法由公司章程规定。董事任期由公司章程规定，但每届任期不得超过3年。董事任期届满，连选可以连任。董事任期届满未及时改选，或者董事在任期内辞职导致董事会成员低于法定人数的，在改选出的董事就任前，原董事仍应当依照法律、行政法规和公司章程的规定，履行董事职务。

董事会对股东会负责，行使下列职权：1）召集股东会会议，并向股东会报告工作；2）执行股东会的决议；3）决定公司的经营计划和投资方案；4）制订公司的年度财务预算方案、决算方案；5）制订公司的利润分配方案和弥补亏损方案；6）制订公司增加或者减少注册资本以及发行公司债券的方案；7）制订公司合并、分立、解散或者变更公司形式的方案；8）决定公司内部管理机构的设置；9）决定聘任或者解聘公司经理及其报酬事项，并根据经理的提名决定聘任或者解聘公司副经理、财务负责人及其报酬事项；10）制订公司的基本管理制度；11）公司章程规定的其他职权。

（2）董事会会议。

董事会议由董事长召集和主持；董事长不能履行职务或者不履行职务的，由副董事长召集和主持；副董事长不能履行职务或者不履行职务的，由半数以上董事共同推举1名董事召集和主持。

董事会决议的表决，实行一人一票，董事会应当对所议事项的决定作成会议记录，由出席会议的董事在会议记录上签名。

股东人数较少或者规模较小的有限责任公司，可以设1名执行董事，不设董事会。董事可以兼任公司经理，执行董事的职权由公司章程规定。

（3）经理的设立及职权。

有限责任公司可以设经理，由董事会决定聘任或者解聘，经理对董事会负责，行使下列职权：1）拟订公司的基本管理制度；2）制订公司的具体规章；3）提请聘任或者解聘公司副经理财务负责人；4）决定聘任或者解聘除应由董事会决定聘任或者解聘以外的负责管理人员；5）董事会授予的其他职权。公司章程对经理职权另有规定的，从其规定，经理列席董事会会议。

6. 有限责任公司监事会或者监事

（1）监事会、不设监事会的公司的监事行使下列职权：

1）检查公司财务；2）对董事、高级管理人员执行公司职务的行为进行监督，对违反法律、行政法规、公司章程或者股东会决议的董事、高级管理人员提出罢免的建议；3）当董事、高级管理人员的行为损害公司的利益时，要求董事、高级管理人员予以纠正；4）提议召开临时股东会会议，在董事会不履行《公司法》规定的召集和主持股东会会议职责时召集和主持股东会议；5）向股东会会议提出提案；6）依照《公司法》第一百五十二条的规定，对董事、高级管理人员提起诉讼；7）公司章程规定的其他职权。

（2）监事可以列席董事会会议，并对董事会决议事项提出质询或者建议。监事会每年度至少召开一次会议，监事可以提议召开临时监事会会议。监事会决议应当经半数以上监事通过。监事会应当对所议事项的决定作成会议记录，出席会议的监事应当在会议记录上签名。

（3）监事会、不设监事会的公司的监事行使职权所必需的费用，由公司承担。

（4）董事、高级管理人员应当如实向监事会或者不设监事会的有限责任公司的监事提供有关情况和资料，不得妨碍监事会或者监事行使职权。监事会或者不设监事会的有限责限责任公司的监事可以依法向人民法院提起诉讼。

7. 一人有限责任公司的概念和特别规定

一人有限责任公司，是指只有一个自然人股东或者一个法人股东的有限责任公司。

其特别规定主要包括以下几方面。

(1) 一个自然人只能投资设立一个一人有限责任公司，该一人有限责任公司不能投资设立新的一人有限责任公司。

(2) 应当在公司登记中注明自然人独资或者法人独资，并在公司营业执照中载明。

(3) 一人有限责任公司不设股东会。股东行使相应职权做出决定时，应当采用书面形式，并由股东签字后置备于公司。

(4) 应当在每一会计年度终了时编制财务会计报告，并经会计师事务所审计。

(5) 一人有限责任公司的股东不能证明公司财产独立于股东自己的财产的，应当对公司债务承担连带责任。

(三) 股份有限公司

1. 股份有限公司概念

股份有限公司是指公司资本为股份所组成的公司，股东以其认购的股份为限对公司承担责任的企业法人。

《公司法》规定，设立股份有限公司，应当有 2 人以上 200 以下为发起人。由于所有股份公司均须是负担有限责任的有限公司（但并非所有有限公司都是股份公司），所以一般合称“股份有限公司”。

2. 股份有限公司特征

(1) 股东具有广泛性。

股份有限公司通过向社会公众广泛发行股票筹集资本，任何投资者只要认购股票和支付股款，都可成为股份有限公司的股东。

(2) 出资具有股份性。

股份制公司中，股东的出资具有股份性。这一特征是股份有限公司和有限责任公司的区别之一。股份有限公司的全部资本划分为金额相等的股份，股份是构成公司资本的最小单位。

(3) 股东责任有限性。

股份有限公司的股东对公司债务仅就其认购的股份为限承担责任，公司的债权人不得直接向公司股东提出清偿债务的要求。

(4) 股份公开、自由性。

股份公开性、自由性包括股份的发行和转让。股份有限公司通常都以发行股票的方式公开募集资本，这种募集方式使得股东人数众多、分散、广泛。同时，为提高股份的融资能力和吸引投资者，股份必须有较高程度的流通性，股票必须能够自由转让和交易。

(5) 公司的公开性。

股份有限公司的经营状况不仅要向股东公开，还必须向社会公开。使社会公众了解公司的经营状况，这也是和有限责任公司的区别之一。

3. 股份有限公司设立条件

（1）发起人符合法定的资格，达到法定的人数。

发起人的资格是指发起人依法取得的创立股份有限公司的资格。股份有限公司的发起人可以是自然人，也可以是法人，但发起人中须有过半数的人在中国境内有住所。

设立股份有限公司，必须达到法定的人数，应有2人以上200人以下的发起人。国有企业改建为股份有限公司的，发起人可以少于5人，但应当采取募集设立方式。规定发起人的最低限额，是设立股份有限公司的国际惯例。如果发起人的最低限额没有规定，一则发起人太少难以履行发起人的义务，二则可以防止少数发起人损害其他股东的合法权益。对发起人的最高限额则无规定的必要。

（2）发起人认缴和向社会公开募集的股本达到法定的最低限额。

股份有限公司须具备基本的责任能力，为保护债权人的利益，设立股份有限公司必须要达到法定资本额。我国股份有限公司的资本最低限额不得低于500万元人民币。对有特定要求的股份有限公司的注册资本最低限额需要高于上述最低限额的，由法律、行政法规另行规定。

发起人可以用货币出资，也可以用实物、工业产权、非专利技术、土地使用权作价出资。发起人以货币出资时，应当缴付现金。发起人以货币以外的其他财产权出资时，必须进行评估作价，核实财产，并折合为股份，且应当依法办理其财产权的转移手续，将财产权同发起人转归公司所有。

（3）股份发行、筹办事项符合法律规定。

股份发行、筹办事项符合法律规定，是设立股份有限公司所必须遵循的原则。

股份的发行是指股份有限公司在设立时为了筹集公司资本，出售和募集股份的法律行为。这里讲的股份的发行是设立发行，是设立公司的过程中，为了组建股份有限公司，筹集组建公司所需资本而发行股份的行为。设立阶段的发行分为发起设立发行和募集设立发行两种。发起设立发行即所有股份均由发起人认购，不得向社会公开招募；招募设立发行即发起人只认购股份的一部分，其余部分向社会公开招募。

股份有限公司的资本划分为股份，每一股的金额相等。公司的股份采取股票的形式。股份的发行实行公开、公平、公正的原则，且必须同股同权、同股同利。同次发行的股份、每股的发行条件、发行价格应当相同。

以发起方式设立股份有限公司的，发起人以书面认足公司章程规定及发行的股份后，应即缴纳全部股款。

以募集方式设立股份有限公司的，发起人认购的股份不得少于公司股份总数的35%，其余份应当向社会公开募集。发起人向社会公开募集股份时，必须依法经国务院证券管理部门批准，并公告招股说明书，制作认股书，由依法批准设立的证券经营机构承销，签订承销协议，同银行签订代收股款协议，由银行代收和保存股款，向认股人出具收款单据。

招股说明书应载明下列事项：

1）发起人认购的股份数；

2）每股的票面金额和发行价格；

3）无记名股票的发行总数；

4）认股人的权利、义务；

5）本次募股的起止期限及逾期募足时认股人可以撤回所认股份的说明；

6）资金用途。

（4）发起人制定公司章程，并经创立大会通过。

股份有限公司的章程，是股份有限公司重要的文件，其中规定了公司最重要的事项，它不仅是设立公司的基础，也是公司及其股东的行为准则。因此，公司章程虽然由发起人制订，但以募集设立方式设立股份有限公司的，必须召开由认股人组成的创立大会，并经创立大会决议通过。

（5）有公司名称，建立符合公司要求的组织机构。

名称是股份有限公司作为法人必须具备的条件。公司名称必须符合企业名称登记管理的有关规定，股份有限公司的名称还应标明“股份有限公司”字样。

股份有限公司必须有一定的组织机构，对公司实行内部管理和对外代表公司。股份有限公司的组织机构是股东大会、董事会、监事会和经理。股东大会做出决议；董事会是执行公司股东大会决议的执行机构；监事会是公司的监督机构，依法对董事、经理和公司的活动实行监督；经理是由董事会聘任，主持公司的日常生产经营管理工作，组织实施董事会决议。

（6）有固定的生产经营场所和必要的生产经营条件。

4. 股份有限公司股东大会

股份有限公司股东大会由全体股东组成。股东大会是公司的权力机构，依《公司法》规定行使职权。《公司法》中关于有限责任公司股东会职权的规定，适用于股份有限公司股东大会。

（1）股东大会的形式。

股份有限公司的股东大会分为年会和临时股东大会两种。股东大会应当每年召开一次年会。上市公司的年度股东大会应当于上一会计年度结束后的6个月内举行。

有下列情形之一的，应当在2个月内召开临时股东大会：

1）董事人数不足《公司法》规定人数或者公司章程所规定人数的2/3时；2）公司未弥补的亏损达实收股本总额的1/3以上时；3）单独或合计持有公司10%以上股份的股东请求召开时；4）董事会认为必要时；5）监事会提议召开时；6）公司章程规定的其他情形。

（2）股东大会的召开。

股东大会会议由董事会召集，董事长主持；董事长不能履行职务或者不履行职务的，由副董事长主持；副董事长不能履行职务或者不履行职务的，由半数以上董事共同推举1名董事主持。董事会不能履行或者不履行召集股东大会会议职责的，监事会应当及时召集和主持；监事会不召集和主持的，连续90日以上单独或者合计持有公司10%以上股份的股东可以自行召集和主持。

召开股东大会会议，应当将会议召开的时间、地点和审议的事项于会议召开20日前通知各股东；临时股东大会应当于会议召开15日前通知各股东；发行无记名股票的，应当于会议召开30日前公告会议召开的时间、地点和审议事项。

（3）股东大会的决议。

股东出席股东大会会议，所持每一股份有一表决权。但是，公司持有的本公司股份没有表决权。股东可以委托代理人出席股东大会会议，代理人应当向公司提交股东授权委托书，并在授权范围内行使表决权。

股东大会做出决议，必须经出席会议的股东所持表决权过半数通过。但是，股东大会做出修改公司章程、增加或者减少注册资本的决议，以及公司合并、分立、解散或者变更公司形式的决议，必须经出席会议的股东所持表决权的2/3以上通过。

股东大会应当对所议事项的决定作成会议记录，主持人、出席会议的董事应当在会议记录上签名。会议记录应当与出席股东的签名册及代理出席的委托书一并保存。

5. 股份有限公司董事会

（1）董事会的性质和组成。

股份有限公司的董事会是股东大会的执行机构，对股东大会负责。股份有限公司设董事会，其成员为5~19人。董事会成员中可以有公司职工代表，董事会中的职工代表由公司职工通过职工代表大会或其他形式民主选举产生。《公司法》中关于有限责任公司董事会职权及董事任期的规定，适用于股份有限公司董事会及董事。

（2）董事会的召开。

董事会设董事长1人，可以设副董事长。董事长和副董事长由董事会以全体董事的过半数选举产生。董事长召集和主持董事会会议，检查董事会决议的实施情况。副董事长协助董事长工作，董事长不能履行职务或者不履行职务的，由副董事长履行职务；副董事长不能履行职务或者不履行职务的，由半数以上董事共同推举1名董事履行职务。董事会每年度至少召开2次会议，每次会议应当于会议召开10日前通知全体董事和监事。代表1/10以上表决权的股东、1/3以上董事或者监事会，可以提议召开董事会临时会议。董事长应当自接到提议后10日内，召集和主持董事会会议。董事会召开临时会议，可以另定召集董事会的通知方式和通知时限。

（3）董事会的决议。

董事会会议应有过半数的董事出席可举行。董事会做出决议，必须经全体董事的过半数通过。董事会决议的表决，实行一人一票。董事会会议，应由董事本人出席；董事因故不能出席，可以书面委托其他董事代为出席，委托书中应载明授权范围。董事会应当对会议所议事项的决定作成会议记录，出席会议的董事应当在会议记录上签名。董事应当对董事会的决议承担责任。董事会的决议违反法律法规或者公司章程、股东大会决议，致使公司遭受严重损失的，参与决议的董事对公司负赔偿责任。但经证明在表决时曾表明异议并记载于会议记录的，该董事可以免除责任。

6. 经理

股份有限公司设经理，由董事会决定聘任或者解聘。公司董事会可以决定由董事会成员兼任经理。《公司法》中关于有限责任公司经理职权的规定，适用于股份有限公司经理。

7. 股份有限公司监事会或监事

股份有限公司应当依法设立监事会，监事会是公司的监督机构。

（1）监事会的组成。

股份有限公司监事会成员不得少于3人，应当包括股东代表和适当比例的职工代表，其中，职工代表的比例不得低于1/3，具体比例由公司章程规定。监事会中的职工代表由公司职工通过职工代表大会或其他形式民主选举产生。董事、高级管理人员不得兼任监事。《公司法》中关于有限责任公司监事会职权及监事任期的规定，适用于股份有限公司监事会及监事。

（2）监事会的召开。

监事会设主席1人，可以设副主席。监事会主席和副主席由全体监事过半数选举产生。监事会主席召集和主持监事会会议；监事会主席不能履行职务或者不履行职务的，由监事会副主席召集和主持监事会会议；监事会副主席不能履行职务或者不履行职务的，由半数以上监事共同推举1名监事召集和主持监事会会议。监事会每6个月至少召开1次会议。监事可以提议召开临时监事会会议。监事会的议事方式和表决程序，除《公司法》有规定外，由公司章程规定。监事会应当对所议事项的决定作成会议记录，出席会议的监事应当在会议记录上签名。

8. 股票的发行和转让

（1）股份发行。

1）股份的发行原则。

股份的发行是指股份有限公司为了筹集公司资本而出售和分配股份的法律行为。《公司法》规定，股份的发行，实行公平、公正的原则，同种类的每一股份应当具有同等权利。同次发行的同种类股票，每股的发行条件和价格应当相同；任何单位或者个人所认购的股份，每股应当支付相同价额。

2）股票的发行价格。

股票的发行价格是指股票发行时所使用的价格，也是投资者认购股票时所支付的价格。股票的发行价格可以分为平价发行的价格和溢价发行的价格。《公司法》规定，股票发行价格可以按票面金额，也可以超过票面金额，但不得低于票面金额。

3）公司发行新股。

发行新股是指股份有限公司成立后再向社会募集股份的法律行为，也是增加公司注册资本的行为。公司发行新股，股东大会应当对下列事项做出决议：①新股种类及数额；②新股发行价格；③新股发行的起止日期；④向原有股东发行新股的种类及数额。公司经国务院证券监督管理机构核准公开发行新股时，必须公告新股招股说明书和财务会计报告，并制作认股书。

（2）股份转让。

1）股份转让的概念。

股份转让，是指股份有限公司的股份持有人依法自愿将自己所拥有的股份转让给他人，使他人取得股份成为股东或增加股份数额的法律行为。股份转让具有以下特点：

①股份转让在公司法中特指股份有限公司的股份转让；②股份转让须依法进行；③股份转让属于相对自由的转让；④股份转让在特定情况下受到一定限制；⑤股份转让以股票转让的形式出现；⑥股份转让是一种法律行为。

2）股份转让的法律规定。

①股份转让的地点。股东持有的股份可以依法转让。股东转让其股份，应当在依法设立的证券交易所进行或者按照国务院规定的其他方式进行。

②股份转让的方式。记名股票，由股东以背书方式或者法律、行政法规规定的其他方式转让，转让后，由公司将受让人的姓名或者名称及住所记载于股东名册。

3）股份转让的限制。

①对发起人转让股份的限制。发起人持有的本公司股份，自公司成立之日起 1 年内不得转让。公司公开发行股份前已发行的股份，自公司股票在证券交易所上市交易之日起 1 年内不得转让。

②对公司董事、监事、高级管理人员转让股份的限制。公司董事、监事、高级管理人员应当向公司申报所持有的本公司的股份及其变动情况，在任职期间每年转让的股份不得超过其所持有本公司股份总数的 25%；所持本公司股份自公司股票上市交易之日起 1 年内不得转让。上述人员离职后半年内，不得转让其所持有的本公司股票。公司章程可以对上述人员转让其所持有的本公司股份做出其他限制性规定。

③公司不得收购本公司股份。但是，有下列情形之一的除外：减少公司注册资本；与持有本公司股份的其他公司合并；将股份奖励给本公司职工；股东因对股东大会做出的公司合并、分立决议持异议，要求公司收购其股份的。

④公司不得接受本公司的股票作为质押权的标的。另外，记名股票被盗、遗失或者灭失，股东可以依照《民事诉讼法》规定的公示催告程序，请求人民法院宣告该股票失效。

上市公司的股票，依照有关法律、行政法规及证券交易所规则上市交易。

## 二、税收法律制度

### （一）企业增值税

增值税是以商品和劳务在流转过程中产生的增值额作为征税对象而征收的一种流转税。

1. 纳税人

2017 年 11 月经修改后发布的《中华人民共和国增值税暂行条例》（以下简称《增值税暂行条例》）规定，在中华人民共和国境内销售货物或者加工、修理修配劳务（简称劳务），销售服务、无形资产、不动产以及进口货物的单位和个人，为增值税的纳税人。

纳税人分为一般纳税人和小规模纳税人。小规模纳税人以外的纳税人应向主管税务机关办理登记。小规模纳税人会计核算健全，能够提供准确税务资料的，可以向主管税务机关办理登记，不作为小规模纳税人计算应纳税额。

2. 应纳税额的计算

纳税人兼营不同税率的项目，应当分别核算不同税率项目的销售额；未分别核算销售额的，从高适用税率。纳税人销售货物、劳务、服务、无形资产、不动产（以下统称应税销售行为），应纳税额为当期销项税额抵扣当期进项税额后的余额。当期销项税额小于当期进项税额不足抵扣时，其不足部分可以转结下期继续抵扣。小规模纳税人发生应税销售行为，实行按照销售额和征收税率计算应纳税额的简易办法，并不得抵扣进项税额。纳税人进口货物，按照组成计税价格和《增值税暂行条例》规定的税率计算应纳税额。

纳税人发生应税销售行为，按照销售额和《增值税暂行条例》规定的税率计算收取的增值税额，为销项税额。纳税人发生应税销售行为的价格明显偏低并无正当理由的，由主管税务机关核定其销售额。纳税人购进货物、劳务、服务、无形资产、不动产支付或者负担的增值税额，为进项税额。

纳税人发生应税销售行为，应当向索取增值税专用发票的购买方开具增值税专用发票，并在增值税专用发票上分别注明销售额和销项税额。属于下列情形之一的，不得开具增值税专用发票：（1）应税销售行为的购买方为消费者个人的；（2）发生应税行为适用免税规定的。

财政部、国家税务总局《关于建筑服务等营改增试点政策的通知》（财税〔2017〕58号）规定，建设工程总承包单位为房屋建筑的地基与基础、主体结构提供工程服务，建设单位自行采购全部或部分钢材、混凝土、砌体材料、预制构件的，适用于简易计税方法计税。地基与基础、主体结构的范围，按照《建设工程施工质量验收统一标准》（GB 50300—2013）附录B中的“地基基础”“主体结构”分部工程的范围执行。纳税人提供建筑服务取得的预收款，应在收到预收款时，以取得的预收款扣除支付的分包款后的余额，按照规定的预征率预缴增值税；按照现行规定应在建筑服务发生地预交增值税的项目，纳税人收到预收款时在建筑服务发生地预缴增值税；按照现行规定无须在建筑服务发生地预缴增值税的项目，纳税人收到预付款时在机构所在地预交增值税。适用一般计税方法计税的项目预征率为2%，适用简易计税方法计税的项目预征率为3%。

国家税务总局、住房和城乡建设部、财政部《关于进一步做好建筑行业营改增试点工作的意见》（税总发〔2017〕99号）规定，各地税务部门要积极创造条件，在建材市场、大型工程项目部等地增设专用发票代开点，为砂土石料销售企业、临时经营企业及建筑材料零售企业代开专用发票提供便利，不断提高建筑企业购买建筑材料获得专用发票的比例。各地税务部门要强化对砂土石料等建筑材料销售企业的税收检查，及时处理建筑材料企业拒绝开票、加价开票等违规行为，发现建筑材料销售企业通过不开发票隐瞒收入偷税的，要依法依规严肃查处。各级住房和城乡建设部门及税务部门要进一步加强信息共享，充分利用税收征管数据，对于增值税缴纳单位与工程建设合同承包方不一致的工程项目，重点核查是否存在转包、违法分包、挂靠等行为，一经发现，严肃查处，切实维护建筑市场秩序。

3. 销项税额的抵扣

《增值税暂行条例》规定，下列进项税额准予从销项税额中抵扣：（1）从销售方取得的增值税专用发票上注明的增值税额；（2）从海关取得的海关进口增值税专用缴款书上注明的增值税额；（3）购进农产品，除取得增值税专用发票或者海关进口增值税专用缴款书外，按照农产品收购发票或者销售发票注明的农产品买价和11%的扣除率计算的进项税额，国务院另有规定的除外；（4）自境外单位或者个人购进劳务、服务、无形资产或者境内的不动产，从税务机关或者扣缴义务人取得的代扣代缴税款的完税凭证上注明的增值税额。

纳税人购进货物、劳务、服务、无形资产、不动产，取得的增值税扣缴凭证不符合法律、行政法规或者国务院税务主管部门有关规定的，其进项税额不得从销项税额中抵扣。下列项目的进项税额不得从销项税额中抵扣：（1）用于简易计税方法计税项目、免征增值税项目、集体福利或者个人消费的购进货物、劳务、服务、无形资产和不动产；（2）非正常损失的购进货物，以及相关的劳务和交通运输服务；（3）非正常损失的在产品、产成品所耗用的购进货物（不包括固定资产）、劳务和交通运输服务；（4）国务院规定的其他项目。

4. 税率

按照国务院常务会议决定，从2019年4月1日起，增值税税率调整如下。

（1）纳税人销售货物、劳务、有形动产租赁服务或者进口货物，除下述第（2）项、第（4）项、第（5）项另有规定外，税率为13%。

（2）纳税人销售交通运输、邮政、基础电信、建筑、不动产租赁服务，销售不动产，转让土地使用权，销售或者进口下列货物，税率为9%：1）粮食等农产品、食用植物油、食用盐；2）自来水、暖气、冷气、热水、煤气、石油液化气、天然气、二甲醇、沼气、居民用煤炭制品；3）图书、报纸、杂志、音像制品、电子出版物；4）饲料、化肥、农药、农机、农膜；5）国务院规定的其他货物。

（3）纳税人销售服务、无形资产，除上述第（1）项、第（2）项及下述第（5）项另有规定外，税率为6%。

（4）纳税人出口货物，税率为零；但是，国务院另有规定的除外。

（5）境内单位和个人跨境销售国务院规定范围内的服务、无形资产，税率为零。

（二）环境保护税

环境保护税是为了保护和改善环境，减少污染排放，推进生态文明建设而征收的一种税。

1. 纳税人

2018年1月公布的《中华人民共和国环境保护税法》规定，在中华人民共和国领域和中华人民共和国管辖的其他海域，直接向环境排放应税污染物的企业事业单位和其他生产经营者为环境保护税的纳税人。应税污染物详见该法所附“环境保护税税目税额表”和“应税污染物和当量值表”。有下列情形之一的，不属于直接向环境排放污染物，不缴纳相应污染物的环境保护税：（1）企业事业单位和其他生产经营者向依法设立的污水集中处理、生活垃圾集中处理场所排放应税污染物的；（2）企业事业单位和其他生产经营者在符合国家和地方环境保护标准的设施、场所储存或者处置固体废物的。

依法设立的城乡污水集中处理、生活垃圾集中处理场所超过国家和地方规定的排放标准向环境排放应税污染物的，应当缴纳环境保护税。企业事业单位和其他生产经营者储存或者处置固体废物不符合国家和地方环境保护标准的，应当缴纳环境保护税。

2. 计税依据和应纳税额

应税污染物的计税依据，按照下列方法确定：（1）应税大气污染物按照污染物排放量折合的污染当量数确定；（2）应税水污染物按照污染物排放量折合的污染当量数确定；（3）应税固体废物按照固体废物的排放量确定；（4）应税噪声按照超过国家规定标准的分贝数确定。环境保护税的税目、税额详见所附“环境保护税税目税额表”。

环境保护税应纳税额，按照下列方法计算：（1）应税大气污染物的应纳税额为污染当量数乘以具体适用税额；（2）应税水污染物的应纳税额为污染当量数乘以具体适用税额；（3）应税固体废物的应纳税额为固体废物排放量乘以具体适用税额；（4）应税噪声的应纳税额为超过国家规定标准的分贝数对应的具体适用税额。

3. 税收减免

下列情形，暂予免征环境保护税：（1）农业生产（不包括规模化养殖）排放应税污染物的；（2）机动车、铁路机车、非道路移动机械、船舶和航空器等流动污染源排放应税污染物的；（3）依法设立的城乡污水集中处理、生活垃圾集中处理场所排放相应污染物，不超过国家和地方规定的排放标准的；（4）纳税人综合利用的固体废物，符合国家和地方环境保护标准的；（5）国务院批准免税的其他情形。

纳税人排放应税大气污染物或者水污染物的浓度值低于国家和地方规定标准的污染物排放标准30%的，减按75%征收环境保护税。纳税人排放应税大气污染物或者水污染物的浓度值低于国家或地方规定标准的污染物排放标准50%的，减按50%征收环境保护税。

（三）其他相关税收法律规定

同建设工程有关的税收法律制度还有城市维护建设税、教育费附加、城镇土地使用税、房产税、车船税、印花税等。

1. 城市维护建设税

2020年8月11日第十三届全国人民代表大会常务委员会第二十一次会议通过《中华人民共和国城市维护建设税法》。在中华人民共和国境内缴纳增值税、消费税的单位和个人，为城市维护建设税的纳税人，应当依照该法规定缴纳城市维护建设税。

城市维护建设税，以纳税人实际缴纳的消费税、增值税、营业税税额为计税依据，分别与消费税、增值税、营业税同时缴纳。城市维护建设税税率如下：纳税人所在地在市区的，税率为7%；纳税人所在地在县城、镇的，税率为5%；纳税人所在地不在市区、县城或镇的，税率为1%。

开征城市维护建设税后，任何地区和部门，都不得再向纳税人摊派资金或物资。遇到摊派情况，纳税人有权拒绝执行。

2. 教育费附加

2011年1月经修改后发布的《征收教育费附加的暂行规定》规定，凡缴纳消费税、增值税、营业税的单位和个人，除按照《国务院关于筹措农村中小学办学经费的通知》（国发〔1984〕174号文）的规定缴纳农村教育事业费附加的单位外，都应当缴纳教育费附加。

教育费附加以各单位和个人实际缴纳的增值税、营业税、消费税的税额为计征依据，教育费附加率为3%，分别与增值税、营业税、消费税同时缴纳。

凡办有职工子弟学校的单位，应当先按本规定缴纳教育费附加；教育部门可根据它们办学的情况酌情返还给办学单位，作为对所办学校经费的补贴。办学单位不得借口缴纳教育费附加而撤并学校，或者缩小办学规模。

3. 城镇土地使用税

2013年12月经修改后发布的《中华人民共和国城镇土地使用税暂行条例》（以下简称《城镇土地使用税暂行条例》）规定，在城市、县城、建制镇、工矿区范围内使用土地的单位和个人，为城镇土地使用税的缴纳人。

经省、自治区、直辖市人民政府批准，经济落后地区土地使用税额标准可以适当降低，但降低额不得超过《城镇土地使用税暂行条例》规定最低税额的30%；经济发达地区土地使用税的适用税额标准可以适当提高，但必须报经财政部批准。

下列土地免缴土地使用税：（1）国家机关、人民团体、军队自用的土地；（2）由国家财政部门拨付事业经费的单位自用土地；（3）宗教寺庙、公园、名胜古迹自用的土地；（4）市政街道、广场、绿化地带等公共用地；（5）直接用于农、林、牧、渔业的生产用地；（6）经批准开山填海整治的土地和改造的废弃土地；（7）由财政部另行规定免税的能源、交通、水利设施用地和其他用地。

土地使用税按年计算、分期缴纳。缴纳期限由省、自治区、直辖市人民政府确定。

4. 房产税

2011 年经修改后发布的《中华人民共和国房产税暂行条例》（以下简称《房产税暂行条例》）规定，房产税在城市、县城、建制镇和工矿区征收。房产税由产权所有人缴纳。产权属于全民所有的，由经营管理的单位缴纳。产权出典的，由承典人缴纳。产权所有人、承典人不在房产所在地的，或产权未确定及租典纠纷未解决的，由房产代管人或者使用人缴纳。上述列举的产权所有人、经营管理单位、承典人、房产代管人或者使用人，统称为纳税义务人。

房产税依照原房产原值一次减除 10%～30%后的余值计算缴纳。具体减除幅度，由省、自治区、直辖市人民政府规定。没有房产原值作为依据的，由房产所在地税务机关参考同类房产核定。房产出租的，以房产租金收入为房产税的计税依据。

房产税的税率，依照房产余值计算缴纳的，税率为 1.2%；依照房产租金收入计算缴纳的，税率为 12%。

下列房产免纳房产税：（1）国家机关、人民团体、军队自用的房产；（2）由国家财政部门拨付事业经费的单位自用的房产；（3）宗教寺庙、公园、名胜古迹自用的房产；（4）个人所有非营业用的房产；（5）经财政部批准的免税的其他房产。除《房产税暂行条例》规定外，纳税人纳税确有困难的，可经省、自治区、直辖市人民政府确定，定期减征或者免征房产税。

5. 车船税

2011 年 2 月公布的《中华人民共和国车船税法》规定，在中华人民共和国境内属于该法所附“车船税税目税额表”规定的车辆、船舶（简称车船）的所有人或者管理人，为车船税的纳税人。车辆的适用税额详见“车船税税目税额表”和《中华人民共和国车船税法实施条例》。

下列车船免征车船税：（1）捕捞、养殖渔船；（2）军队、武警部队专用的车船；（3）警用车船；（4）依照法律规定应当予以免税的外国驻华使领馆、国际组织驻华代表机构及其有关人员的车船。

对节约能源、使用新能源的车船可以减征或者免征车船税；对受严重自然灾害影响纳税困难以及有其他特殊原因需要减免、免税的，可以减征或者免征车船税。

从事机动车第三者责任强制险保险业务的保险机构为机动车车船税的扣缴义务人，应当在收取保险费时依法代扣车船税，并出具代收税款凭证。

6. 印花税

2011 年 1 月经修改后发布的《中华人民共和国印花税暂行条例》（以下简称《印花

税暂行条例》）规定，在中华人民共和国境内书立、领受该条例所列举凭证的单位和个人，都是印花税的纳税义务人。

下列凭证为应税纳税凭证：（1）购销、加工承揽、建设工程承包、财产租赁、货物运输、仓储保管、借款、财产保险、技术合同或者具有合同性质的凭证；（2）产权转移书据；（3）营业账簿；（4）权利、许可证照；（5）经财政部确定征税的其他凭证。

纳税人根据应纳税额凭证的性质，分别按比例税率或者按件定额计算应纳税额。具体税率、税额详见《印花税暂行条例》中“印花税税目税率表”。

下列凭证免征印花税：（1）已缴纳印花税的凭证的副本或者抄本；（2）财产所有人将财产赠给政府、社会福利单位、学校所立的书据；（3）经财政部批准免税的其他凭证。

## 三、反不正当竞争法

### （一）反不正当竞争法概述

#### 1. 不正当竞争行为的概念和原则

不正当竞争行为是指经营者在生产经营活动中，违反《反不正当竞争法》规定，扰乱市场竞争秩序，损害其他经营者或者消费者合法权益的行为。

经营者在生产经营活动中，应当遵循自愿、平等、公平、诚信的原则，遵守法律和商业道德。

#### 2. 反不正当竞争法的概念

反不正当竞争法是指调整和制止不正当竞争过程中发生的社会关系的法律规范的总称。《中华人民共和国反不正当竞争法》（以下简称《反不正当竞争法》）是为了促进社会主义市场经济健康发展，鼓励和保护公平竞争，制止不正当竞争行为，保护经营者和消费者的合法权益而制定的。

### （二）不正当竞争行为类型

#### 1. 欺骗性交易行为

欺骗性交易行为是指行为人采用假冒、仿冒、伪造等混淆手段，欺骗消费者与之交易，从而损害竞争对手和消费者权益的行为。

#### 2. 商业贿赂行为

商业贿赂行为是指经营者为了获取交易机会或者竞争优势，向能够影响交易的人秘密给付财物或者其他经济利益的行为。根据《反不正当竞争法》第七条规定，经营者不得采用财务或者其他手段进行贿赂，以谋取交易机会或者竞争优势。

#### 3. 引入误解的虚假宣传行为

虚假宣传是指以广告等其他方法，对商品或服务做与实际情况不相符合的宣传。使消费者误解从而误买的行为。

我国《反不正当竞争法》第八条明确规定，经营者不得对其商品的性能、功能、质量、销售状况、用户评价、曾获荣誉等作虚假或者引人误解的商业宣传，欺骗、误导消费者。经营者不得通过组织虚假交易等方式，帮助其他经营者进行虚假或者引人误解的商业宣传。

4. 侵犯商业秘密行为

商业秘密，是指不为公众所知悉、具有商业价值并经权利人采取相应保密措施的技术信息、经营信息等商业信息。

5. 不正当有奖销售行为

有奖销售是指经营者以提供奖品或奖金的手段进行销售，主要包括附赠式有奖销售和抽奖式有奖销售。有奖销售作为一种促销手段，可以提高产品销售量，给经营者带来经济利益，但若超过一定限度滥用有奖销售，不仅会损害消费者利益，还会扰乱市场秩序，破坏公平竞争。

6. 商业诽谤行为

所谓商业诽谤是指经营者捏造、散布虚假事实，损害竞争对手的商业信誉、商品声誉的行为。《反不正当竞争法》第十一条规定："经营者不得编造、传播虚假信息或者误导性信息，损害竞争对手的商业信誉、商品声誉。"商业信誉、商品声誉是经营者的无形资产，是长期努力经营和活动得来的，能为经营者带来经济利益和市场竞争中的优势地位。为此，法律禁止损害他人商业信誉、商品声誉的不正当竞争行为。

7. 经营者利用网络从事不正当的生产经营活动

经营者不得利用技术手段，通过影响用户选择或者其他方式，实施下列妨碍、破坏其他经营者合法提供的网络产品或者服务正常运行的行为：

（1）未经其他经营者同意，在其合法提供的网络产品或者服务中，插入链接，强制进行目标跳转；

（2）误导、欺骗、强迫用户修改、关闭、卸载其他经营者合法提供的网络产品或者服务；

（3）恶意对其他经营者合法提供的网络产品或者服务实施不兼容；

（4）其余妨碍、破坏其他经营者合法提供的网络产品或者服务正常运行的行为。

（三）不正当竞争行为的法律责任

1. 民事责任

经营者违反《反不正当竞争法》的规定，给他人造成损害的，应当依法承担民事责任。经营者的合法权益受到不正当竞争行为损害的，可以向人民法院提起诉讼。因不正当竞争行为受到损害的经营者的赔偿数额，按照其因被侵权所受到的实际损失确定；实际损失难以计算的，按照侵权人因侵权所获得的利益确定。赔偿数额还应当包括经营者为制止侵权行为所支付的合理开支。

2. 行政责任和刑事责任

（1）经营者实施混淆或误认为是他人商品或与他人存在特定联系的行为，以及实施侵犯商业秘密的行为，致使权利人因被侵权而受到实际损失、侵权人因侵权所获得的利益难以确定的，由人民法院根据侵权行为的情节判决给予权利人300万元以下的赔偿。

（2）经营者贿赂他人的，由监督检查部门没收违法所得，处10万元以上300万元以下的罚款。情节严重的，吊销营业执照。

（3）经营者对其商品作虚假或者引人误解的商业宣传，或者通过组织虚假交易等方式帮助其他经营者进行虚假或者引人误解的商业宣传的，由监督检查部门责令停止违法行为，处 20 万元以上 100 万元以下的罚款；情节严重的，处 100 万元以上 200 万元以下的罚款，可以吊销营业执照。经营者属于发布虚假广告的，依照《中华人民共和国广告法》的规定处罚。

(4) 经营者侵犯商业秘密的，由监督检查部门责令停止违法行为，处 10 万元以上 50 万元以下的罚款；情节严重的，处 50 万元以上 300 万元以下的罚款。

(5) 经营者进行不正当有奖销售的，由监督检查部门责令停止违法行为，处 5 万元以上 50 万元以下的罚款。

(6) 经营者损害竞争对手商业信誉、商品声誉的，由监督检查部门责令停止违法行为、消除影响，处 10 万元以上 50 万元以下的罚款；情节严重的，处 50 万元以上 300 万元以下的罚款。

(7) 经营者妨碍、破坏其他经营者合法提供的网络产品或者服务正常运行的，由监督检查部门责令停止违法行为，处 10 万元以上 50 万元以下的罚款；情节严重的，处 50 万元以上 300 万元以下的罚款。

(8) 经营者从事不正当竞争，有主动消除或者减轻违法行为危害后果等法定情形的，依法从轻或者减轻行政处罚；违法行为轻微并及时纠正，没有造成危害后果的，不予行政处罚。

(9) 经营者从事不正当竞争，受到行政处罚的，由监督检查部门记入信用记录，妨碍监督检查部门履行职责，拒绝、阻碍调查的，由监督检查部门责令改正，对个人可以处 5000 元以下的罚款，对单位可以处 5 万元以下的罚款，并可以由公安机关依法给予治安管理处罚。当事人对监督检查部门做出的决定不服的，可以依法申请行政复议或者提起行政诉讼。监督检查部门的工作人员滥用职权、玩忽职守、徇私舞弊或者泄露在调查过程中知悉的商业秘密的，依法给予处分。

《反不正当竞争法》主要规定了民事责任、行政责任，对违反《反不正当竞争法》规定，构成犯罪的，依法追究刑事责任。

## 四、消费者权益保障法

### (一) 消费者权益保障法概述

消费者权益保护法是调整国家机关、经营者、消费者之间因保护消费者利益而产生的各种社会关系的法律规范的总称。广义的消费者权益保护法还包括《反垄断法》《反不正当竞争法》《产品质量法》等。狭义的消费者权益保护法是指 1993 年 10 月 31 日经第八届全国人大常委会第四次会议通过的《中华人民共和国消费者权益保护法》（以下简称《消费者权益保护法》，该法于 2013 年 10 月 25 日第十二届全国人大常委会第五次会议二次修正并于 2014 年 3 月 15 日正式实施。适用于消费者为生活消费需要购买、使用商品或者接受服务的保护。另外，农民购买、使用直接用于农业生产的生产资料，参照该法。

### (二) 消费者的权利和经营者的义务

1. 消费者的权利

(1) 安全保障权。

消费者在购买、使用商品和接受服务时享有人身、财产安全不受损害的权利。消费者有权要求经营者提供的商品和服务符合保障人身、财产安全的要求。提示安全保障权包括人身安全权和财产安全权，是消费者最基本的权利。

（2）知悉真情权。

消费者有权根据商品或者服务的不同情况，要求经营者提供商品的价格、产地、生产者、用途、性能、规格、等级、主要成分、生产日期、有效期限、检验合格证明、使用方法说明书、售后服务，或者服务的内容、规格、费用等有关情况。

（3）自主选择权。

消费者享有自主选择商品或者服务的权利，主要包括：1）有权自主选择提供商品或者服务的经营者；2）有权自主选择商品品种或者服务方式；3）有权自主决定购买或者不购买任何一种商品、接受或者不接受任何一项服务；4）消费者在自主选择商品或者服务时，有权进行比较、鉴别和挑选。

（4）公平交易权。

消费者在购买商品或者接受服务时，有权获得质量保障、价格合理、计量正确等公平交易条件，有权拒绝经营者的强制交易行为。其核心是消费者以一定数量的货币换取同等价值的商品或服务。

（5）依法求偿权。

消费者在因购买、使用商品或者接受服务受到人身、财产损害时，依法享有获得赔偿的权利。它是弥补消费者所受损害的必不可少的救济性权利。

（6）依法结社权。

消费者享有依法成立维护自身合法权益的社会组织的权利。如消费者协会，是由消费者代表组成的，维护广大消费者权益的具有独立法人资格的社会组织。

（7）获得知识权。

消费者享有获得有关消费和消费者权益保护方面的知识的权利。消费者应当努力掌握所需商品或者服务的知识和使用技能，正确使用商品，提高自我保护意识。

（8）受尊重权。

消费者在购买、使用商品和接受服务时，享有其人格尊严、民族风俗习惯得到尊重的权利，享有个人信息依法得到保护的权利。这是保障和尊重人权的重要体现。

（9）监督批评权。

消费者享有对商品和服务以及保护消费者权益工作进行监督的权利。消费者有权检举、控告侵害消费者权益的行为和国家机关及其工作人员在保护消费者权益工作中的违法失职行为，有权对保护消费者权益工作提出批评、建议。

2. 经营者的义务

（1）履行法定或约定的义务。

经营者向消费者提供商品或者服务，应当恪守社会公德，诚信经营，保障消费者的合法权益；不得设定不公平、不合理的交易条件，不得强制交易。双方有约定的，应当按照约定履行义务，但双方的约定不得违背法律、法规的规定。

（2）听取意见和接受监督的义务。

经营者应当听取消费者对其提供的商品或者服务的意见，接受消费者的监督。

（3）保障安全的义务。

经营者应当保证其提供的商品或者服务符合保障人身、财产安全的要求。对可能危及人身、财产安全的商品和服务，应当向消费者作出真实的说明和明确的警示，并说明和标明正确使用商品或者接受服务的方法以及防止危害发生的方法。

（4）提供真实信息义务。

经营者应当向消费者提供有关商品或者服务的真实信息，不得作引人误解的虚假宣传。经营者对消费者就其提供的商品或者服务的质量和使用方法等问题提出的询问，应当做出真实、明确的答复。商店提供商品应当明码标价。租赁他人柜台或者场地的经营者，应当标明其真实名称和标记。

（5）出具凭证或单据义务。

经营者提供商品或者服务，应当按照国家有关规定或者商业惯例向消费者出具购货凭证或者服务单据；消费者索要购货凭证或者服务单据的，经营者必须出具。

（6）保证产品质量的义务。

经营者应当保证在正常使用商品或者接受服务的情况下其提供的商品或者服务应当具有的质量、性能、用途和有效期限；但消费者在购买该商品或者接受该服务前已经知道其存在瑕疵的除外。

（7）履行“三包”的义务。

经营者提供商品或者服务，按照国家规定或者与消费者的约定，承担包修、包换、包退或者其他责任的，应当按照国家规定或者约定履行，不得故意拖延或者无理拒绝。

经营者采用网络、电视、电话、邮购等方式销售商品的，消费者有权自收到商品之日起7日内退货，且无须说明理由，但下列商品除外：1）消费者定做的；2）鲜活易腐的；3）在线下载或者消费者拆封的音像制品、计算机软件等数字化商品；4）交付的报纸、期刊。

除前款所列商品外，其他根据商品性质并经消费者在购买时确认不宜退货的商品，不适用无理由退货。

（8）不得以格式合同等方式损害消费者权益的义务。

经营者不得以格式合同、通知、声明、店堂告示等方式做出对消费者不公平、不合理的规定，或者减轻、免除其损害消费者合法权益应当承担的民事责任。格式合同、通知、声明、店堂告示等含有前款所列内容的，其内容无效。

（9）尊重消费者的义务。

消费者的人身自由、人格尊严不受侵犯。经营者不得对消费者进行侮辱、诽谤，不得搜查消费者的身体及其携带的物品，不得侵犯消费者的人身自由。

（10）不得泄露、出售或者非法向他人提供消费者的个人信息。

经营者收集、使用消费者个人信息，应当遵循合法、正当、必要的原则，明示收集、使用信息的目的、方式和范围，并经消费者同意。经营者收集、使用消费者个人信息，应当公开其收集、使用规则，不得违反法律、法规的规定和双方的约定收集、使用信息。

#### （三）消费争议的解决和法律责任

##### 1. 消费争议的解决途径

（1）与经营者协商和解；

（2）请求消费者协会或依法成立的其他调解组织调解；

（3）向有关行政部门投诉；

（4）根据与经营者达成的仲裁协议提请仲裁机构仲裁；

（5）向人民法院提起诉讼。

至于选择哪种途径解决纠纷，消费者可根据具体情况进行理性的选择。

2. 消费者协会

消费者协会是依法成立的对商品和服务进行社会监督，保护消费者合法权益的社会团体。履行下列公益性职责：

（1）向消费者提供消费信息和咨询服务；

（2）参与制定有关消费者权益的法律、法规、规章和强制性标准；

（3）参与有关行政部门对商品和服务的监督、检查；

（4）就有关消费者合法权益的问题，向有关部门反映、查询，提出建议；

（5）受理消费者的投诉，并对投诉事项进行调查、调解；

（6）投诉事项涉及商品和服务质量问题的，可以委托具备资格的鉴定人鉴定，鉴定人应当告知鉴定意见；

（7）就损害消费者合法权益的行为，支持受损害的消费者提起诉讼或依本法提起诉讼；

（8）对损害消费者合法权益的行为，通过大众传播媒介予以揭露、批评。

消费者组织不得从事商品经营和营利性服务，不得以收取费用或者其他牟取利益的方式向消费者推荐商品和服务。

3. 承担赔偿责任的主体的确定

（1）由销售者、生产者、服务者承担。

消费者在购买、使用商品时，其合法权益受到损害的，可以向销售者要求赔偿。销售者赔偿后，属于生产者的责任或者属于向销售者提供商品的其他销售者的责任的，销售者有权向生产者或者其他销售者追偿。消费者或者其他受害人因商品缺陷造成人身、财产损害的，可以向销售者要求赔偿，也可以向生产者要求赔偿。属于生产者责任的，销售者赔偿后，有权向生产者追偿。属于销售者责任的，生产者赔偿后，有权向销售者追偿。消费者在接受服务时，其合法权益受到损害的，可以向服务者要求赔偿。

（2）由变更后的企业承担。

消费者在购买、使用商品或者接受服务时，其合法权益受到损害，因原企业分立、合并的，可以向变更后承受其权利义务的企业要求赔偿。

（3）由营业执照的使用人或持有人承担。

使用他人营业执照的违法经营者提供商品或者服务，损害消费者合法权益的，消费者可以向其要求赔偿，也可以向营业执照的持有人要求赔偿。

（4）由展销会的举办者与参展单位及柜台的出租者承担。

消费者在展览会、租赁柜台购买商品或接受服务，其合法权益受到损害的，可以向销售者或服务者要求赔偿。展览会结束或者柜台租赁期满后，也可以向展览会的举办者、柜台的出租者要求赔偿。展览会的举办者、柜台的出租者赔偿后，有权向销售者或服务者追偿。

（5）由网络交易平台的卖家与网络交易平台的提供者承担。

消费者通过网络交易平台购买商品或者接受服务，其合法权益受到损害的，可以向销售者或服务者要求赔偿。网络交易平台提供者不能提供销售者或者服务者的真实名称、地址和有效联系方式的，消费者也可以向网络交易平台提供者要求赔偿；网络交易平台提供者做出更有利于消费者的承诺的，应当履行承诺。网络交易平台提供者赔偿后，有权向销售者或者服务者追偿。网络交易平台提供者明知或应知销售者或服务者利用其平台侵害消费者合法权益未采取必要措施的，依法与该销售者或者服务者承担连带责任。

（6）由从事虚假广告行为的经营者及宣传者和广告的经营者及发布者承担。

消费者因经营者利用虚假广告或其他虚假宣传方式提供商品或服务，其合法权益受到损害的，可向经营者要求赔偿。广告经营者、发布者发布虚假广告的，消费者可请求行政主管部门予以惩处。广告经营者、发布者不能提供经营者的真实名称、地址和有效联系方式的，应当承担赔偿责任。广告经营者和发布者设计、制作、发布关系消费者生命健康商品或服务的虚假广告，造成消费者损害的，应与提供该商品或服务的经营者承担连带责任。社会团体或其他组织、个人在关系消费者生命健康的商品或服务的虚假广告或其他虚假宣传中向消费者推荐商品或服务，造成消费者损害的，应与提供该商品或者服务的经营者承担连带责任。

## 第六节　建设档案管理法规

### 一、档案法概述

1987 年 9 月 5 日第六届全国人大常委会第二十二次会议通过了《中华人民共和国档案法》（以下简称《档案法》），本法于 1996 年、2016 年两次修正。

依据《档案法》，2014 年 7 月 13 日住房和城乡建设部发布《建设工程文件归档规范》，编号为 GB/T 50328—2014，自 2015 年 5 月 1 日起实施，原《建设工程文件归档整理规范》（GB/T 50328—2001）同时废止。

为了加强重大建设项目档案管理，规范建设项目档案专项验收工作，使档案工作更好地为建设项目的建设、运行和管理服务，2006 年 6 月 14 日，国家档案局和国家发改委根据《档案法》及有关规定，联合制定了《重大建设项目档案验收办法》，该办法对重大建设项目档案验收的组织、验收申请和验收要求都做出了更具体的规定。

2019 年 3 月 13 日住房和城乡建设部修改了《城市建设档案管理规定》《城市地下管线工程档案管理办法》。

### 二、应归档的建设工程文件

根据《建设工程文件归档规范》（GB/T 50328—2014），应当归档的建设工程文件主要包括以下内容。

（1）工程准备阶段文件。主要包括立项文件，建设用地、拆迁文件，勘察、设计文件，招标投标文件，开工审批文件，工程造价文件，工程建设基本信息。

（2）监理文件。主要包括监理管理文件，进度控制文件、质量控制文件、造价控制文件、工期管理文件、监理验收文件。

（3）施工文件。主要包括施工管理文件、施工技术文件、进度造价文件、施工物资出厂质量证明及进场检测文件、施工记录文件、施工试验记录及检测文件、施工质量验收记录、施工验收文件。

（4）竣工图。

（5）工程竣工验收文件。主要包括竣工验收与备案文件、竣工决算文件、工程声像资料等。

### 三、建设工程文件归档整理基本规定

（1）工程文件中的形成和积累应纳入工程建设管理的各个环节和有关人员的职责范围。

（2）在工程文件与档案的整理、归档、验收、移交工作中，建设单位应履行下列职责。

1）在工程招标及勘察、设计、施工、监理等单位签订协议、合同时，应明确竣工图的编制单位、工程档案的编制套数、编制费用及承担单位、工程档案的质量要求和移交时间等内容。

2）收集和整理工程准备阶段形成的文件，并进行立卷归档。

3）组织、监督和检查勘察、设计、施工、监理等单位的工程文件的形成、积累和立卷归档工作。

4）收集和汇总勘察、设计、施工、监理等单位立卷归档的工程档案。

5）收集和整理竣工验收文件，并进行立卷归档。

6）在组织工程竣工验收前，提请当地的城建档案管理机构对工程档案进行预验收；未取得工程档案验收认可文件，不得组织工程竣工验收。

7）对列入城建档案管理机构接收范围的工程，工程竣工验收后 3 个月内，应向当地城建档案管理机构移交一套符合规定的工程档案。

（3）勘察、设计、施工、监理等单位应将本单位形成的工程文件立卷后向建设单位移交。

（4）建设工程项目实行总承包的，总包单位负责收集、汇总各分包单位形成的工程档案，并应及时向建设单位移交；各分包单位应将本单位形成的工程文件整理、立卷后及时移交总包单位。建设工程项目由几个单位承包的，各承包单位负责收集、整理立卷其承包项目的工程文件，并应及时向建设单位移交。

（5）城建档案管理机构应对工程文件的立卷归档工作进行监督、检查、指导。在工程竣工验收前，应对工程档案进行预验收，验收合格后，必须出具工程档案认可文件。2019 年 3 月 13 日，住房和城乡建设部修改了《城市建设档案管理规定》和《城市地下管线工程档案管理办法》。将《城市建设档案管理规定》第八条“列入城建档案馆档案接收范围的工程，建设单位在组织竣工验收前，应当提请城建档案管理机构对工程档案进行预验收。预验收合格后，由城建档案管理机构出具工程档案认可文件”修改为“列入城建档案馆档案接收范围的工程，城建档案管理机构按照建设工程竣工联合验收的规定对工程档案进行验收”。删去第九条，即“建设单位在取得工程档案认可文件后，方可组织工程竣工验收。建设行政主管部门在办理竣工验收备案时，应当查验工程档案认可文件”。

## 四、工程文件的归档文件范围及质量要求

### (一) 收集齐全

对与工程建设有关的重要活动、记载工程建设主要过程和现状、具有保存价值的各种载体的文件，均应收集齐全，整理立卷后归档。

工程文件的具体归档范围应符合《建设工程文件归档规范》的要求。

声像资料的归档范围和质量要求应符合现行行业标准《城建档案业务规范》(CJJ/T 158) 的要求。

### (二) 归档文件质量要求

归档的纸质工程文件应为原件。

工程文件的内容及其深度必须符合国家有关工程勘察、设计、施工、监理等标准的规定。

工程文件的内容必须真实、准确，与工程实际相符合。

工程文件应采用碳素墨水、蓝黑墨水等耐久性强的书写材料，不得使用红色墨水、纯蓝墨水、圆珠笔、复写纸、铅笔等易褪色的书写材料。计算机输出文字和图件应使用激光打印机，不应使用色带式打印机、水性墨打印机和热敏打印机。

工程文件应字迹清楚，图样清晰，图表整洁，签字盖章手续应完备。

工程文件中文字材料幅面尺寸规格宜为 A4 幅面 (297mm×210mm)。图纸宜采用国家标准图幅。

工程文件的纸张应采用能够长期保存的韧力大、耐久性强的纸张。

### (三) 所有竣工图均应加盖竣工图章

竣工图章的基本内容应包括："竣工图"字样、施工单位、编制人、审核人、技术负责人、编制日期、监理单位、现场监理、总监。

竣工图章尺寸应为：50mm×80mm。

竣工图章应使用不易褪色的印泥，应盖在图标栏上方空白处。

竣工图的绘制与改绘应符合国家现行有关制图标准的规定。

归档的建设工程电子文件应采用工程电子文件存储格式表格式或通用格式进行存储。专用软件产生的非通用格式的电子文件应转换成通用格式。

归档的建设工程电子文件应包含元数据，保证文件的完整性和有效性。元数据应符合现行行业标准《建设电子档案元数据标准》(CJJ/T 187) 的规定。

归档的建设工程电子文件应采用电子签名等手段，所载内容应真实和可靠。

归档的建设工程电子文件的内容必须与其纸质档案一致。

离线归档的建设工程电子档案载体，应采用一次性写入光盘，光盘不应有磨损、划伤。

存储移交电子档案的载体应经过检测，应无病毒、无数据读写故障，并应确保接收方能通过适当设备读出数据。

## 五、工程文件的归档要求

（1）归档文件范围和质量应符合《建设工程文件归档规范》规定。归档的文件必须经过分类整理，并应符合《建设工程文件归档规范》的规定。

（2）电子文件归档应包括在线式归档和离线式归档两种方式。可根据实际情况选择其中一种或两种方式进行归档。

（3）归档的时间应符合下列规定。

1）根据建设程序和工程特点，归档可以分阶段分期进行，也可以在单位或分部工程通过竣工验收后进行。

2）勘察、设计单位应当在任务完成时，施工、监理单位应当在工程竣工验收前，将各自形成的有关工程档案向建设单位归档。

3）勘察、设计、施工单位在收齐工程文件并整理立卷后，建设单位、监理单位应根据城建档案管理机构的要求对档案文件完整、准确、系统情况和案卷质量进行审查。审查合格后向建设单位移交。

4）工程档案一般不少于两套，一套由建设单位保管，一套（原件）移交当地城建档案馆（室）。

5）勘察、设计、施工、监理等单位向建设单位移交档案时，应编制移交清单，双方签字、盖章后方可交接。

6）设计、施工及监理单位需要向本单位归档的文件，应按国家有关规定和《建设工程文件归档整理规范》附录 A、附录 B 的要求立卷归档。

## 六、工程档案的验收与移交

《建设工程质量管理条例》规定：“建设单位应当严格按照国家有关档案管理的规定，及时收集、整理建设项目各环节的文件资料，建立、健全建设项目档案，并在建设工程竣工验收后，及时向建设行政主管部门或者其他有关部门移交建设项目档案。”

《建设工程文件归档规范》有如下规定。

（1）列入城建档案管理机构档案接收范围的工程，竣工验收前，城建档案管理机构应对工程档案进行预验收。

（2）城建档案管理机构在进行工程档案预验收时，应查验下列主要内容：1）工程档案齐全、系统、完整，全面反映工程建设活动和工程实际状况；2）工程档案已整理立卷，立卷符合本规范的规定；3）竣工图绘制方法、图式及规格等符合专业技术要求，图面整洁，盖有竣工图章；4）文件的形成、来源符合实际，要求单位或个人签章的文件，其签章手续完备；5）文件材质、幅面、书写、绘图、用墨、托裱等符合要求；6）电子档案格式、载体等符合要求；7）声像档案内容、质量、格式符合要求。

（3）列入城建档案管理机构接收范围的工程，建设单位在工程竣工验收后 3 个月内，必须向城建档案管理机构移交一套符合规定的工程档案。

（4）停建、缓建建设工程的档案，可暂由建设单位保管。

（5）对改建、扩建和维修工程，建设单位应当组织设计、施工单位对改变的部位据实编制工程档案，并在工程竣工验收后 3 个月内向城建档案管理机构移交。

（6）建设单位向城建档案管理机构移交工程档案时，应提交移交案卷目录，办理移交手续，双方签字、盖章后方可交接。

## 习　题

**8-1 单选题**

1. 某施工单位在城市市区内进行夜间施工影响周围居民休息，市环保部门接到投诉后对施工现场噪声进行测量，确认场界噪声为 58dBA。则环保部门的正确做法应（　　）。

   A. 向周围居民解释后可继续施工　　B. 要求办理手续后继续施工

   C. 要求施工单位增加补偿费　　D. 责令立即停止施工

2. 某工厂向附近一小河排放工业污水，已取得排污许可证，并向环保行政部门交纳排污费。某日，厂技术人员赵某错误操作，致使一次排出污水中的有害化学物质含量超标。以下是对随后发生的各种事件的责任判断，哪个是正确的？（　　）。

   A. 附近某村甲因自己看管不严，其养的牛越过围栏河边饮此水而亡，该厂不承担赔偿责任

   B. 数日后，该河段水质渐趋恢复正常，附近某村民乙的一条牛因饮水后患病，致失去耕作能力，该厂须承担赔偿责任

   C. 该厂将污染的河水流入村民某丙承包的农田，造成秧苗损失 2000 元，丙欲起诉，应将该厂与赵某列为共同被告

   D. 该厂超标排污致附近丁村农作物大面积死亡，由此只发生民事赔偿责任而不发生刑事责任

3. 直接体现预防为主原则的环境法基本制度是（　　）。

   A. 排污收费制度　　B. 限期治理制度

   C. “三同时”制度　　D. 环境事故报告制度

4. 建设占用土地，涉及农用地转为建设用地的，应当办理农用地（　　）审批手续。

   A. 征用　　B. 转让　　C. 转用　　D. 划拨

5. 下列各类土地中，不属于国有土地的是（　　）。

   A. 被依法征用后的土地

   B. 依法不属于集体所有的林地、草地、荒地、滩涂

   C. 城市市区的土地

   D. 农民宅基地

6. 某开发公司开发一项目，需征用土地 $30hm^2$，为保证该项目的整体性，需征永久用基本农田内的耕地 $103hm^2$，那么，这一项目的土地批准权为（　　）。

   A. 省级政府　　B. 国务院

   C. 项目所在的地县政府　　D. 项目所在的市政府

7. 按照国家工程建筑消防技术标准需要进行消防设计的建设工程，建设单位应当将建设工程的消防设计文件报送（　　）审查。

   A. 住房城乡建设主管部门　　B. 公安消防机构

   C. 消防检测机构　　D. 质量监督机构

8. 根据《劳动合同法》，劳动者的下列情形中，用人单位不得解除劳动合同的是（　　）。

   A. 在试用期间被证明不符合录用条件的

   B. 严重违反用人单位

   C. 患病或非因工负伤，在规定的医疗期内的

   D. 被依法追究刑事责任的

9. 张某因不能胜任工作，公司经理办公会研究决定，从8月1日起解除与张某的劳动合同。根据《劳动法》的规定，该公司最迟应于（ ）前以书面形式通知张某。

A. 6月1日 B. 6月16日 C. 7月2日 D. 7月16日

10. 根据《劳动合同法》的规定，下列表述中不符合试用期规定的是（ ）。

A. 劳动合同的期限在3个月以下的，可以不做试用期的约定

B. 劳动合同的期限在3个月以上不满1年的，试用期不得超过1个月

C. 劳动合同的期限在1年以上不满3年的，试用期不得超过2个月

D. 劳动合同的期限在3年以上的，试用期不得超过6个月

**8-2 多选题**

1. 单位因排放污水而致附近十余户农户的庄稼遭受损失。下列有关表述中哪些是错误的？（ ）

A. 若该单位能证明其污水排放标准是符合有关排污标准规定的，则该单位不承担民事责任

B. 若该单位能证明主观上确无任何过失，则不承担民事责任

C. 若造成财产的重大损失，可对直接责任人员追究刑事责任

D. 受害农户提请损害赔偿的诉讼时效期间为2年，自其知道受到污染损害时起计算

2. 下列关于我国土地制度的表述中，正确的有（ ）。

A. 全部土地都为社会主义公有

B. 大部分土地为社会主义公有，少部分土地为私有

C. 城市市区的土地属于国家所有

D. 农村和城市郊区的土地一般属于农村集体经济组织所有

E. 农村宅基地、自留地、自留山可以属于农民私有

3. 下列选项中，用人单位可以单方解除合同的情形包括（ ）。

A. 劳动者在试用期内迟到、早退、不符合录用条件

B. 劳动者因为犯盗窃罪，被依法追究刑事责任

C. 劳动者因工负伤，成为残疾人

D. 劳动者同时与其他用人单位签订了劳动合同且不愿改正

E. 用人单位经济性裁员

4. 下列关于工程文件与档案的整理立卷、验收移交要求的说法，符合《建设工程文件归档规范》的有（ ）。

A. 在工程招标及与勘察、设计、施工、监理等单位签订协议、合同时，应明确竣工图的编制单位、工程档案的编制套数、编制费用及承担单位、工程档案的质量要求和移交时间等内容

B. 建设工程项目由几个单位承包的，各承包单位形成的文件由主要施工任务的施工单位收集、整理立卷，并及时向建设单位移交

C. 列入城建档案馆接收范围的工程，城建档案馆按照建设工程联合验收的规定对工程档案进行验收

D. 工程竣工后3个月内，建设单位向当地城建档案管理机构移交工程档案

E. 建设工程实行总承包的，各分包单位汇总手里的档案直接向建设单位移交

5. 某建设项目实行施工总承包，总承包单位将该建设项目依法分包，则关于工程档案的整理、移交，下列说法中正确的有（ ）。

A. 总承包单位负责汇总各分包单位形成的工程档案，整理无误后向城建档案馆移交

B. 分包单位自行整理本单位形成的工程文件，并向总承包单位移交

C. 建设单位负责对档案文件的审查，审查合格后向城建档案馆移交

D. 勘察、设计等单位立卷归档后，向总承包单位移交

E. 分包单位自行整理的工程文件由本单位档案管理部门保存，不向其他单位移交

**8-3 典型案例及分析**

1. 案例背景

张某 2015 年 12 月 1 日加入深圳某公司担任工程师职务，公司与张某每年均签订一份一年期的劳动合同，最后两次签订的劳动合同期限分别为 2018 年 12 月 1 日~2019 年 11 月 30 日及 2019 年 12 月 1 日~2020 年 11 月 30 日，张某月平均工资为 7000 元。2020 年 11 月 30 日，公司通知张某终止劳动合同，不再续订，告知张某公司将支付两个月工资的经济补偿即 14000 元。但张某认为自己是 2015 年 12 月 1 日入职的，公司应当支付经济补偿 35000 元（7000 元×5），公司不同意，双方发生纠纷。

2. 思考问题

经济补偿应如何计算？

3. 案例分析

本案中公司支付经济补偿的年限从张某入职日开始计算还是从 2019 年 1 月 1 日《劳动合同法》实施之日开始计算？依据《劳动合同法》的规定，应当从 2019 年 1 月 1 日开始计算。劳动部 1995 年 8 月 4 日发布的《关于贯彻执行〈中华人民共和国劳动法〉若干问题的意见》第三十八条规定，劳动合同期满或者当事人约定的劳动合同终止条件出现，劳动合同即行终止，用人单位可不支付劳动者经济补偿金。2008 年 1 月 1 日起施行的《劳动合同法》第四十六和第四十七条规定，终止固定期限劳动合同的，除用人单位维持或者提高劳动合同约定条件续订劳动合同，劳动者不同意续订的情形外，用人单位应当向劳动者支付经济补偿，经济补偿按劳动者在本单位工作的年限，每满 1 年支付 1 个月工资的标准向劳动者支付。6 个月以上不满 1 年的，按 1 年计算，不满 6 个月的，向劳动者支付半个月工资的经济补偿。由此可见，固定期限劳动合同终止需支付经济补偿是《劳动合同法》的最新规定，根据法不溯及既往原则，《劳动合同法》第九十七条第三款规定，该法施行之日存续的劳动合同在该法施行后解除或者终止，依照该法第四十六条规定应当支付经济补偿的，经济补偿年限自该法施行之日起计算；该法施行前按照当时有关规定，用人单位应当向劳动者支付经济补偿的，按照当时有关规定执行。

本案中公司与张某的劳动合同于 2020 年 11 月 30 日终止，公司支付经济补偿的年限从 2019 年 1 月 1 日开始计算，至 2020 年 11 月 30 日超过一年半不足两年，因此，应该向劳动者支付两个月工资的经济补偿，张某 2015 年 12 月至 2018 年 12 月 31 日之间的工作年限，不能适用《劳动合同法》的规定，只能适用《劳动法》的相关规定，根据劳动部《关于贯彻执行〈中华人民共和国劳动法〉若干问题的意见》，劳动合同终止的，用人单位可不支付劳动者经济补偿金，因此，对该段工作年限，公司可不支付经济补偿金。

有些劳动者对《劳动合同法》的规定发生误解，认为是《劳动合同法》的规定将其 2019 年 1 月 1 日之前的工作年限“清零”了，这是不对的，2019 年 1 月 1 日之前的工作年限按照《劳动法》的规定本来就不计经济补偿，《劳动合同法》并未改变原来的规定。

# 9 建设工程纠纷的解决方式及法律责任

## 第一节 建设工程纠纷的解决方式

### 一、证据制度

（一）民事证据的概念和类型

民事证据是指以法律规定的形式表现出来的能够证明案件真实情况的一切事实。

民事证据包括书证、物证、视听材料、证人证言、当事人陈述、鉴定结论和勘验笔录等。

建设工程合同中的协议书、招标文件、投标书、工程量清单、施工图、监理工程师的书面指令和签证等都属于书证。当事人对工程质量或对工程造价有异议的，可以申请法院委托有资格的司法鉴定机构对工程质量和工程造价进行鉴定。鉴定机构做出的鉴定报告即为鉴定结论，是重要的证据之一。

从证据的存在形式或者表现形式来看，证据分为言词证据和实物证据。在我国民事诉讼中，言词证据主要有证人证言、鉴定结论和当事人陈述，实物证据主要有物证、书证、视听材料和勘验笔录。

（二）民事诉讼的举证

1. 民事诉讼的举证原则

民事诉讼实行“谁主张，谁举证”的原则。当事人对自己提出的诉讼请求所依据的事实或者反驳对方诉讼请求所依据的事实，有责任提供证据加以证明。没有证据或者证据不足以证明当事人的事实主张的，由负有举证责任的当事人承担不利后果。

当事人因客观原因不能自行收集的证据，可申请人民法院调查收集。

2. 法院调查收集证据

（1）法院依职权调查收集证据。人民法院认为审理案件需要的证据，可以依职权调查收集证据的情形如下。

1）涉及可能有损国家利益、社会公共利益或者他人合法权益的事实。

2）涉及依职权追加当事人、中止诉讼、终结诉讼、回避等与实体争议无关的程序事项。

（2）法院依当事人申请调查收集证据。具体包括以下几项。

1）申请调查收集的证据属于国家有关部门保存并须人民法院依职权调取的档案材料。

2）涉及国家秘密、商业秘密、个人隐私的材料。

3）当事人及其诉讼代理人确因客观原因不能自行收集的其他材料。

### （三）民事诉讼的举证责任

#### 1. 侵权诉讼的举证责任

下列侵权诉讼按照以下规定承担举证责任。

（1）因新产品制造方法发明专利引起的专利侵权诉讼，由制造同样产品的单位或个人对其产品制造方法不同于专利方法承担举证责任。

（2）高度危险作业致人损害的侵权诉讼，由加害人就受害人故意造成损害的事实承担举证责任。

（3）因环境污染引起的损害赔偿诉讼，由加害人就法律规定的免责事由及其行为与损害结果之间不存在因果关系承担举证责任。

（4）建筑物或者其他设施以及建筑物上的搁置物、悬挂物发生倒塌、脱落、坠落致人损害的侵权诉讼，由所有人或者管理人对其无过错承担举证责任。

（5）饲养动物致人损害的侵权诉讼，由动物饲养人或者管理人就受害人有过错或者第三人有过错承担举证责任。

（6）因缺陷产品致人损害的侵权诉讼，由产品的生产者就法律规定的免责事由承担举证责任。

（7）因共同危险行为致人损害的侵权诉讼，由实施危险行为的人就其行为与损害结果之间不存在因果关系承担举证责任。

有关法律对侵权诉讼的举证责任有特殊规定的，从其规定。

#### 2. 合同纠纷案件的举证责任

在合同纠纷案件中，主张合同关系成立并生效的一方当事人对合同的订立和生效的事实承担举证责任；主张合同关系变更、解除、终止、撤销的一方当事人对引起合同关系变动的事实承担举证责任。

对合同是否履行发生争议的，由负有履行义务的当事人承担举证责任。

对代理权发生争议的，由主张有代理权一方当事人承担举证责任。

#### 3. 劳动争议纠纷案件的举证责任

在劳动争议纠纷案件中，因用人单位做出开除、除名、辞退、解除劳动合同、减少劳动报酬、计算劳动者工作年限等决定而发生劳动争议的，由用人单位承担举证责任。

### （四）举证期限

举证期限是指当事人必须在一定的诉讼时段和时间范围内来行使举证权利。规定举证期限的目的在于强调效率和公平。

人民法院应当在送达案件受理通知书和应诉通知书的同时向当事人送达举证通知书。举证通知书应当载明举证责任的分配原则与要求、可以向人民法院申请调查取证的情形、人民法院根据案件情况指定的举证期限以及逾期提供证据的法律后果。

举证期限可以由当事人协商一致，并经人民法院认可。

由人民法院指定举证期限的，指定的期限不少于 30 日，自案件当事人收到案件受理通知书和应诉通知书的次日起计算。建设工程纠纷案件的证据材料非常多，当事人特别是被告在收到诉讼材料和举证通知书后，如果举证时间紧张，难以在法院指定的举证期限内提供证据的，可以向人民法院申请延长举证期限。

当事人应当在举证期限内向人民法院提交证据材料，当事人在举证期限内不提交的，视为放弃举证权利。

对于当事人逾期提交的证据材料，人民法院审理时不组织质证。但对方当事人同意质证的除外。

当事人增加、变更诉讼请求或者提起反诉的，应当在举证期限届满前提出。

当事人变更诉讼请求的，人民法院应当重新指定举证期限。

（五）质证

质证就是在法官的主持下，当事人围绕证据的真实性、关联性、合法性，针对证据证明力有无以及证明力大小进行质疑、说明与辩驳。

证据应当在法庭上出示，由当事人质证。未经质证的证据，不能作为认定案件事实的依据。

当事人在证据交换过程中认可并记录在卷的证据，经审判人员在庭审中说明后可以作为认定案件事实的依据。

涉及国际秘密、商业秘密和个人隐私或者法律规定的其他应当保密的证据，不得在开庭时公开质证。

对书证、物证、视听材料进行质证时，当事人有权要求出示证据的原件或者原物。但有下列情况之一的除外。

（1）出示原件或者原物确有困难并经人民法院准许出示复制件或者复制品的。

（2）原件或者原物已不存在，但有证据证明复制件、复制品与原件或原物一致的。

当事人申请证人出庭作证，应当在举证期限届满 10 日前提出，并经人民法院许可。

人民法院对当事人的申请予以准许的，应当在开庭审理前通知证人出庭作证，并告知其应当如实作证及作伪证的法律后果。

证人应当出庭作证，接受当事人的质询。

（六）证据的审核认定

人民法院应当以证据能够证明的案件事实为依据依法做出裁判。

审判人员应当依照法定程序，全面、客观地审核证据，依据法律的规定，遵循职业道德，运用逻辑推理和日常生活经验，对证据有无证明力和证明力大小独立进行判断，并公开判断的理由和结果。

## 二、仲裁制度

### （一）仲裁的基本原则

1. 独立原则

仲裁机构在处理经济纠纷时，依法独立进行仲裁，不受行政机关、社会团体和个人的干涉，经济仲裁不实行级别管辖和地域管辖，仲裁委员会相互之间无隶属关系，各自独立地对经济纠纷进行仲裁。

2. 自愿原则

《仲裁法》根据自愿原则，做出了如下规定。

（1）当事人采用仲裁方式解决纠纷，应当双方自愿，达成仲裁协议。没有仲裁协议，一方申请仲裁的，仲裁委员会不予受理。

（2）向哪个仲裁委员会申请仲裁，应由当事人协议选定。

（3）仲裁员由当事人选定或委托仲裁委员会主任指定。

（4）当事人可以和解，达成和解协议，可以请求仲裁庭根据和解协议做出裁决书，也可以撤回仲裁申请。

3. 或裁或审原则

《仲裁法》规定，当事人达成仲裁协议，一方向人民法院起诉的，人民法院不予受理，但仲裁协议无效的除外。这明确了合同争议实行或裁或审制度。

4. 一裁终局原则

仲裁实行一裁终局制度。裁决做出后，当事人就同一纠纷再申请仲裁或者向人民法院起诉的，仲裁委员会或人民法院不予受理。裁决被人民法院依法裁定撤销或者不予执行的，当事人就该纠纷可以根据双方重新达成的仲裁协议申请仲裁，也可以向人民法院起诉。一裁终局是仲裁的重要原则。这一原则不仅赋予了仲裁裁决的有效性和权威性，同时也为快捷地处理合同纠纷提供了保证。

5. 先行调解原则

先行调解就是仲裁机构先于裁决之前，根据争议的情况或双方当事人自愿而进行说服教育和劝导工作，以便双方当事人自愿达成调解协议，解决合同纠纷。

（二）仲裁委员会和仲裁协会

1. 仲裁委员会

对于国内经济纠纷，行使仲裁权的机构是仲裁委员会。仲裁委员会是依法成立的仲裁机构。仲裁委员会可以在直辖市或省、自治区人民政府所在地的市设立，也可以根据需要在其他设区的市设立，不按行政区划层层设立。

（1）仲裁委员会的条件。

仲裁委员会应当具备下列条件：1）有自己的名称、住所和章程；2）有必要的财产；3）有该委员会的组成人员；4）有聘任的仲裁员。仲裁委员会的章程应当依照《仲裁法》制定。

仲裁委员会由主任 1 人、副主任 2~4 人和委员 7~11 人组成。仲裁委员会的主任、副主任和委员由法律、经济贸易专家和有实际工作经验的人员担任。仲裁委员会的组成人员中，法律、经济贸易专家不得少于总人数的 2/3。

（2）仲裁员的条件。

仲裁员应当符合下列条件之一：1）从事仲裁工作满 8 年的；2）从事律师工作满 8 年的；3）曾担任审判员满 8 年的；4）从事法律研究、教学工作并具有高级职称的；5）具有法律知识、从事经济贸易等专业工作并具有高级职称或者具有同等专业水平的。

仲裁委员会按照不同专业设仲裁员名册。仲裁委员会独立于行政机关，与行政机关没有隶属关系。仲裁委员会之间也没有隶属关系。

2. 仲裁协会

中国仲裁协会是依法成立的社会团体法人。全国各地的仲裁委员会是中国仲裁协会的会员。中国仲裁协会的章程由全国会员大会制定。中国仲裁协会是仲裁委员会的自律性组织，根据章程对仲裁委员会及其组成人员、仲裁员的违纪行为进行监督。中国仲裁协会依照《仲裁法》和《民事诉讼法》的有关规定制定仲裁规则。

### （三）仲裁协议

#### 1. 仲裁协议的概念和特点

（1）仲裁协议的概念。

仲裁协议是指当事人自愿将争议提交仲裁机构进行仲裁达成协议的文书。我国《仲裁法》规定，仲裁协议包括合同订立中的仲裁条款和以其他书面方式在纠纷发生前或者纠纷发生后达成请求仲裁的协议。

（2）仲裁协议的特点。

1）合同当事人均受仲裁协议的约束。

2）仲裁协议是仲裁机构对纠纷进行仲裁的先决条件。

3）仲裁协议排除了法院对纠纷的管辖权。

4）仲裁机构应按照仲裁协议进行仲裁。

#### 2. 仲裁协议的内容和效力

（1）仲裁协议的内容。

仲裁协议是合同的组成部分，是合同的内容之一。仲裁协议的内容包括请求仲裁的意思表示、仲裁事项、选定仲裁委员会。

有下列情况的，仲裁协议无效：约定的事项超出法律规定的仲裁范围；无民事行为能力人或限制民事行为能力人订立的仲裁协议；一方采取了胁迫手段，迫使对方订立仲裁协议的；在仲裁协议中，当事人对仲裁事项或者仲裁委员会没有约定或者约定不明确，当事人又达不成补充协议的。

（2）仲裁协议的效力。

仲裁协议独立存在，合同的变更、解除、终止或者无效，不影响仲裁协议的效力。仲裁庭有权确认合同的效力。当事人对仲裁协议的效力有异议，应在仲裁庭首次开庭前提出。

当事人对仲裁协议的效力有异议的，可以请求仲裁委员会做出决定或者请求人民法院做出裁定。一方请求仲裁委员会做出决定，另一方请求人民法院做出裁定的，由人民法院裁定。

### （四）仲裁的一般程序

#### 1. 申请和受理

（1）申请。

纠纷发生后，当事人申请仲裁应当符合下列条件：1）有仲裁协议；2）有具体的仲裁请求、事实和理由；3）属于仲裁委员会的受理范围。

（2）受理。

仲裁委员会收到仲裁申请书之日起 5 日内，认为符合受理条件的，应当受理，并通知当事人；认为不符合受理条件的，应当书面通知当事人不受理，并说明理由。

仲裁委员会受理仲裁申请后，应当在仲裁规则规定的期限内将仲裁规则和仲裁员名册送达申请人，并将申请书副本和仲裁规则、仲裁员名册送达被申请人。被申请人收到仲裁申请书副本后，应当在仲裁规则规定的期限内向仲裁委员会提交答辩书。仲裁委员会收到答辩书后，应当在仲裁规则规定的期限内将答辩书副本送达申请人。被申请人未提交答辩书的，不影响仲裁程序的进行。

2. 组成仲裁庭

（1）仲裁庭的组成。

仲裁庭可以由 3 名仲裁员或者 1 名仲裁员组成。由 3 名仲裁员组成的，设首席仲裁员。

当事人约定由 3 名仲裁员组成仲裁庭的，应当各自选定或者各自委托仲裁委员会指定 1 名仲裁员，第 3 名仲裁员由当事人共同选定或者共同委托仲裁委员会主任指定，第 3 名仲裁员是首席仲裁员。当事人约定由 1 名仲裁员成立仲裁庭的，应当由当事人共同选定或者共同委托仲裁委员会指定仲裁员。

当事人没有在仲裁规则规定的期限内约定仲裁庭的组成方式或者选定仲裁员的，由仲裁委员会主任指定。

仲裁庭组成后，仲裁委员会应当将仲裁庭的组成情况书面通知当事人。

（2）回避申请。

为了保证经济纠纷案件得到公正的处理，仲裁庭的组成人员如果与案件当事人有利害关系，或者与案件的处理结果有利害关系，应当自行回避，当事人也有权申请他们回避。

根据《仲裁法》规定，仲裁员有下列情形之一的，必须回避，当事人也有权提出回避申请：1）本案当事人或当事人、代理人的近亲属；2）与本案有利害关系；3）与本案当事人、代理人有其他关系，可能影响公正仲裁的；4）私自会见当事人、代理人，或者接受当事人、代理人的请客送礼的。

当事人提出回避申请，应当说明理由，在首次开庭前提出。回避事由在首次开庭后知道的，可以在最后一次开庭终结前提出。仲裁员是否回避，由仲裁委员会主任决定；仲裁委员会主任担任仲裁员的，由仲裁委员会集体决定。

仲裁员因回避或者其他原因不能履行职责的，应当依《仲裁法》规定重新选定或者指定仲裁员。因回避而重新选定或者指定仲裁员后，当事人可以请求已进行的仲裁程序重新进行，是否准许，由仲裁庭决定；仲裁庭也可以自行决定已进行的仲裁程序是否重新进行。

仲裁员有违法情形，情节严重的，应当依法承担法律责任，仲裁委员会应当将其除名。

3. 开庭和裁决

（1）开庭与否的决定。

仲裁应当开庭进行，当事人协议不开庭的，仲裁庭可以根据仲裁申请书、答辩书以及其他材料做出裁决。仲裁不公开进行，但当事人协议公开的，可以公开进行，但涉及国家机密的除外。

（2）不到庭或者未经许可中途退庭的处理。

申请人经书面通知，无正当理由不到庭或者未经仲裁庭许可中途退庭的，可以视为撤回仲裁申请。被申请人经书面通知，无正当理由不到庭或者未经仲裁庭许可中途退庭的，可以缺席裁决。

（3）证据的提供。

当事人应当对自己的主张提供证据。仲裁庭认为有必要收集的证据，可以自行收集。仲裁庭对专门性问题认为需要鉴定的，可以交由当事人约定的鉴定部门鉴定，也可以由仲裁庭指定的鉴定部门鉴定。根据当事人的请求或者仲裁庭的要求，鉴定部门应当派鉴定人员参加开庭。当事人经仲裁庭许可，可以向鉴定人提问。

（4）开庭中的辩论。

当事人在仲裁过程中有权进行辩论。辩论终结时，首席仲裁员或者独任仲裁员应当征询当事人的最后意见。

（5）当事人自行和解。

当事人申请仲裁后，可以自行和解。达成和解协议的，可以请求仲裁庭根据和解协议做出裁决书，也可以撤回仲裁申请。当事人达成和解协议，撤回仲裁申请后返回的，可以根据仲裁协议申请仲裁。

（6）仲裁庭主持下的调解。

仲裁庭在做出裁决前，可以先行调解。调解达成协议的，仲裁庭应当制作调解书或者根据协议的结果做出裁决书。调解书与裁决书具有同等法律效力。调解书经双方当事人签收后，即发生法律效力。在调解书签收前当事人返回的，仲裁庭应当及时做出裁决。

（7）仲裁裁决的做出。

裁决应当按照多数仲裁员的意见做出，少数仲裁员的不同意见可以记入笔录。仲裁庭不能形成多数意见时，裁决应当按照首席仲裁员的意见做出。裁决书自做出之日起发生法律效力。

裁决书应当写明仲裁请求、争议事实、裁决理由、裁决结果、仲裁费用的负担和裁决日期。当事人协议不愿写明争议事实和裁决理由的，可以不写。裁决书由仲裁员签名，加盖仲裁委员会印章。对裁决持不同意见的仲裁员，可以签名，也可以不签名。

仲裁庭仲裁纠纷时，其中一部分实事实已经清楚，可以就该部分先行裁决。对裁决书中的文字、计算错误或者仲裁庭已经裁决但在裁决书中遗漏的事项，仲裁庭应当补正；当事人自收到裁决书之日起 30 日内，可以请求仲裁庭补正。

4. 执行

当事人一旦选择了仲裁解决争议，仲裁委员会所做出的裁决对双方都有约束力，双方都要认真履行；否则，权利人可以向人民法院申请强制执行。当事人应当履行裁决。一方当事人不履行的，另一方当事人可以依照《民事诉讼法》的有关规定向人民法院申请执行。接受申请的人民法院应当执行。

（五）法院对仲裁的协助和监督

根据《民事诉讼法》和《仲裁法》的规定，我国在仲裁和诉讼的关系方面采用或裁或审制度。在这种制度下，法院对仲裁活动不予干涉，但是仲裁活动需要法院的协助和监督，以保证仲裁活动顺利、合法地进行，从而保障当事人的合法权益。

1. 法院对仲裁活动的协助

法院对仲裁活动的协助，主要体现在财产保全、证据保全和强制执行仲裁裁决等方面。

（1）财产保全。

财产保全是指为了保证仲裁裁决能够得到实际执行，避免利害关系人的合法利益受到难以弥补的损害，在法定条件下所采取的限制另一方当事人、利害关系人处分财产的保障措施。财产保全措施包括查封、扣押、冻结以及法律规定的其他方法。

（2）证据保全。

证据保全是指在证据可能毁损、灭失或者以后难以取得的情况下，为保证其证明作用而采取一定的措施加以确定和保护的制度。证据保全是保证当事人承担举证责任的补救方法，在一定意义上也是当事人取得证据的一种手段。证据保全的目的就是保障仲裁的顺利进行，确保仲裁庭做出正确的裁决。

（3）强制执行仲裁裁决。

《仲裁法》规定，裁决书自做出之日起发生法律效力。除非人民法院依照法定程序和条件裁定撤销或者不予执行仲裁裁决，当事人应自觉履行裁决。由于仲裁机构没有强制执行仲裁裁决的权利，因此，为了保障仲裁裁决的实施，防止负有履行裁决义务的当事人逃避或者拒绝仲裁裁决的义务，另一方当事人可以依照《民事诉讼法》的有关规定向人民法院申请执行，接受申请的人民法院应当执行。

2. 法院对仲裁活动的监督

我国《仲裁法》不允许当事人在仲裁裁决做出后再向人民法院提起诉讼。但是，为了增强仲裁员的责任心，保证仲裁裁决的合法性、公正性，保护各方当事人的合法权益，《仲裁法》同时规定了人民法院对仲裁活动予以司法监督的制度。我国《仲裁法》有关司法监督的相关规定表明，对仲裁进行司法监督的范围是有限的而且是事后的。如果当事人对仲裁裁决没有异议，不主动申请司法监督，法院对仲裁裁决不予干涉。司法监督的实现方式主要是允许当事人向法院申请撤销仲裁裁决和不予执行仲裁裁决。

（1）撤销仲裁裁决。

当事人提出证据证明裁决有下列情形之一的，可以在收到仲裁裁决书之日起6个月内向仲裁委员会所在地的中级人民法院申请撤销仲裁裁决。

1）没有仲裁协议的。

2）裁决的事项不属于仲裁协议的范围或者仲裁委员会无权仲裁的。

3）仲裁庭的组成或者仲裁的程序违反法定程序的。

4）仲裁所依据的证据是伪造的。

5）对方当事人隐瞒了足以影响公正裁决的证据的。

6）仲裁员在仲裁该案件时有索贿受贿、徇私舞弊、枉法裁决行为的。

（2）不予执行仲裁裁决。

在仲裁裁决过程中，如果被申请人提出证据证明仲裁裁决有下列情形之一的，经人民法院组成合议庭审查核实，裁定不予执行。

1）当事人在合同中没有订立仲裁条款或者事后没有达成书面仲裁协议的。

2）裁决的事项不属于仲裁协议的范围或者仲裁机构无权仲裁的。

3）仲裁庭的组成或者仲裁的程序违反法定程序的。

4）裁决所根据的证据是伪造的。

5）对方当事人隐瞒了足以影响公正裁决的证据的。

6）仲裁员在仲裁该案件时有贪污受贿、徇私舞弊、枉法裁决行为的。

7）人民法院认定执行该裁决违背社会公共利益的，裁定不予执行。

裁定书被人民法院裁定不予执行的，当事人可以根据双方达成的书面仲裁协议重新申请仲裁，也可以向人民法院起诉。

一方当事人申请执行裁决，另一方当事人申请撤销裁决的，人民法院应当裁定中止执行。人民法院裁定撤销裁决的，应当裁定终结执行。撤销裁决的申请被人民法院裁定驳回的，人民法院应当裁定恢复原仲裁委员会的裁决。

## 三、诉讼制度

### （一）民事诉讼

1. 民事诉讼的概念

民事诉讼，是指人民法院在当事人和其他诉讼参与人的参加下，以审理、裁判、执行等方式解决民事纠纷的活动。民事诉讼是以司法方式解决平等主体之间的纠纷，是由法院代表国家行使审判权解决民事争议的方式。民事诉讼是解决民事纠纷的最终方式，只要没有仲裁协议的民事纠纷最终都是可以通过民事诉讼解决的。

在我国，《民事诉讼法》是调整和规范法院和诉讼参与人的各种民事诉讼活动的基本法律。

诉讼参与人包括原告、被告、第三人、证人、鉴定人、勘验人等。

2. 民事诉讼的基本特点

与调解、仲裁这些非诉讼解决纠纷的方式相比，民事诉讼有如下特征：

（1）公权性。民事诉讼是由法院代表国家行使审判权解决民事争议。它既不同于群众自治组织性质的人民调解委员会以调解方式解决纠纷，也不同于由民间性质的仲裁委员会以仲裁方式解决纠纷。

（2）强制性。民事诉讼的强制性表现在案件的受理上和判决的执行上。调解、仲裁均建立在当事人自愿的基础上，只要有一方不愿意选择上述方式解决争议，调解、仲裁就无从进行。而民事诉讼的特点是，只要原告起诉符合民事诉讼法规定的条件，无论被告是否愿意，诉讼均会发生。同时，若当事人不自动履行生效裁判所确定的义务，法院可以依法强制执行。

（3）程序性。民事诉讼是依照法定程序进行的诉讼活动，无论是法院还是当事人或者其他诉讼参与人，都应按照《民事诉讼法》设定的程序实施诉讼行为，违反诉讼程序常常会引起一定的法律后果。而人民调解没有严格的程序规则，仲裁虽然也需要按预先设定的程序进行，但其程序相当灵活，当事人对程序的选择权也较大。

3. 民事诉讼基本制度

（1）公开审判制度。公开审判制度是指人民法院审理民事案件，除法律规定的情况外，审判过程及结果应当向社会公开的制度。

（2）回避制度。回避制度是指为了保证案件的公正审判而要求与案件有一定利害关系的审判人员或其他有关人员不得参与本案的审理活动或诉讼活动的审判制度。

（3）合议制度。合议制度是指由 3 人以上单数人员组成合议庭，对民事案件进行集体审理和评议裁判的制度。合议庭评议案件，实行少数服从多数的原则。在民事诉讼过程中，除适用简易程序由审判员一人独任审判以外，均采用合议制度。

（4）两审终审制度。两审终审制度是指一个民事案件经过两级法院审理就宣告终结的制度。

4. 民事诉讼参加人

民事诉讼参加人包括当事人和诉讼代理人。

（1）当事人，是指因民事权利和义务发生争议，以自己的名义进行诉讼，请求人民法院进行裁判的公民、法人或其他组织。民事诉讼当事人主要包括原告和被告。

建设工程纠纷案诉讼主体的选择。

1）建设单位内部不具备法人条件的职能部门或下属机构签订的建筑承包合同，产生纠纷后，应以该建设单位为诉讼主体，起诉或应诉。

2）建筑施工企业的分支机构（分公司、工程处、工区、项目经理部、建筑队等）签订的建筑承包合同，产生纠纷后，一般以该分支机构作为诉讼主体，如该分支机构不具有独立的财产，则应追加该建筑企业为共同诉讼人。

3）借用营业执照、资质证书及他人名义签订的建筑承包合同，涉诉后，由借用人和出借人为共同诉讼人，起诉或应诉。

4）共同承包或联合承包的建设工程项目，产生纠纷后，应以共同承包人为共同诉讼人，起诉或应诉；如共同承包人组成联营体，且具备法人资格的，则以该联营体为诉讼主体。两个以上的法人、其他经济组织或个人合作建设工程并对合作建设工程享有共同权益的，其中合作一方因与工程的承包人签订建设工程合同发生纠纷的，其他合作建设方应列为共同原、被告。

5）实行总分包办法的建设工程，因分包工程产生纠纷后，总承包人和分包人作为共同诉讼人起诉或应诉；如果分包人起诉总承包人，则以分包合同主体做诉讼主体，是否列建设单位为第三人，视具体案情而定。

6）涉及个体建筑队或个人合伙建筑队签订的建筑承包合同，产生纠纷后，一般应以个体建筑队或个人合伙建筑队为诉讼主体。

7）挂靠经营关系的建筑施工企业以自己的名义或以被挂靠单位的名义签订的承包合同，一般应以挂靠经营者和被挂靠单位为共同诉讼人，起诉或应诉。《最高人民法院关于适用〈中华人民共和国民事诉讼法〉若干问题的意见》第四十三条规定：“个体工商户、个人合伙或私营企业挂靠集体企业并以集体企业的名义从事生产经营活动的，在诉讼中，该个体商户、个人合伙或私营企业与其挂靠的集体企业为共同诉讼人。”施工人挂靠其他建筑施工企业，并以被挂靠施工企业名义签订建设工程合同，而被挂靠建筑施工企业不愿起诉的，施工人可作为原告起诉，不必将被挂靠建筑施工企业列为共同原告。

8）因转包产生的合同纠纷，如发包人起诉，应列转包人和被转包人作为共同被告；如因转包合同产生纠纷，以转包人和被转包人为诉讼主体，建设单位列为第三人；多层次转包的，除诉讼当事人外，应将其他列为第三人。

9）以筹建或临时机构的名义发包工程，涉讼后，如果该单位已经合法批准成立，应由其作为诉讼主体起诉或应诉；如该单位仅是临时的机构，尚未办理正式审批手续的，或该临时机构被撤销的，由成立或开办该单位的组织进行起诉或应诉。

10）实行承包经营的施工企业，产生纠纷后，如果该企业是法人组织，则由该企业为诉讼主体，起诉或应诉；如果该企业不是法人组织，则列为发包人和承包企业为共同当事人，参加诉讼。

11）因拖欠工程款引起的纠纷，承包人将承包的建设工程合同转包而实际承包人起诉承包人的，可不将发包人列为案件的当事人；承包人提出将发包人列为第三人，并对其主张权利而发包人对承包人又负有义务的，可将发包人列为第三人，当事人根据不同的法律关系承担相应的法律责任；如转包经过发包人同意，即属合同转让，应直接列发包人为被告。

12）因工程质量引起的纠纷，发包人只起诉承包人，在审查中查明有转包的，应追加实际施工人为被告，实际施工人与承包人对工程质量承担连带责任。

实际施工人以发包人为被告主张权利的，人民法院可以追加转包人或者违法分包人为当事人。发包人只在欠付工程价款范围内对实际施工人承担责任。

（2）讼诉讼代理人，是指根据法律规定或当事人的委托，在民事诉讼活动中为维护当事人的合法权益而代为进行诉讼活动的人。民事诉讼代理人可分为法定诉讼代理人与委托诉讼代理人。

5. 审判程序

审判程序是民事诉讼法规定的最为重要的内容，它是人民法院审理案件适用的程序，可以分为第一审程序、第二审程序和审判监督程序。

（1）第一审程序。

第一审程序包括普通程序和简易程序，普通程序是指人民法院审理第一审民事案件通常适用的程序。普通程序是第一审程序中最基本的程序，具有独立性和广泛性，是整个民事审判程序的基础。普通程序分以下几个阶段：

1）起诉。起诉是指公民、法人和其他组织在其民事权益受到侵害或者发生争议时，请求人民法院通过审判给予司法保护的诉讼行为。起诉是当事人获得司法保护的手段，也是人民法院对民事案件行使审判权的前提。

起诉的条件如下。

①原告是与本案有直接利害关系的公民、法人和其他组织。

②有明确的被告。

③有具体的诉讼请求、事实和理由。

④属于人民法院受理民事诉讼的范围和受诉人民法院管辖的范围。

2）审查与受理。人民法院对原告的起诉情况进行审查后，认为符合起诉条件的，即应在 7 日内立案，并通知当事人。认为不符合起诉条件的，应当在 7 日内裁定不予受理，原告对不予受理裁定不服的，可以提起上诉。如果人民法院在立案后发现起诉不符合法定条件的，裁定驳回起诉，当事人对驳回起诉不服的，可以上诉。

3）审理前的准备。审理前的准备是指人民法院接受原告起诉并决定立案受理后，在开庭审理之前，由承办案件的审判员依法所做的各种准备工作。

4）开庭审理。开庭审理是指人民法院在当事人和其他诉讼参与人参加下，对案件进行实体审理的诉讼活动。

人民法院适用普通程序审理的案件，应在立案之日起 6 个月内审结，有特殊情况需延长的，由本院院长批准，可延长6个月；还需要延长的，报请上级人民法院批准。

（2）第二审程序。

第二审程序又叫终审程序，是指民事诉讼当事人不服地方各级人民法院未生效的第一审裁判，在法定期限内向上级人民法院提起上诉，上一级人民法院对案件进行审理所适用的程序。第二审程序并不是每一个民事案件的必经程序，如果当事人在案件第一审过程中达成调解协议或者在上诉期内未提起上诉，第一审法院的裁判就发生法律效力，第二审程序也因无当事人的上诉而无从发生，当事人的上诉是第二审程序发生的前提。

第二审法院经过审理后根据案件的情况分别做出以下处理：

1）维持原判，即原判认定事实清楚，适用法律正确的，判决驳回上诉，维持原判。

2）依法改判，如原判决适用法律错误的，依法改判。

3）发回重审，即原判决违反法定程序，可能影响案件正确判决的，裁定撤销原判决，发回原审人民法院重审。

4）发回重审或查清事实后改判，原判决认定事实错误或原判决认定事实不清，证据不足，裁定撤销原判，发回原审人民法院重审，或查清事实后改判。

我国实行两审终审制度，第二审法院对上诉案件做出裁判后，该裁判发生如下效力。

1）当事人不得再行上诉。

2）不得就同一诉讼标的，以同一事实和理由再行起诉。

3）对具有给付内容的裁判具有强制执行的效力。

（3）审判监督程序。

审判监督程序即再审程序，是指由有审判监督权的法定机关和人员提起，或由当事人申请，由人民法院对发生法律效力的判决、裁定、调解书再次审理的程序。

（二）行政诉讼

行政诉讼是国家审判机关为解决行政争议，运用司法程序而依法实施的整个诉讼行为及其过程。它包括第一审程序、第二审程序和审判监督程序。

在行政诉讼的双方当事人中，行政诉讼的被告只能是行政管理中的管理方，即作为行政主体的行政机关和法律、法规授权的组织。行政诉讼的原告只能是行政管理中的相对方，即公民、法人或者其他组织，他们在行政管理活动中处于被管理者的地位。两者之间的关系是管理者与被管理者之间从属性行政管理关系。但是，双方发生行政争议依法进入行政诉讼程序后，他们之间就由原来的从属性行政管理关系，转变为平等性的行政诉讼关系，成为行政诉讼的双方当事人，在整个诉讼过程中，原告与被告的诉讼法律地位是平等的。

1. 第一审程序

（1）起诉。提起行政诉讼应符合以下条件。

1）原告是认为具体行政行为侵犯其合法权益的公民、法人或者其他组织。

2）有明确的被告。

3）有具体的诉讼请求和事实根据。

4）属于人民法院受案范围和受诉人民法院管辖。

申请人不服行政复议决定的，可以在收到行政复议决定书之日起15日内向人民法院提起诉讼。复议机关逾期不做决定的，申请人可以在复议期满之日起15日内起诉，法律另有规定的从其规定。公民、法人或者其他组织直接向人民法院提起公诉的，应当在知道做出具体行政行为之日起 3 个月内提出，法律另有规定的除外。起诉应以书面形式进行。

（2）受理。人民法院接到起诉状后应当在 7 日内审查立案或者裁定不予受理。原告对裁定不服的可以提起上诉。

（3）开庭审理。开庭审理分为审理开始阶段、法庭调查阶段、法庭辩论阶段、合议庭评议阶段、判决裁定阶段。

（4）第一审判决。人民法院做出第一审判决可分为以下四种形式。

1）维持原判。具体行政行为证据确凿，适用法律正确，符合法定程序的，判决维持。

2）撤销判决。即撤销或者部分撤销并责令重新做出具体行政行为。撤销判决的条件是：①主要证据不足的；②适用法律、法规错误的；③违反法定程序的；④超越职权、滥用职权的。有上述情况之一的，可做出撤销判决。

3）履行判决。即责令被告限期履行法定职责的判决。

4）变更判决。即变更显失公平的行政处罚的判决。当事人对第一审判决不服的，有权在判决书送达之日起 15 日内向上一级人民法院提起上诉，逾期不上诉的，第一审判决即发生法律效力。

2. 第二审程序

第二审程序是人民法院对下级人民法院第一审案件所做出的判决、裁定在发生法律效力之前，基于当事人的上诉，依据事实和法律，对案件进行审理的程序。第二审法院审理上诉案件，除行政诉讼法有特别规定外，均适用第一审程序的规定。

3. 执行

当事人必须履行人民法院发生法律效力的判决、裁定。原告拒绝履行判决、裁定的，被告行政机关可以向第一审法院申请强制执行，或者依法强制执行。被告行政机关拒绝履行判决、裁定的，第一审法院可以采取以下措施。

1）对应当归还的罚款或者应当给付的赔偿金，通知银行从该行政机关的账户内划拨。

2）在规定期限内不履行的，从期满之日起，对该行政机关按日处以罚款。

3）向该行政机关的上一级行政机关或者监察、人事机关提出司法建议。接受司法建议的机关，根据有关规定进行处理，并将处理情况告知人民法院。

4）拒不履行判决、裁定，情节严重构成犯罪的，依法追究主管人员和直接责任人员的刑事责任。

## 第二节 建设法律责任

### 一、法律责任概述

法律责任，有广义、狭义两种。广义指任何组织和个人均所负有的遵守法律、自觉地维护法律的尊严的义务；狭义指违法者对违法行为所应承担的具有强制性的法律上的责任。法律责任同违法行为紧密相连，只有实施某种违法行为的人（包括法人），才承担相应的法律责任。

特点：在法律上有明确具体的规定，由国家强制力保证其执行，由国家授权的机关依法追究法律责任，实施法律制裁，其他组织和个人无权行使此项权力。

法律责任分为刑事法律责任、民事法律责任、行政法律责任、经济法律责任、违宪法律责任。追究法律责任的原则包括：个人负责，不株连原则；重在教育原则；依法追究法律责任原则。

## 二、工程建设常见法律责任

### （一）建筑行政法律责任

行政法律责任，是指有违反有关行政管理的法律规范的规定，但尚未构成犯罪的行为所依法应当受到的法律制裁。行政法律责任主要包括行政处罚和行政处分。

1. 行政处分

行政处分，是指国家机关、企事业单位和社会团体依据行政管理法规、规章、章程、纪律等，对其所属人员或者职工的违法失职行为所做的处罚。

对国家公务员的行政处分形式包括警告、记过、记大过、降级、撤职、开除等。

对职工的行政处分形式包括警告、记过、记大过、降级、撤职、留用察看、开除等。

2. 行政处罚

行政处罚是指行政主体依据法定权限和程序，对违反行政法规的行政相对人给予的法律制裁。

《中华人民共和国行政处罚法》（以下简称《行政处罚法》）明确规定，公民、法人或者其他组织违反行政管理秩序的行为，应当根据法律、法规或规章给予行政处罚的，行政机关应当依法定程序实施，“没有法定依据或者不遵守法定程序的，行政处罚无效”。据此，具有法定依据和遵守法定程序，是行政机关实施的行政处罚具备合法性所必须满足的前提条件。同时，《行政处罚法》还明确规定，公民、法人或者其他组织对行政机关所给予的行政处罚，享有陈述权、申辩权；对行政处罚不服的，有权依法申请行政复议或者提起行政诉讼。公民、法人或者其他组织因行政机关违法给予行政处罚造成损害的，有权依法提出赔偿要求。

### （二）建筑民事法律责任

民事法律责任是指由于违反民事法律、违约或者由于民法规定所应承担的一种法律责任。

根据各责任人之间的共同关系，可将共同责任分为按份责任、连带责任。

（1）按份责任是指各责任人按照法律的规定或者合同的约定各自向外承担一定份额的民事责任。

（2）连带责任是因违反连带债务或法律规定等而对外承担共同的连带责任，各个责任人之间具有连带关系。而连带关系是指各个责任人对外不分责任份额，不分先后次序，而是根据权利人的请求承担责任。连带责任的承担必须由法律规定或当事人约定。

我国《建筑法》中有关连带责任的归纳。对权利人而言，连带责任相比按份责任更充分、更便利也更有效保护权利人的利益。在法律责任的规定中，《建筑法》规定了大量的连带责任，以下是建筑法中连带责任的总结。

1）共同承包方连带向发包人承担责任。联合共同承包人对承包合同的履行承担连带责任。

2）总承包人与分包人连带向发包人承担责任。分包人就其完成的工作成果与总承包人向发包人承担连带责任。

3）勘察、设计和施工总承包人与分包人连带向发包人承担责任。总承包人与分包人向发包人承担连带责任。

4）实际施工人与接受分包人或出借资质单位向发包人连带承担责任。违法分包、非法转包与接受分包人或出借资质的单位共同向发包人承连带责任。

5）监理单位与承包单位向发包人承担连带责任。工程监理单位与承包单位串通，为承包单位谋取非法利益，给建设单位造成损失的，应当与承包单位承担连带赔偿责任。

6）监理单位与采购者共同向被侵害者承担连带责任。如果监理单位将不合格的结果按照合格签字确认，造成损失，与采购者共同向被侵害者承担连带责任。

7）监理单位与建设单位共同向被侵害者承担连带责任。监理单位与建设单位串通、弄虚作假、降低工程质量造成损失的，监理单位与建设单位共同向被侵害者承担连带责任。

（三）建筑刑事法律责任

刑事责任，是依据国家刑事法律规定，对犯罪分子依照刑事法律的规定追究的法律责任。刑事责任与行政责任不同之处：一是追究的违法行为不同：追究行政责任的是一般违法行为，追究刑事责任的是犯罪行为；二是追究责任的机关不同：追究行政责任由国家特定的行政机关依照有关法律的规定决定，追究刑事责任只能由司法机关依照《刑法》的规定决定；三是承担法律责任的后果不同：追究刑事责任是最严厉的制裁，可以判处死刑，比追究行政责任严厉得多。刑事责任包括两类问题：一是犯罪；二是刑罚。

具体表现为犯罪分子有义务接受司法机关的审讯和刑罚处罚。我国刑法规定：故意犯罪，应当负刑事责任；过失犯罪，法律有规定的才负刑事责任。

建筑行业常见的刑事法律责任主要有索贿、行贿、受贿；工程重大安全事故、重大劳动安全事故、重大责任事故；滥用职权、玩忽职守；参与建设工程项目有关主体可能涉及的刑事法律责任。

## 三、工程建设法律责任认定与处理

### （一）建筑行政法律责任认定处理

1. 行政处分

建筑行政法律责任中，关于行政处分的主要包括以下情形。

（1）在工程发包与承包中索贿、受贿、行贿，不构成犯罪的，对直接负责的主管人员和其他直接责任人员给予行政处分。

（2）违反法律规定，对不具备相应资质等级条件的单位颁发该登记资质证书，不构成犯罪的，对直接负责的主管人员和其他直接责任人员给予行政处分。

（3）负责颁发建设工程施工许可证的部门及其工作人员对不符合施工条件的建设工程颁发施工许可证的，负责工程质量监督检查或者竣工验收的部门及其工作人员对不合格的建设工程出具质量合格文件或者按合格工程验收的，由上级机关责令改正，不构成犯罪的，对责任人员给予行政处分。

（4）在招标投标活动中，任何单位违反法律规定干涉招标投标活动的，对单位直接负责的主管人员和其他直接责任人员依法给予行政处分。

（5）依法必须进行招标的项目，不招标或规避招标的，招标人向他人泄露可能影响公平竞争的有关情况的，招标人与投标人违反法律规定就实质性内容进行谈判的，招标人在评标委员会否决所有投标后自行确定中标人的，对单位直接负责的主管人员和其他直接责任人员依法给予行政处分。

（6）对招标投标活动、建设工程勘察、设计活动、建设工程质量监督管理、建设工程安全生产监督管理负有行政监督职责的国家机关工作人员徇私舞弊、滥用职权、玩忽职守，不构成犯罪的，依法给予行政处分。

2. 行政处罚

建筑行政处罚的种类包括：警告，罚款，没收违法所得、没收违法建筑物、构筑物和其他设施，责令停业整顿，吊销资质证书，吊销执业资格证书和其他许可证、执照，法律、行政法规规定的其他行政处罚。

（1）罚款。罚款是指强制违反建筑法规的行为人缴纳一定数额的货币的处罚。

可以处以罚款的情形：未取得施工许可证或者开工报告未经批准擅自施工的；建筑施工企业违反规定，对建筑安全事故隐患不采取措施予以消除的；建设单位违反规定，要求建筑设计单位或者建筑施工企业违反建设工程质量、安全标准，降低工程质量的；建筑施工企业违反规定，不履行保修义务或者拖延履行保修义务的。

应当处以罚款的情形如下。

1）发包单位将工程发包给不具有相应资质等级的承包单位的，或者违反规定将建设工程肢解发包的；超越本单位资质等级承揽工程的或者以欺骗手段取得资质证书的。

2）建筑施工企业转让、出借资质证书或者以其他方式允许他人以本企业的名义承揽工程的。

3）承包单位将承包的工程转包的，或者违反规定进行分包的。

4）在工程分包与承包中索贿、受贿、行贿，尚未构成犯罪的。

5）工程监理单位与建设单位或者建筑施工企业串通，弄虚作假、降低工程质量的。

6）涉及建筑主体或者承重结构变动的装修工程擅自施工的。

7）建筑设计单位不按照建设工程质量、安全标准进行设计的。

8）建筑施工企业在施工中偷工减料的，使用不合格的建筑材料、建筑构配件和设备的，或者有其他不按照工程设计图或者施工技术标准施工的行为的。

（2）没收违法所得。没收违法所得是指对违反建筑法规的行为人因其违法行为获得的财产，强制收归国有的处罚。

1）超越本单位资质等级承揽工程，或者未取得资质证书承揽工程，有违法所得的。

2）建筑施工企业转让、出借资质证书或者以其他方式允许他人以本企业的名义承揽工程，有违法所得的。

3）承包单位将承包的工程转包，或者违反规定进行分包，有违法所得的。

4）在工程分包与承包中索贿、受贿、行贿的。

5）工程监理单位与建设单位或者建筑施工企业串通，弄虚作假、降低工程质量，有违法所得的；或者工程监理单位转让监理业务的。

6）建筑设计单位不按照建设工程质量、安全标准进行设计，有违法所得的。

（3）责令停业整顿、降低资质等级、吊销资质证书：1）责令停业整顿，是指强制违反建筑法规的行为人停止生产经营活动，并要求其整顿的处罚；2）降低资质等级，是指对违反建筑法规的行为人剥夺其部分资格能力的处罚；3）吊销资质证书，是指对违反建筑法规的行为人剥夺其资格能力的处罚。

具体规定如下。

1）超越本单位资质等级承揽工程的，可以责令停业整顿，降低资质等级；情节严重的，吊销资质证书。

2）建筑施工企业转让、出借资质证书或者以其他方式允许他人以本企业的名义承揽工程的，可以责令停业整顿，降低资质等级；情节严重的，吊销资质证书。

3）承包单位将承包的工程转包的，或者违反规定进行分包的，可以责令停业整顿，降低资质等级；情节严重的，吊销资质证书。

4）在工程承包中行贿的承包单位，可以责令停业整顿，降低资质等级或者吊销资质证书。

5）工程监理单位与建设单位或者建筑施工企业串通，弄虚作假、降低工程质量的，降低资质等级或者吊销资质证书；工程监理单位转让监理业务的，可以责令停业整顿，降低资质等级；情节严重的，吊销资质证书。

6）建筑施工企业违反规定，对建筑安全事故隐患不采取措施予以消除，情节严重的，责令停业整顿，降低资质等级或者吊销资质证书。

7）建筑设计单位不按照建设工程质量、安全标准进行设计，造成工程质量事故的，责令停业整顿，降低资质等级或者吊销资质证书。

8）建筑施工企业在施工中偷工减料，使用不合格的建筑材料、建筑构配件和建筑设备，或者有其他不按照工程设计图或者施工技术标准施工的行为，情节严重的，责令停业整顿，降低资质等级或者吊销资质证书。

**【例题 9-1】** 下列法律责任中，属于行政处罚的有（　　）。

A. 降低资质等级　　B. 罚金　　C. 记过　　D. 没收财产　　E. 罚款

［答案］A、E

（4）建筑行政处罚的实施机关和行政处罚的决定程序。建筑行政处罚的实施机关是建设行政执法机关，即依法取得行政处罚权的建设行政主管部门、建设系统的行业管理部门以及依法取得委托执法资格的组织。

1）一般规则。

①公民、法人或者其他组织违反行政管理秩序的行为，依法应当给予行政处罚的，行政机关必须查明事实。违法事实不清的，不得给予行政处罚。

②行政机关在做出行政处罚决定之前，应当告知当事人做出行政处罚决定的事实理由和依据，并告知当事人依法享有的权利。行政机关及其执法人员违反该规定，未向当事人告知行政处罚的事实、理由和依据的，行政处罚决定不能成立。

③当事人有权进行陈述和申辩。行政机关必须充分听取当事人的意见，对当事人提出的事实、理由和证据，应当进行复核；当事人提出的事实、理由或者证据成立的，行政机关应当采纳。行政机关不得因当事人申辩而加重处罚。行政机关及其执法人员违反该规定，拒绝听取当事人的陈述、申辩的，行政处罚决定不成立。

2）程序种类。

①简易程序。具有行政处罚权的行政机关对于违法事实清楚、证据确凿并有法定依据，对公民处以50元以下、对法人和其他组织处以1000元以下罚款或者警告的行政处罚的，可以当场做出行政处罚决定。

②一般程序：立案；调查取证；向当事人告知给予行政处罚的事实、理由和依据；听取当事人的陈述和申辩或举行听证；审查调查结果，做出行政处罚决定，制作行政处罚决定书；送达行政处罚决定书。

③听证程序。听证程序，是指针对行政执法机关做出吊销资质证书、执业资格证书，责令停产停业，责令停业整顿（包括属于停业整顿性质的，责令在规定的时限内不得承接新的业务），责令停止执业业务，没收违法建筑物、构筑物和其他设施以及处以较大数额罚款等行政处罚，而设定的行政处罚程序。对于适用听证程序的行政处罚，行政机关在做出行政处罚决定前，应当告知当事人有要求举行听证的权利；当事人要求听证的，行政机关应当组织听证。当事人不承担行政机关组织听证的费用。

④行政处罚的执行程序。行政处罚的执行程序，是指确保行政处罚决定所确定的内容得以实现的程序。行政处罚决定一旦做出，就具有法律效力，当事人应当在行政处罚决定的期限内予以履行。当事人对行政处罚决定不服申请行政复议或者提起行政诉讼的，除法律另有规定的以外，行政处罚不停止执行。

3. 行政赔偿

行政赔偿，是指行政机关及其工作人员在行使行政职权过程中，因其行为或者不作为违法而侵犯了公民、法人或者其他组织的合法权益并造成实际损害，由国家给予受害人赔偿的法律制度。

建设行政主管部门和其他相关部门及其工作人员，在对建筑活动实施监督管理的过程中，不履行其职责或不正当行使权力，侵犯公民、法人或其他组织的合法利益并造成损失的，应当承担赔偿责任。

（1）负责颁发建设工程施工许可证的部门及其工作人员对不符合施工条件的建设工程颁发施工许可证，负责工程质量监督检查或竣工验收的部门及其工作人员对不合格的建设工程出具质量合格文件或者按合格工程验收，造成损失的，由该部门承担相应的赔偿责任。

（2）具有行政处罚权的建设行政主管部门或其他有关部门，违法实施罚款、责令停产整顿、降低资质等级、吊销许可证和执照等行政处罚，侵犯管理相对人的财产权，受害人有取得赔偿的权利。

### （二）建筑民事法律责任认定处理

1. 承担建筑民事法律责任的方式

《民法典》总则将承担民事责任的方式规定为：（1）停止侵害；（2）排除妨害；

(3) 消除危险;(4) 返还财产;(5) 恢复原状;(6) 修理、重做、更换;(7) 赔偿损失;(8) 支付违约金;(9) 消除影响,恢复名誉;(10) 赔礼道歉。

2. 需要承担建筑民事法律责任的情形

(1) 建筑施工企业转让、出借资质证书或者以其他方式允许他人以本企业名义承揽工程,因该项承揽工程不符合规定的质量标准造成的损失,建筑施工企业与使用本企业名义的单位或者个人承担连带赔偿责任。

(2) 承包单位将承包的工程转包的,或者违反法律规定进行分包的,对因转包工程或者违法分包的工程不符合规定的质量标准造成的损失,承包单位与接受转包或者分包的单位承担连带赔偿责任。

(3) 工程监理单位与建设单位或者建筑施工企业串通,弄虚作假、降低工程质量造成损失的,工程监理单位与建设单位或者建筑施工企业承担连带赔偿责任。

(4) 违反法律规定,对涉及建筑主体或者承重结构变动的装修工程擅自施工,给他人造成损失的,承担赔偿责任。

(5) 建筑设计单位不按照建设工程质量、安全标准进行设计,造成损失的,设计单位承担赔偿责任。

(6) 建筑施工企业在施工中偷工减料,使用不合格的建筑材料、建筑构配件和设备,或者有其他不按照工程设计图或者施工技术标准施工的行为,造成建设工程质量不符合规定的质量标准的,负责返工、修理,并赔偿因此造成的损失。

(7) 建筑施工企业对在工程保修期内因屋顶、墙面渗漏、开裂等质量缺陷造成的损失,承担赔偿责任。

(8) 负责颁发建设工程施工许可证的部门及其工作人员对不符合施工条件的建设工程颁发施工许可证的,负责工程质量监督检查或者竣工验收的部门及其工作人员对不合格的建设工程出具质量合格文件或者按合格工程验收,造成损失的,由该部门承担相应的赔偿责任。

(9) 在建筑物的合理使用寿命内,因建设工程质量不合格受到损害的,受损害方有权向责任者要求赔偿。

(10) 工程监理单位不按照委托监理合同的约定履行监理义务,对应当监督检查的项目不检查或者不按规定检查,该建设单位造成损失的,应当承担相应的赔偿责任。工程监理单位与承包单位串通,为承包单位谋取非法利益,给建设单位造成损失的,应当与承包单位承担连带赔偿责任。

(11) 建筑施工企业应当在施工现场采取维护安全、防范危险、预防火灾等措施,有条件的,应当对施工现场实行封闭管理。施工现场对毗邻的建筑物、构筑物和特殊作业环境可能造成损害的,建筑施工企业应当采取安全防护措施。未采取相应措施的,对方有权要求消除危险,造成损失的,对方有权要求赔偿。

(12) 建设单位应当向建筑施工企业提供与施工现场有关的地下管线资料,建筑施工企业应当采取措施加以保护;否则,受损害方有权要求停止侵害,造成损失的,建筑施工企业应当承担赔偿责任。

(13) 建筑施工企业应当遵守有关环境保护和安全生产的法律、法规的规定,采取控制和处理施工现场的各种粉尘、废气、废水、固体废物以及噪声、振动对环境的污染和危害的措施。未采取措施给他人造成损害的，受损害方有权要求停止侵害，造成损失的，建筑施工企业应当承担赔偿责任。

(三) 建筑刑事法律责任认定处理

1. 索贿、受贿、行贿的刑事法律责任

(1) 公司、企业人员受贿罪。公司、企业人员受贿罪是指公司、企业的工作人员利用职务上的便利，索取他人财物或者非法收受他人财物，为他人谋取利益，数额较大的行为。

(2) 对公司、企业人员行贿罪。对公司、企业人员行贿罪是指为谋取不正当利益，给予公司、企业的工作人员以财物，数额较大的行为。

(3) 受贿罪。受贿罪是指国家工作人员利用职务上的便利，索取他人财物的，或者非法收受他人财物，为他人谋取利益的行为。

(4) 行贿罪。行贿罪是指为谋取不正当利益，给予国家工作人员财物的行为。

2. 工程重大安全事故的刑事法律责任

工程重大安全事故罪是指建设单位、设计单位、施工单位、工程监理单位违反国家规定，降低工程质量标准，造成重大安全事故的行为。

重大安全事故是指建设工程在建设中及交付使用后，由于达不到质量标准或者存在严重问题，导致工程倒塌或报废等后果，致人伤亡或者造成重大经济损失。

3. 重大劳动安全事故的刑事法律责任

重大劳动安全事故罪是指工厂、矿山、林场、建筑企业或者其他企业、事业单位的劳动安全设施不符合国家规定，经有关部门或单位职工提出后，对事故隐患仍不采取措施，因而发生重大伤亡事故或者造成其他严重后果的行为。

重大伤亡事故是指造成 3 人以上重伤或 1 人以上死亡的事故。其他严重后果，主要是指造成重大经济损失，产生极坏的影响，引起单位职工强烈不满导致停工等。

4. 重大责任事故的刑事法律责任

重大责任事故罪是指工厂、矿山、林场、建筑企业或者其他企业、事业单位的职工，由于不服管理，违反规章制度，或者强令工人违章冒险作业，因而发生重大伤亡事故或者造成其他严重后果的行为。

5. 滥用职权、玩忽职守的刑事法律责任

滥用职权罪、玩忽职守罪是指国家机关工作人员滥用职权或者玩忽职守，致使公共财产、国家和人民利益遭受重大损失的行为。

滥用职权的表现形式主要有两种：一是非法行使本人职务范围内的权力；二是行为人超越其职权范围而实施有关行为。

玩忽职守，是指行为人不履行或者不正确履行职务，可以表现为作为，也可以表现为不作为。

6. 参与建设工程项目有关主体可能涉及的刑事法律责任

建筑业是一个以建筑产品为生产对象，从事建筑生产经营活动的行业，是国民经济五大产业之一。根据行业的业务范围的不同，建筑业主要包括勘察设计业、建筑安装业、建设工程咨询业（包括招标投标代理机构、工程造价咨询机构、工程建设监理机构等）三大类。由于建设工程项目具有投资大、不确定性因素多等因素，其参与主体可能会涉及以下刑事责任。

（1）工程重大安全事故罪。本罪的犯罪主体是特殊主体并属于单位犯罪，但实行的是单罚制，即对建设单位、设计单位、施工单位、工程监理单位的直接责任人员进行处罚。

（2）串通投标罪。串通投标罪是指在招标投标过程中，投标人相互串通投标报价，损害招标人或者其他投标人的利益，情节严重，或者投标人与招标人串通投标，损害国家、集体、公民的合法利益的行为。

（3）中介组织人员提供虚假证明文件罪。中介组织人员提供虚假证明文件罪是指承担资产评估、会计、审计、法律服务等职责的中介组织的人员，故意提供虚假证明文件，情节严重的行为。

（4）中介组织人员出具文件重大失实罪。中介组织人员出具文件重大失实罪是指承担资产评估、会计、审计、法律服务等职责的中介组织的人员，严重不负责任，出具的证明文件有重大失实，造成严重后果的行为。

（5）公司、企业人员受贿罪。公司、企业人员受贿罪是指公司、企业的工作人员利用职务上的便利，索取他人财物或者非法收受他人财物，为他人谋取利益，数额较大的行为。

（6）向公司、企业人员行贿罪。向公司、企业人员行贿罪是指为谋取不正当利益，给予公司、企业的工作人员以财物，数额较大的行为。

（7）行贿罪。行贿罪是指为谋取不正当利益，给予国家工作人员以财物的行为。

（8）对单位行贿罪。对单位行贿罪是指为谋取不正当利益，给予国家机关、国有公司、企业、事业单位、人民团体以财物的，或者在经济往来中，违反国家规定，给予上述单位各种名义的回扣、手续费的行为。

（9）单位行贿罪。单位行贿罪是指公司、企业、事业单位、机关、团体为谋取不正当利益而行贿，或者违反国家规定，给予国家工作人员以回扣、手续费，情节严重的行为。

### （四）法律责任的承担方式

表 9-1 为建设工程的三种法律责任的承担方式。

**表 9-1 建设工程的三种法律责任的承担方式**

| 法律责任 | 民事责任 | | 行政责任 | | 刑事责任 | |
|---|---|---|---|---|---|---|
| | 违约责任 | 侵权责任 | 行政处罚（对行政相对人） | 行政处分（对内部工作人员） | 主刑 | 附加刑 |
| 承担方式 | ①继续履行<br>②赔偿损失<br>③支付违约金<br>④采取补救措施<br>⑤定金罚则 | ①停止侵害<br>②排除妨碍<br>③消除危险<br>④返还财产<br>⑤恢复原状<br>⑥修理、重做、更换<br>⑦消除影响，恢复名誉<br>⑧赔礼道歉 | ①警告<br>②罚款<br>③没收违法所得，没收非法财物<br>④责令停产停业<br>⑤暂扣或吊销许可证和执照<br>⑥行政拘留 | ①警告<br>②记过<br>③记大过<br>④降级<br>⑤撤职<br>⑥开除 | ①管制<br>②拘役<br>③有期徒刑<br>④无期徒刑<br>⑤死刑 | ①罚金<br>②剥夺政治权利<br>③没收财产<br>④驱逐出境 |

# 习　题

**9-1 单选题**

1. 甲、乙双方因施工合同纠纷，经仲裁机构裁决乙方应承担责任，然而乙方拒不履行生效裁决。根据《仲裁法》规定，甲方可以（　　）。
   A. 向法院申请撤销裁决　　B. 向人民法院起诉
   C. 向上级仲裁机构申诉　　D. 向人民法院申请执行
2. 某施工单位因严重违章施工造成了重大生产安全事故，有关行政机关拟吊销其资质证书。下列有关行政处罚程序的表述错误的是（　　）。
   A. 这起行政处罚不适用听证程序　　B. 行政机关应负责组织听证
   C. 行政机关应承担组织听证的费用　　D. 施工单位有权要求举行听证
3. 甲、乙双方因工程施工合同发生纠纷，甲公司向法院提起了民事诉讼。审理过程中，在法院的主持下，双方达成了调解协议，法院制作了调解书并送达了双方当事人。双方签收后，乙公司又反悔，则下列说法正确的是（　　）。
   A. 甲公司可以向人民法院申请强制执行
   B. 人民法院应当根据调解书进行判决
   C. 人民法院应当认定调解书无效并及时判决
   D. 人民法院应当认定调解书无效并重新进行调解
4. 民事法律责任的承担方式中不包括（　　）。
   A. 恢复原状　　B. 消除危险　　C. 赔礼道歉　　D. 没收财产
5. 行政法律责任的承担方式包括行政处罚和（　　）。
   A. 行政复议　　B. 行政处分　　C. 行政赔偿　　D. 行政许可
6. 甲、乙两公司欲签订一份仲裁协议，仲裁协议的内容可以不包括（　　）。
   A. 选定的仲裁委员会　　B. 仲裁事项
   C. 双方不到法院起诉的承诺　　D. 请求仲裁的意思表示
7. 建设单位在施工合同履行中未能按约定付款，由此可能承担的法律责任是（　　）。
   A. 警告　　B. 支付违约金　　C. 罚款　　D. 赔礼道歉
8. 下列关于我国仲裁基本制度的表述错误的是（　　）。
   A. 仲裁实行一裁终局的制度
   B. 当事人没有仲裁协议而申请仲裁的，仲裁委员会应当受理
   C. 当事人达成有效仲裁协议，一方向人民法院起诉的，人民法院不予受理
   D. 有效的仲裁协议可以排除法院对案件的司法管辖权

**9-2 多选题**

1. 对市建设行政主管部门做出的具体行政行为，当事人不服，可以向（　　）申请行政复议。
   A. 市建设行政主管部门　　B. 市人民政府
   C. 省级建设行政主管部门　　D. 省级人民政府
   E. 国务院建设行政主管部门
2. 建设单位因监理单位未按监理合同履行义务面受到损失，欲提起诉讼，则必须满足的条件有（　　）。
   A. 有具体的诉讼请求　　B. 有事实和理由
   C. 有充分的证据　　D. 没有超过诉讼时效期间

E. 属于受诉法院管辖

3. 在仲裁过程中，调解是解决双方争议的有效方法。下列说法错误的是（　　）。

A. 仲裁庭在做出裁决前，必须先行调解

B. 调解不成的，应当及时做出裁决

C. 调解达成协议的，仲裁庭只能制作调解书

D. 调解书不具有强制执行力

E. 在调解书签收前当事人反悔的，仲裁庭应当及时做出裁决

4. 仲裁和诉讼都是解决纠纷的方式，与诉讼相比，仲裁具有的特点有（　　）。

A. 当事人对仲裁庭的组成有权选定；诉讼中审判庭人员是由法院指定的

B. 仲裁是基于当事人的协议授权；而诉讼的基础是国家权力

C. 仲裁制度是基于当事人的协议授权，可以自由选择仲裁委员会，诉讼制度实行强制管辖，当事人不能随意选择管辖法院

D. 仲裁制度一次裁决即终局；而诉讼实行两审终审制

E. 仲裁裁决的效力低于诉讼判决

**9-3【典型案例及分析】**

1. 案例背景

（1）基本案情。

本诉原告（被反诉人）：通州某建筑安装工程有限公司。

本诉被告（反诉人）：北京某建设工程总承包公司。

本诉的诉讼请求：要求判令被告立即支付工程款1997832元。

2015年11月18日，被告（反诉人）与原告（被反诉人）就苏州BLP厂房工程签订工程分包合同，将总包的苏州BLP厂房工程分包给原告施工。约定由原告承包厂房（51000$m^2$）土建、围墙、临时设施、食堂等施工任务，承包方式：包工、包料、包工期；承包金额：合同总价暂定为1800万元（以实际发生工程量为准）；取费标准：执行甲方（即总承包商）与业主的建设工程合同中的价格条件。2016年4月4日，双方又签订补充协议，明确承包范围：厂房土建、安装工程的人工费、脚手架费；办公楼、食堂、围墙、门卫室的土建和安装、装饰工程的人工费、脚手架费；室外总体道路的人工费；地下水管的人工费；临时设施费用；业主、监理的生活、就餐及设施费用。

原告认为其已依双方合同及协议按时完工，2017年1月13日双方就工程款进行了结算，确认被告应支付原告工程款为1800万元，被告已支付1100万元，后被告又垫付原告人员工资、土方、钢管租赁等费用共计3202168元，按工程款总额的90%计算，原告还有到期的1997832元工程款没有支付。

反诉人认为，原告承包的工程合同总价暂定为1800万元（以实际发生工程量为准，因此，对原告的工程款应当进行工程造价鉴定。在合同履行过程中，反诉人共给付被反诉人工程款1484.0821万元，但被反诉人完成的工程总量为738万元（暂估），且在没有完工的情况下拒绝履行合同义务，因此，被反诉人应返还反诉人工程款745万元（暂估）。

另外，在施工过程中，由于被反诉人野蛮施工，导致厂房室内地坪裂缝，被业主要求返工整修；而且，因施工质量低劣，业主要求更换分包商。该部分工程的返工整修全部由反诉人自己完成。该部分工程返修整改的直接费为4541799元。另，厂房、办公楼等附属工程的内外墙面裂缝、空鼓，室外地坪局部裂缝、空鼓，界格缝不顺直、错缝等维修整改的直接费用为330400元。以上工程都属于被反诉人承包的工程，由于被反诉人被业主清理出现场，这些工程的返修整改工作都由反诉人自己完成。该部分工程返修整改的费用理应由被反诉人承担，因此，被反诉人应当赔偿反诉人总计人民币581万元。

被反诉人的诉讼请求：

1）判令被反诉人支付反诉人因工程质量缺陷造成的人民币损失581万元；

2）判令被反诉人返还反诉人工程款745万元。

因本案反诉的诉讼标的超过200万元，案件由苏州市虎丘人民法院移交苏州市中级人民法院审理。

（2）本案的证据材料。

1）诉讼主体资格的证据：北京某建设工程总承包公司的营业执照及企业资质等级证书。

2）合同内证据（证明双方之间确立的法律关系）：业主与总承包商签订的施工总承包合同协议书、总承包商与分包商签订的施工分包合同及其补充协议。

3）合同履行情况的证据：苏州BLP项目工程量清单、通州某建筑安装工程有限公司承包工程范围费用汇总表、工程款发票、苏州BLP项目工地未结清单位付款统计表、苏州BLP项目部账户最终核结报告表、苏州BLP项目劳务付款表、苏州BLP项目劳务付款明细及付款凭证等。

4）证明分包商违约的证据：苏州BLP与北京某建设工程总承包公司补充协议及厂房地坪整改措施，厂房地坪及厂房、办公楼墙体质量缺陷来往邮件及照片，厂房地坪施工专题会议纪要，苏州BLP项目业主与总承包商电子邮件（含专家意见及照片）。

5）证明违约损失的证据：苏州BLP项目办公楼墙体裂缝处理意见、苏州BLP厂房等质量缺陷返工整改费用汇总及明细表。

2. 案件审理

（1）委托司法鉴定。

反诉人在提起反诉的同时，申请工程质量鉴定和工程造价鉴定。

1）工程造价鉴定。在诉讼中，北京某建设工程总承包公司申请法院委托权威的工程造价鉴定机构对原告承包的工程量及其工程价款进行审核鉴定。

2）经法院委托，2017年9月17日，苏州某工程造价事务所出具《关于BLP工程项目工程造价司法鉴定报告》，鉴定该部分工程的人工费及脚手架等费用是520万元。

3）工程质量鉴定。本案诉讼中，因北京某建设工程总承包公司提起反诉，双方同意由法院委托权威的工程质量检测机构鉴定，对通州某建筑安装工程有限公司实际施工的苏州BLP工程项目厂房地坪是否存在质量问题进行鉴定。

4）2017年11月28日，苏州某司法鉴定所的《苏州BLP厂房室内原地面工程质量鉴定报告》认定，苏州BLP厂房室内原地面存在的主要质量问题是：

①原地面混凝土存在不密实现象，属混凝土缺陷（空洞、夹渣）；

②原地面混凝土存在贯穿裂缝；

③原地面混凝土在上层设计保护层范围内均未发现钢筋，钢筋实际布设在原地面混凝土底部，严重偏位，背离设计目的和规范要求；

④原地面砂石垫层存在疏松现象。

（2）原告变更诉讼请求。

2018年2月5日，被告提起反诉后，原告变更诉讼请求为：要求被告立即支付工程款2790496元。

2018年3月10日，原告又变更诉讼请求如下：

1）要求判令被告立即支付工程款610万元；

2）判令被告向原告支付拖欠工程款的利息357428元。

变更诉讼请求的理由是原告起诉时，被告应付款仅为应支付至工程款总额的90%，现因自业主发出接收工程项目证书之日起已经超过13个月。根据约定，被告应支付至工程款总额的95%，即1800万元×95%＝1710万元。拖欠的工程款为1710万元－1100万元＝610万元。

3. 审裁结果

（1）关于工程款的结算依据。

法院审理认为，本案中就同一工程先后签订了施工承包合同及补充协议，其中2015年11月18日签订的施工承包合同明确通州某建筑安装工程有限公司包工包料（双包）施工，2017年4月4日签订的补充协议明确通州某建筑安装工程有限公司为单包施工。双方对实际履行哪份合同均未能充分举证证明，北京某建设工程总承包公司也不能证实第一份双包合同未履行或已解除。

法院对2017年4月4日变更为单包施工合同，合同结算金额为1800万元的观点予以采信。因此，判决北京某建设工程总承包公司按1800万元向分包商通州某建筑安装工程有限公司履行付款义务。扣除已付和代付款项，北京某建设工程总承包公司尚欠工程3797832元。

（2）因工程质量缺陷引起的损失认定。

法院对北京某建设工程总承包公司主张厂房、办公楼等附属工程的内外墙存在的裂缝、空鼓，室外地坪局部裂缝、空鼓，界格缝不顺直、错缝等质量问题造成的损失因未通过鉴定部门做出鉴定结论，北京某建设工程总承包公司的主张举证尚不充分，故不予支持。

关于厂房室内地坪返修费用，法院认为，经苏州某房屋安全司法鉴定所鉴定，导致原地坪质量问题的主要原因在于施工方。考虑到原地坪施工完毕后总包方应业主要求又重新施工了地坪，原地坪被新地坪覆盖，原地坪并未完全凿除，尚有可利用的价值，而新地坪已经通过整体验收，且北京某建设工程总承包公司又得到了业主一定的补偿，故通州某建筑安装工程有限公司应就原地坪施工承担相应的质量责任。根据北京某建设工程总承包公司设计的原地坪未包括防潮层及新地坪施工增加防水层并通过竣工验收的事实，北京某建设工程总承包公司对原地坪施工质量缺陷也负有一定责任。综上，法院酌定双方各承担50%的质量责任。北京某建设工程总承包公司对原地坪投入的费用为3498962元，通州某建筑安装工程有限公司承担50%的质量责任，为1749481元。

通州某建筑安装工程有限公司为施工原地坪投入的人工费106万元应于双方的工程款结算中做合理扣除，法院确定扣除531022元。最终判决通州某建筑安装工程有限公司赔偿北京某建设工程总承包公司损失3151835元（1749481元+1402354元）。

第一审判决后，双方均提出上诉。第二审发回重审。

4. 案例分析

（1）本案争议的焦点。

第一个焦点：分包合同中约定的1800万元，究竟是包干价（闭口价）还是需要按工程量据实结算的暂估价（开口价）。

北京某建设工程总承包公司认为，双方合同中约定的1800万元应该是按工程量据实结算的暂估价。

通州某建筑安装工程有限公司认为，双方签订的是一口包死的固定总价合同。

第二个焦点：北京某建设工程总承包公司与通州某建筑安装工程有限公司是否未进行过工程结算？

双方就工程价款进行过结算，其证据就是2017年10月12日的“苏州BLP项目工地未结清单位付款统计表”。

第三个焦点：通州某建筑安装工程有限公司承担的工程是否存在质量问题及如何修复？

北京某建设工程总承包公司认为，通州某建筑安装工程有限公司承包的工程存在严重质量问题是客观事实。

从鉴定报告的鉴定结论和原因分析得出的结论是，苏州BLP厂房原地坪的质量问题是施工不当造成的，而该地坪的施工单位是通州某建筑安装工程有限公司，因此，通州某建筑安装工程有限公司应当承担因工程质量问题造成的损失。

（2）建设工程纠纷案件诉讼解决途径的特点。

1）争议标的额大、诉讼成本高。案件的受理费是按案件诉讼标的收取的，案件金额越大，收费就越高。本诉的诉讼费是23963元，反诉的诉讼费是87288元。另外，司法鉴定的费用也较高：工程造价的鉴定费是17万元，工程质量的鉴定费是528000元。

2）诉讼关系复杂。本案既涉及总包商与分包商的合同关系，又涉及总包商与业主的总承包合同；案件纠纷起因，既有工程价款问题，又有工程质量缺陷引起的修复、返工和赔偿问题。

3）证据材料多。建设工程活动中的许多文件资料都是诉讼证据材料，如协议书、招标文件、投标书、施工图、监理工程师签证、会议纪要、与业主来往的电子邮件、检测结论、工程结算书、现场照片等，所以建设工程纠纷案件所涉及的证据材料多。

4）专业性强。建设工程纠纷案件的专业性很强，如工程质量问题，并不能仅凭表面观感，而必须进行专业鉴定，另外，工程造价的确定也是一项专业性很强的工作，如果双方对结算资料有异议，就要通过司法鉴定解决，司法鉴定的证明力要高于工程决算书。

# 参考文献

[1] 谭丽丽．建设工程招标投标与合同管理［M］．北京：中国建筑工业出版社，2021.
[2] 刘黎虹．建设法规教程［M］．北京：化学工业出版社，2021.
[3] 全国一级建造师执业资格考试用书编写委员会．建设工程法规及相关知识［M］．北京：中国建筑工业出版社，2021.
[4] 杜月秋．民法典条文对照与重点解读［M］．北京：法律出版社，2020.
[5] 徐勇戈．建设法规［M］．北京：机械工业出版社，2020.
[6] 刘文锋．建设法规教程［M］．3版．北京：中国建材工业出版社，2020.
[7] 王平．工程招投标与合同管理［M］．2版．北京：清华大学出版社，2020.
[8] 刘黎虹，韩丽红．工程建设法规与案例［M］．北京：机械工业出版社，2019.
[9] 朱宏亮．建设法规教程［M］．2版．北京：中国建筑工业出版社，2019.
[10] 何佰洲．工程建设法规与案例［M］．3版．北京：中国建材工业出版社，2019.
[11] 顾永才．建设法规［M］．5版．武汉：华中科技大学出版社，2019.
[12] 住房城乡建设部高等学校土建学科教学指导委员会．建设法规教程［M］．4版．北京：中国建筑工业出版社，2018.